KB157639

다양한 키워드로 살펴보는 중국문화 이야기

중국문화 301테마

❷

중국문화 301테마 ②

© 심헌섭, 2024

1판 1쇄 발행__2024년 04월 30일
1판 2쇄 발행__2024년 07월 10일

지은이__심헌섭
펴낸이__홍정표
펴낸곳__글로벌콘텐츠
　　　　등록__제25100-2008-000024호

공급처__(주)글로벌콘텐츠출판그룹
　　　　대표_홍정표　이사_김미미　편집_임세원 강민욱 홍명지 남혜인 권군오　기획·마케팅__이종훈 홍민지
　　　　주소__서울특별시 강동구 풍성로 87-6
　　　　전화__02) 488-3280　팩스__02) 488-3281
　　　　홈페이지__http://www.gcbook.co.kr
　　　　이메일__edit@gcbook.co.kr

값 22,000원
ISBN 979-11-5852-409-8　03910

※ 이 책은 본사와 저자의 허락 없이는 내용의 일부 또는 전체의 무단 전재나 복제, 광전자 매체 수록 등을 금합니다.
※ 잘못된 책은 구입처에서 바꾸어 드립니다.

다양한 키워드로 살펴보는
중국문화 이야기

중국문화 301 테마 2

심헌섭 지음

글로벌콘텐츠

머리말

　20세기 후반에 시작된 중국의 굴기(崛起)는 21세기에 들어와 그 기세가 드높다. 2001년 세계무역기구에 가입하더니 2008년에는 올림픽을 개최하였다. 교역규모와 외환보유고는 세계 1위이고 GDP는 독일과 일본을 제치고 세계 2위이며 미국을 3:2 수준으로 따라잡았다.

　중국은 전통적으로 원교근공(遠交近攻)을 중요한 외교 전술의 하나로 구사하고 있다. 먼 곳에 있는 나라와는 사이좋게 지내고, 가까이 있는 나라는 자신의 영역으로 편입하는 것이다. 역사적으로 한반도는 중국이 혼란스러웠을 때에는 편안했지만 중국이 통일 국가를 이루고 난 다음에는 어김 없이 자신의 영역 속으로 편입하려고 해왔다. 이렇게 중국은 우리에게 위협이 되는 큰 나라이지만 또 한편으로는 한자, 유교, 불교 등의 선진 문물을 전파해 준 고마운 이웃이다. 1992년 한중 수교 이후에는 한때 하루에 1,000~2,000억 원을 벌었던 커다란 시장이며 지금도 원자재와 부품을 경쟁력 있는 가격으로 조달할 수 있는 가장 중요한 공급처이기도 하다.

　하지만 2016년에 사드(THAAD) 사태가 불거지더니 최근에는 미·중 갈등의 불똥이 튀어 중국과의 심리적인 거리가 자꾸 멀어지는 듯한 느낌이다. 한류의 열풍도 어느덧 식어 버리고 여행객의 발길도 뜸해졌다. 설상가상으로 초강대국 미국은 중국을 향해 날카로운 칼날을 겨누고 사안마다 우방국인 한국에게도 선택을 강요하고 있다. 한국의 선택은 매우 제한적이고 양면적일 수밖에 없으며 두 나라의 관계는 더욱 서먹해지고 있다. 경제적으로도 두 나라의 관계는 이전에 볼 수 없었던 상황이다. 2023년에는 수교 이래 한 번도 볼 수 없었던 180억 달러의 무역 적자를 보이고 있다.

지금 한국 사회는 반중(反中) 분위기가 심화되고 있다. 젊은이들 사이에서 특히 그러한 것 같다. 기회의 땅이었던 중국이 오히려 피하고 싶은 대상이 되어버린 느낌이다. 그렇지만 한반도는 이사 갈 수 없다. 서로 어깨를 맞대고 영원히 함께해야 할 이웃이다. 서로를 알아야 하고 이해해야 한다. 반중(反中)을 넘어 극중(克中)하려면 먼저 지중(知中)해야 한다.

나는 중국에서 10년을 살았다. 1995년에는 회사의 배려로 연수를 갔고 2005년부터 2010년에는 주재원 생활을 했으며 2016년부터 2018년에는 북경 지사장을 역임했다. 새로이 부임해 오는 후배들에게 중국을 알려주기 위해 조금씩 자료도 만들고 글도 쓰곤 했었다. 최근 한·중 관계가 악화되면서 이런 때일수록 중국을 더 잘 알아야 한다는 생각에 출판을 결심하게 되었다. 회사원 출신이 책을 쓴다는 것이 내키지 않아 주저하기도 했지만, 중국을 알고자 하는 사람들에게 나의 경험과 지식을 공유하고 싶다는 욕심이 들어 많은 망설임 끝에 용기를 내었다.

이 책은 학술적인 깊이를 가지고 있는 전문서도 아니고 나의 개인적인 소감문이나 수필집도 아니다. 중국을 알고 싶고 공부하고 싶은 사람들에게 도움을 줄 수 있는 중국문화 입문서 혹은 중국 관련 인문교양서라고 이름 붙이고 싶다. 전체적인 구성은 '상징과 정치, 외교, 사회', '경제와 비즈니스', '역사와 인물', '예술', '삶과 여행'의 5개 영역으로 구성되어 있다. 또한 부록으로 중국인들이 많이 쓰는 사자성어를 정리하였고 주재 생활에 필요하다고 생각되는 중국어 단어도 별도로 모아 보았다.

능력이 닿는 한 최대한 여러 분야를 망라하고자 하였으며 내용의 수준은 너무 깊게는 들어가지 말되, 기본적인 지식은 포함하는 선에서 정리하였다. 이해를 돕기 위하여 사진 등의 시각적인 자료는 최대한 많이 수록하려고 했다.

35년에 걸친 직장생활이 성공적으로 마무리 될 수 있도록 배려해 준 삼성그룹의 여러 선후배들에게 마음 깊이 감사드린다. 책이 출간되기까지 물심양면으로 지원해 주신 (주)글로벌콘텐츠출판그룹과 지난 2년간의 집필 기간 동안 묵묵히 지켜봐 주고 건전한 비판과 아이디어를 내어 준 동반자 전명화 여사에게 특별한 고마움을 표시하고 싶다.

중국어의 한글 표기는 지명이든 인명이든 가급적 우리 발음을 고수하였고 괄호 안에 한자어를 병기하였다. 다만 우리에게 이미 익숙해진 말들은 관례에 따른 표기나 중국식 발음을 괄호 속에 병기하였다. 즉 '노이합적(奴爾哈赤: 누르하치)', '유오이족(維吾爾族: 위구르족)'이라는 식으로 표기하였다. 또한 대륙에서는 간체자(簡體字)를 쓰지만 번체자에 익숙한 한국 독자들의 편의를 위해 한자는 번체자(繁體字)로 표시했다.

"현지음대로 쓰고 읽는다"는 표기 원칙 대신에 이렇게 한 것은 몇 가지 이유가 있다.

첫째, 한자를 어려워하는 독자들에게 한자를 학습하는 기회가 될 수 있다는 생각에서 '베이징', '덩샤오핑' 대신 북경(北京), 등소평(鄧小平)이라고 표기하였다.

둘째, 현행의 표기 방식은 현지 발음에 잘 부합되지 않는다. 사실 '베이징'보다는 '뻬이징'이, '덩샤오핑'보다는 '떵씨아오핑'이 현지 발음에 더 가깝다.

셋째, 우리의 조상들은 오랜 기간 한자문화권에서 살아오면서 한 글자의 한자(漢字)에 맞는 한 음절의 우리말을 고생스럽게 만들어 주셨고 그 원칙은 지금도 지켜지고 있다. 즉 '北京'을 '베이징'이 아니라 '북경'으로 오랫동안 써온 것이다.

한자어가 우리말의 60% 이상을 차지하는 현실에서, 한자를 우리 식으로 읽고 필요할 때 한자를 병기하는 것은 말의 의미를 더욱 명확하게 전달할 수 있다.

목차

3_ 회화, 도자기, 공예

4_ 건축물과 원림

5_ 음악, 연극, 영화

V. 삶과 여행

1_ 먹거리

2_ 삶의 다양한 모습

3_ 자연과 여행

IV

예술

한자, 서예

한자는 원래 상형문자이다. 사물의 형태를 보고 글자를 만들었으며 글자로 뜻을 나타내는 표의문자(表意文字)이다. 수천 년의 역사 속에서 글자의 모양과 숫자는 부단히 변화해 왔으며 좀 더 간단하게 의사소통을 할 수 있는 소리글자에 대한 필요로 병음(倂音)이 만들어지기도 했다. 한편, 글자를 쓰는 행위는 문인들을 중심으로 어느덧 서법(書法)으로 승화되어 중국 고유 예술이 되었다. 시대를 거치면서 서예가들은 나름의 독특한 서체로 예술가의 경지를 개척하였다. 컴퓨터의 보급과 더불어 쓰는 행위가 드물어지기는 했으나 서예는 중국, 한국, 일본에서 예술의 한 분야로 굳건하게 자리잡고 있다.

한자의 생성 원리

　한자는 삼황오제 때 창힐(蒼頡)이 새와 짐승의 발자국을 보고 만들었다고 하나 근거가 희박하다. 한자는 글자의 모양으로 의미를 나타내며 일정한 구성 원리가 있다. 후한의 허신(許愼)은 『설문해자(說文解字)』에서 상형(象形), 지사(指事), 회의(會意), 형성(形聲)의 네 가지 방식과 그 활용 방법에 따른 전주(轉注), 가차(假借)를 더해 육서법(六書法)을 정리하였다.

　상형(象形)문자는 이름 그대로 사물의 모양을 본뜬 글자이다. 산(山), 천(川), 일(日), 월(月), 목(木) 등으로 가장 기본적인 형태이다.

　지사(指事)문자는 상형의 한계를 극복하기 위하여 무형(無形)의 추상적인 개

갑골문자

념을 점이나 선으로 나타낸 문자이다. 일(一), 이(二), 삼(三), 상(上), 하(下), 본(本), 인(刀) 등이 대표적이며 육서 중에서 글자의 수가 가장 적다.

회의(會意)문자는 "뜻을 모은다"는 말 그대로 두 개 이상의 상형문자나 지사문자를 결합하여 새로운 글자를 만든 것이다. 명(明), 휴(休), 취(取), 출(出), 염(炎), 신(信), 임(林), 삼(森) 등이다.

형성(形聲)문자는 모양(形), 즉 의미를 나타내는 글자와 소리(聲)를 나타내는 글자를 결합하여 새로운 글자를 만든 것이다. 전체 한자의 대부분(80~90%)이 형성문자에 속한다. 청(淸), 로(露), 기(基), 병(病), 문(問) 등이다.

전주(轉注)문자는 이미 있는 글자의 의미를 확장하여 쓰는 경우인데, '樂'은 음악 악, 즐거울 락, 좋아할 요로 쓰인다. 다른 글자와 호환하여 쓰는 경우는 지(之)와 적(的), 어(於)와 우(于), 시(始)와 초(初) 등이 있다.

가차(假借)문자는 본래 글자가 없으나 소리를 빌려서 쓰는 글자이다. 외래어, 의성어, 의태어를 표현할 때 뜻글자의 한계를 보완할 수 있어서 아주 유용하다. 아시아(亞細亞), 서반아(西班牙), 로마(羅馬) 등이 있다.

간체자

한자는 소리글자가 아니라 뜻글자이다. 즉, 전달하고자 하는 뜻이 다를 경우에는 글자를 계속 만들어야 한다. 청나라의 강희제 때 편찬된 『강희자전(康熙字典)』에 수록된 한자의 수는 이미 47,000여 개에 달하였다. 많은 한자를 학습하거나 일상생활에서 사용할 때 불편이 생기게 되었으며 문맹률도 높아지게 되었다. 중국은 이미 중화민국 시절부터 한자의 간체화(簡體化)를 도모해왔다. 1956년에는 '한자간화방안(漢字簡化方案)'을 발표하였으며 8년간의 준비기간을 거친 후에 1964년에 간체자 2,238자와 부수(部首: 偏旁) 14자가 포함된 '간화자총표(簡化字總表)'를 공표하였다.

炀〔煬〕	陆〔陸〕
沣〔灃〕	陇〔隴〕
沤〔漚〕	陈〔陳〕
沥〔瀝〕	坠〔墜〕
沦〔淪〕	陉〔陘〕
沧〔滄〕	妪〔嫗〕
沨〔渢〕	妩〔嫵〕
沟〔溝〕	妫〔嬀〕

간체자를 만드는 것에도 몇 가지 원칙이 있다.

·필획이 많은 글자는 전체를 줄이고 대강의 윤곽을 남긴다(壽 → 寿)

·필획이 많은 글자는 일부분만을 쓴다(聲 → 声)

·필획이 많은 글자를 간단한 필획으로 대체한다(辦 → 办)

·초서(草書)를 해서(楷書)화 한다(車 → 车)

·고자(古字)를 채용한다(從 → 从)

·형성자에서는 간단한 성부(聲部)를 쓴다(燈 → 灯)

·간체자를 따로 만든다(響 → 响)

·같은 음을 가진 글자로 대체한다(幾 → 几)

간체자는 획수가 적어 배우기 쉽고 쓰기 편하며, 기억하기 쉬워서 학습에 들어가는 시간과 노력을 획기적으로 줄일 수 있었다. 그 결과는 문맹률이 낮은 것에서 알 수 있다. 『2023 중국통계연감』에 의하면 2022년 기준, 15세 이상 인구에서 문자를 모르는 사람의 비율은 3.39%로 표본 조사되고 있다.

하지만 정체자(正體字)를 옹호하는 사람들의 주장도 만만치 않다. 문맹률의 저하와 간체자는 큰 상관관계가 없고 교육의 접근도에 따라 문맹률이 낮아지는 것이라고 주장하면서 정체자를 쓰는 대만의 문맹률이 대륙보다 낮은 것을 예로 든다. 또한 과거에는 글자를 손으로 썼으나 컴퓨터를 쓰는 현대에는 획수가 많아도 크게 불편할 것이 없다는 주장을 편다. 무엇보다 중요한 것은 한자의 의미가 변질되며 전통과 단절된다는 우려이다. 예를 들어 마음(心) 없이 사랑을 어떻게 하나(愛 → 爱), 서로 볼(見) 수도 없는데 어떻게 친해지나(親 → 亲) 등의 주장이 있다.

한어병음

소리글자인 알파벳과 비교하여 뜻글자인 한자의 비효율성에 대한 논쟁은 이미 오래 전부터 있어 왔다. 표음문자에 대한 갈망은 신해혁명 이후 1918년에 24개의 자음과 16개의 모음으로 구성된 주음자모(注音字母)의 탄생을 불러왔다. 나중에 주음부호(注音符號)로 이름을 바꾸었는데 대만에서는 지금까지 사용하고 있다. 새로운 문자체계는 아니고 한자의 필획을 근거로 만들었으며 한자 하나하나의 표준음을 제시하는 발음부호(發音符號)라고 할 수 있다.

공산당 정부도 중국식 표기법에 대한 연구에 골몰한 끝에 26개의 알파벳 체계를 응용한 '한어병음방안(漢語倂音方案)'을 1958년 발표하였다. 알파벳만 배우면 병음 표기가 된 안내문, 표지판 등을 읽을 수 있게 된 것이다. 1964년에 발표된 2,238개의 간체자(簡體字)와 함께 누구라도 한자말을 쉽게 배울 수 있도록 하는 데 크게 기여하였다.

컴퓨터가 광범위하게 보급된 현실에서 알파벳 병음 표기가 없다면 컴퓨터에서 어떻게 한자어를 불러올 것인지 상상이 되지 않는다. 스피드가 강조되는 현대에서 병음이 없었다면 중국의 발전도 훨씬 느리게 진행되었을 것이다.

한편, 한자 문화권에 속한 조선에서 학자들을 동원하고 연구하여 완전히 새로운 문자를, 그것도 소리글자인 훈민정음을 창제한 세종대왕의 위대한 업적을 우러르지 않을 수 없다. 한글이 있었기에 우리는 컴퓨터 자판을 치면 그대로 단어와 문장이 되는 표음문자 체계를 가지게 된 것이다.

声母＼韵母	a 啊	o 喔	e 饿	i 衣	u 乌	ü 玉	er 儿	ai 唉	ei 诶	ao 奥	ou 欧	an 安	en 恩	in 因	ang 昂	eng 鞥	ing 英	ong	ia 呀	ie 爷	iao 腰	iu 优	ian 烟	iang 央	iong 拥
b	ba 八	bo 波		bi 逼	bu 不			bai 白	bei 背	bao 包		ban 班	ben 奔	bin 斌	bang 帮	beng 崩	bing 兵			bie 别	biao 表		bian 边		
p	pa 怕	po 婆		pi 批	pu 铺			pai 拍	pei 陪	pao 跑	pou 剖	pan 盘	pen 盆	pin 拼	pang 胖	peng 鹏	ping 平			pie 撇	piao 飘		pian 偏		
m	ma 妈	mo 摸	me 么	mi 米	mu 母			mai 买	mei 美	mao 毛	mou 某	man 慢	men 门	min 民	mang 忙	meng 梦	ming 名			mie 灭	miao 秒	miu 谬	mian 棉		
f	fa 发	fo 佛			fu 福				fei 非		fou 否	fan 翻	fen 分		fang 方	feng 凤					fiao 凮				
d	da 达		de 德	di 低	du 读			dai 代	dei 得	dao 到	dou 斗	dan 单	den 扽		dang 当	deng 灯	ding 丁	dong 东	dia 嗲	die 爹	diao 调	diu 丢	dian 店		
t	ta 他		te 特	ti 提	tu 图			tai 台	tei 忒	tao 涛	tou 偷	tan 谈			tang 汤	teng 疼	ting 听	tong 通		tie 贴	tiao 条		tian 天		
n	na 那		ne 呢	ni 你	nu 努	nü 女		nai 乃	nei 内	nao 脑	nou 耨	nan 难	nen 嫩	nin 您	nang 囊	neng 能	ning 宁	nong 弄		nie 捏	niao 鸟	niu 牛	nian 年	niang 娘	
l	la 啦		le 乐	li 里	lu 路	lü 吕		lai 来	lei 雷	lao 老	lou 楼	lan 蓝		lin 林	lang 狼	leng 冷	ling 令	long 龙	lia 俩	lie 列	liao 聊	liu 留	lian 连	liang 两	
g	ga 噶		ge 个		gu 古			gai 该	gei 给	gao 高	gou 沟	gan 干	gen 跟		gang 刚	geng 更		gong 共							
k	ka 卡		ke 可		ku 哭			kai 开		kao 考	kou 口	kan 看	ken 肯		kang 康	keng 坑		kong 空							
h	ha 哈		he 喝		hu 互			hai 海	hei 黑	hao 好	hou 后	han 喊	hen 很		hang 航	heng 横		hong 红							
j				ji 及		ju 居								jin 金			jing 经		jia 加	jie 接	jiao 叫	jiu 就	jian 间	jiang 将	jiong 窘
q				qi 期		qu 区								qin 亲			qing 清		qia 恰	qie 且	qiao 桥	qiu 秋	qian 千	qiang 枪	qiong 穷
x				xi 西		xu 需																			
zh	zha 渣		zhe 者	zhi 只	zhu 猪			zhai 摘		zhao 招	zhou 周	zhan 占	zhen 真		zhang 张	zheng 争		zhong 中							

한어병음표

[国·國(国)] guó ①명 국가. 나라. 「～内；국내」「祖～；조국」「外～；외국」「保家卫～；가정을 보호하고 나라를 지키다」「全～各地；전국 각지」「收归～有；국유화하다」「～破家亡；⊗ 나라와 집안이 망하다」②명 자기 나라. 본국. 쟈국. 「归～华侨；귀국한 화교」「～产；↓」③(Guó)명 성(姓).

[国宝] guóbǎo 명 ① 국보. 나라의 보배. ② 국가의 화폐.
[国本] guóběn 명 ① 나라의 근본. 전국의 근본. ② 옛날 태자(太子)의 다른 이름.
[国币] guóbì 명 국가 화폐.
[国变] guóbiàn 명 국변. 나라의 변란(變亂).
[国宾] guóbīn 명 국빈. 「～馆；국빈관」
[国秉] guóbǐng 명⊗ 국권(國權). 정권(政權).

서체의 역사와 종류

한자는 원래 상형(象形)문자이다. 글자 수와 필획이 많고 구성이 복잡하여 글자 형태의 변화가 많다. 그러다 보니 어떻게 쓰느냐에 따라서 글자체가 다르고, 형상이 다르며 보는 사람이 느끼는 감상도 달라진다.

서체(書體)는 그 발전 과정에 따라 갑골문(甲骨文), 금문(金文), 전서(篆書), 예서(隸書), 해서(楷書), 초서(草書), 행서(行書)로 나눌 수 있다.

갑골문

금문

갑골문(甲骨文)은 역사적으로 가장 오래된 문자이며 상(商)의 도읍이었던 은허(殷墟)에서 출토되었다. 국가 중대사에 대하여 점을 치고 그 결과를 거북의 등껍질이나 짐승뼈에 새겨놓은 것이다.

금문(金文)은 상주(商周)시대에 청동기로 만든 종이나 솥에 새긴 문자로서 종정문(鐘鼎文)이라고도 불린다. 갑골문과 비교하여 보면 아직 투박하기는 하지만 글자의 대소, 균형 등에서 예술성을 갖추기 시작하였다.

전서(篆書)는 춘추전국시대에 다듬어졌다. 춘추시기에는 화폐, 죽간, 비단,

전서

예서

해서

칠기 위에 글자를 쓰기 시작했다. 전국 시대에 이르자 지역에 따라 차별화되기 시작하여 초, 제, 연, 조, 위, 한의 육국고문(六國古文)이 형성되었고 진나라에는 자체의 대전(大篆)이 있었다. 진시황은 중국을 통일한 후 승상 이사(李斯)로 하여금 육국고문을 폐지하고 대전을 정리, 수정한 소전(小篆)을 만들게 하였다.

예서(隸書)는 진나라 때 만들어졌으나 한나라에 이르러 통용된 서체로서 바쁜 사무에 적합하게 전서의 자획을 간략하게 하고 일상적으로 쓰기에 편한 서체로 만든 것이다. 소전의 80%는 남기고 20%만 변화를 가져왔다. 글자가 가로는 길고 세로는 짧은 형태를 띤다.

해서(楷書)는 위진남북조시대에 확립된 서체이다. 이름 그대로 본보기가 되는 글씨체로서 흘려 쓰지 않고 바르게 쓴다는 의미에서 정서(正書)라 한다. 예서는 가로, 해서는 세로로 약간 퍼진 형태이다. 현대의 인쇄, 컴퓨터에서 사용되는 글자체이다.

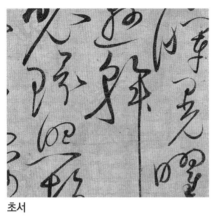

초서   행서

초서(草書)는 예서의 발전과 함께 빨리 쓰기 위하여 필획과 글자가 끊어지지 않고 이어지는 것이 특징이다. 예술적으로는 적합할지라도 난해하여 읽기 어려운 것이 단점이다.

행서(行書)는 해서와 초서의 중간에 해당하는 서체이다. 해서는 또박또박해서 보기는 쉬우나 쓰는 속도가 너무 늦고, 초서는 빨리 쓸 수는 있으나 난해한 단점을 보완하기 위하여 자연스러우면서 어렵지 않게 쓰는 서체이다.

🔍 갑골문의 발견

갑골문의 발견은 불과 100여 년 전에 이루어졌으며 거기에는 재미있는 스토리가 있다. 1899년 가을, 북경에서 국자감의 제주로 있던 왕의영(王懿榮)이라는 사람이 학질을 앓았는데, 태의(太醫)가 처방해준 약 중에 용골(龍骨)이 있었다. 가족들이 약국에서 사온 용골에 칼자국이 나 있는 것을 발견한 왕의영은 고문자(古文字)에 정통한 유악(劉鶚)이라는 친구에게 보여 주었다. 왕의영은 이 물건이 하남성 안양현(安陽縣) 소둔촌(小屯村)에서 채취된 것을 알게 되었으며, 유악은 1903년에 『철운장구(鐵雲藏龜)』라는 책을 써서 이를 세상에 알렸다.

서성 왕희지

왕희지(王羲之, 307~365)는 동진시대의 서예가이며 서성(書聖)이라고 불린다. 여행을 하면서 비문(碑文) 등을 연구하여 자신의 신체(新體)를 정립했다. 해서, 초서, 행서의 여러 서체를 통달하였으며 아들 왕헌지(王獻之) 또한 행초서(行草書)를 정립하는 등 아버지 못지 않은 명필이었다. 두 사람을 이왕(二王) 혹은 희헌(羲獻)이라고 칭한다.

왕희지는 거위가 물에서 헤엄치는 모습을 보며 필법을 연구하였다고 하며 항상 붓글씨 쓰는 훈련을 하였다. 손가락으로 옷 위에다가 쓰는 연습을 하도 많이 해서 옷이 닳아 구멍이 났으며 붓과 벼루를 집 앞의 연못에서 씻었는데 나중에는 그 연못 물이 다 검게 되었다고 한다.

서기 353년 음력 3월 3일, 회계 산음[會稽 山陰: 절강성 소흥시(紹興市)]의 난정(蘭亭)에 사안(謝安), 손작(孫綽), 왕희지와 그의 아들 등 41명의 명사들이 모여 수계(修禊) 모임을 가졌는데, 유상곡수(流觴曲水)를 즐기며 시회(詩會)를 열었다. 그때 읊은 37편의 시를 묶어 『난정집(蘭亭集)』을 만들었으며 왕희지는 이 시

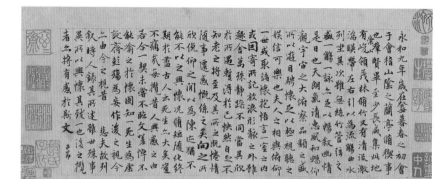

난정집서

집의 서문을 쓰게 되었다. 이것이 바로 유명한 「난정집서(蘭亭集序)」이다. 문장은 명문으로 유명하며 행서로 쓰여진 그의 글씨가 얼마나 아름다웠던지 당 태종은 이를 옆에 두고 아꼈다고 하며 무덤에도 같이 묻히게 되어 원본은 전하지 않고 베낀 작품들만 전한다.

🔍 **유상곡수(流觴曲水)**

술잔을 채워 시냇물에 흘려보내서 자리 앞에 술잔이 멈춘 사람이 시를 짓고 술을 마신다. 시를 짓지 못하면 벌주를 마셔야 했다.

🔍 **수계(修禊)**

음력 삼월 삼일에, 불길한 일이나 액운을 떨쳐버리기 위한 뜻에서 물가에 모여 술 마시고 즐기던 행사이다.

당송원명청의 서예가

당나라 초기의 유명한 서예가로 구양순(歐陽詢, 557~641)을 꼽을 수 있다. 그는 처음에는 왕희지의 행서를 배웠으나 예서를 연구한 끝에 자신만의 독특한 글씨체를 만들게 되었으며 해서(楷書)의 모범이 되었다.

구양순의 뒤를 잇는 명필은 안진경(顏眞卿, 709~785)이다. 본래 무인(武人) 출신으로 안록산의 난을 맞아 의병을 일으켜 항전하기도 하였다. 그의 필체에는 무인의 씩씩함이 배어 있으며 해서로 유명하다.

구양순의 구성궁예천명

송나라의 서예가로는 소식(蘇軾, 1037~1101)을 들 수 있다. 소식은 해서와 행서에 능하였다고 하며 시와 더불어서 운치있는 글씨를 남겼다. 유배지 황주(黃州)에서 비 오는 봄날에 황주한식시첩(黃州寒食詩帖)을 썼다. 24구 120자의 변화무쌍한 필획과 선은 시의 내용과 잘 어우러져 그의 비참하고 격앙된 감성을 잘 나타내고 있다.

안진경의 근례비

원나라의 유명한 명필은 조맹부(趙孟頫, 1254~1322)이다. 그는 송 태조의 핏줄이기도 하였지만 원나라 세조의 인재 등용에 호응하여 고위 관직에도 오른 인물이다. 전서, 예서, 행서, 초서 등 여러 서체에 정통하고 필체는 한국, 일본에도 큰 영향을 미쳤다. 그는 왕희지

소식의 황주한식시첩

의 우아하고 서정적인 서체를 본받았으며 송설체(松雪體)라는 그만의 글씨체를 만들었다고 인정받는다.

명청시대에는 축윤명(祝允明), 문징명(文徵明), 동기창(董其昌), 정판교(鄭板橋), 오창석(吳昌碩) 등이 유명했고 시, 서, 화가 어우러진 작품들이 많았다.

현대에 와서는 제백석(齊白石)과 서비홍(徐飛鴻)을 들 수 있는데, 이들은 화가였지만 글씨에서도 출중한 실력을 보여 주었다. 그 외 조박초(趙朴初)가 있는데 유명 건물의 간판이나 편액에서 그의 글씨를 많이 볼 수 있다.

조맹부의 낙신부

문방사보

　문인들의 서재를 예로부터 문방(文房)이라고 불렀으며 문방사보는 그곳에서 쓰이는 네 가지의 주요한 도구이다. 문방사우(文房四友), 문방사사(文房四士), 문방사후(文房四侯)라고도 한다. 붓(筆), 먹(墨), 종이(紙), 벼루(硯)의 필묵지연(筆墨紙硯)이 그것이다.

　붓은 주로 동물의 털로 만드는데 족제비털, 토끼털 따위를 대나무 대롱 등에 넣어서 만든다. 명품 붓으로는 안휘성 선성(宣城)이 생산지인 선필(宣筆)과 절강성 호주(湖州)에서 생산되는 호필(湖筆)을 최고로 친다.

먹은 오동나무나 소나무 기름의 그을음에 동물의 아교와 향료를 넣어서 만드는데 오랜 세월 동안 변하지 않는 특성이 있다. 벼루에 먹을 가는 행위 자체가 서예의 일부이다. 안휘성 휘주(徽州)의 휘묵(徽墨)을 최고로 꼽는다.

종이는 한나라 때부터 생산되기 시작했으며 식물의 섬유질로 만드는데 단향목(檀香木)이 많이 쓰인다. 안휘성 선성의 선지(宣紙)가 으뜸이다.

벼루는 돌로 만들어진 석연(石硯)이 제일 많지만 도연(陶硯), 동연(銅硯) 등이 있다. 안휘성 흡현(歙縣)의 흡연(歙硯), 광동성 조경시(肇慶市)의 단연(端硯), 감숙성 탁니현(卓尼縣)의 도연(洮硯), 산서성 신강현(新絳縣)의 징연(澄硯)을 4대 명연(名硯)이라 한다.

문인들은 품질이 우수한 명품을 선호하였으며 그 중에서도 견고하고 소장 가치가 있는 벼루를 가장 귀하게 여겼다. 한편 문방사우의 명품을 특정하여 대우하기도 하는데 선필, 휘묵, 선지, 흡연이 그것이다.

문학

중국의 문학은 수천 년의 역사를 가지고 있다. 민중의 삶을 노래한 민가(民歌)의 가사를 채집한 『시경(詩經)』을 비롯하여 『논어』, 『맹자』 등 제자(諸子)의 산문(散文), 대시인 이백과 두보로 대표되는 당시(唐詩), 소동파의 송사(宋詞)를 거쳐 원에 이르러서는 공연 예술인 원곡(元曲)이 꽃피기도 했으며 명청에 이르러서는 『삼국연의』, 『수호지』, 『서유기』, 『금병매』, 『홍루몽』 등의 소설(小說)이 유행하기도 하였다. 근현대에 이르러서도 노신(魯迅), 여화(余華) 등의 걸출한 문학가가 많이 출현하여 시대를 살아가는 민중들의 삶의 애환을 잘 표현하고 있다.

시경

『시경(詩經)』은 중국 문학의 출발점이라고 할 수 있다. 서주 초부터 춘추 중기에 이르는 500년간의 시가(詩歌) 305편이 담겨 있으며 편집자는 공자(孔子)다. 고대 민가(民歌)의 가사를 모은 시가집이면서 유교의 경전이 되었다.

시가들은 국풍(國風) 160편, 소아(小雅) 74편, 대아(大雅) 31편, 송(頌) 40편으로 구성된다. '국풍'은 제후국의 민간 가요이고 '아'는 중원 지역의 시가로서 왕실의 연회나 조회에 쓰인 음악이며 '송'은 제사 때 사용되었다. 『시경』에서 가장 주목 받는 부분은 '국풍(國風)' 부분인데, 당시의 생활상이 잘 나타나 있다. 사회에 대한 불만, 행복, 애정 등의 이야기와 남녀 간의 애정에 관한 내용이 압도적으로 많다. 한편, 대아(大雅) 5편은 주(周) 민족의 영웅들이 나라를 건국하고 확장하는 과정을 묘사한 서사시라고 할 수 있다.

『시경』의 제일 처음에 나오는 고대의 민가(民歌) 중에서 「관저(關雎)」라는 풍(風)의 몇 구절을 감상해 보자.

關關雎鳩(관관저구)	꾸룩 꾸룩 물수리
在河之洲(재하지주)	모래 섬에 있네
窈窕淑女(요조숙녀)	아름다운 아가씨는
君子好逑(군자호구)	군자의 좋은 짝이라네

※ 저구(雎鳩, 물수리): 부부의 정이 돈독한 새로 알려져 있다.

초사와 굴원

초사(楚辭)는 초나라 말로 기록된 초나라의 시가이다. 북방의 시(詩)가 『시경』에 수록된 것처럼 사언(四言) 위주의 짧고 중복되는 형식이었던 데 비하여 남방의 초사는 사언체의 격식에 얽매이지 않았으며 생동감이 있고 화려하며 환상적이다.

북방의 시가가 사회성과 보편성을 강조하는 것과 달리 남방의 초사는 개인적이고 감성적인 경향이 강하다. 도가적 세계관이 드러나 있고 북방의 권력과 유가 사상에 대해서도 비판적인 시각을 가지고 있었다. 초사의 이러한 문학적 특징은 후세의 문인들에게 큰 영향을 미쳤다.

초사는 혜(兮)라는 글자를 삽입하여 두 개의 의미를 연결하여 길게 표현한다. 글자 수는 세 글자를 써서 '3 兮 3' 혹은 '3,3 兮 3,3' 등으로 3박자

의 홀수 리듬을 깔고 있어서 장중하면서도 부드러운 느낌이 든다.

굴원(屈原, BC 340~BC 278)은 전국시대 초나라 사람이다. 그가 살았던 시기는 주 왕실이 약해지고 진, 초, 제가 세력을 겨루던 시절이다. 굴원은 진을 경계해야 한다고 일관되게 주장했으나 초나라 회왕(懷王)과 경양왕(頃襄王)은 듣지 않았고 오히려 먼 지방으로 귀양을 가기에 이르렀다. 마침내 진나라 군대가 초의 수도를 함락하고 굴원의 유배지까지 접근하자 멱라강(汨羅江)에 뛰어들어 자결하였다.

그는 「이소(離騷)」, 「천문(天問)」, 「구가(九歌)」, 「원유(遠游)」 등의 작품을 남겼다. 대표작 이소에는 조국과 백성을 사랑하는 마음, 바른 말을 듣지 못하는 총명하지 않은 왕과 간사한 무리에 대한 울분이 절절히 표현되어 있다. 372구의 장편시이며 낭만적 서정시이다.

🔍 **어부사(漁夫辭)**

초나라 조정에서 추방된 굴원이 방랑 중에 만난 어부의 세속과 타협하면서 살라는 권유에 맞서 자신의 곧고 결백한 처세관을 토로한 내용으로 초사 계통의 문체이다.

어부가 물었다. "어쩌다가 이 지경에 이르렀습니까?" 굴원이 대답했다. "온 세상이 다 혼탁한데 나 홀로 깨끗하고, 모든 사람이 다 취해 있는데 나만 깨어 있으니, 이런 까닭에 쫓겨나게 되었다오." (擧世皆濁, 我獨淸; 衆人皆醉, 我獨醒。 是以見放。)

-중략-

어부가 배를 타고 떠나면서 노래를 불렀다. "창랑의 물이 맑으면 갓끈을 씻으면 되고, 창랑의 물이 탁하면 발을 씻으면 되는 것을!" (滄浪之水淸兮, 可以濯吾纓; 滄浪之水濁兮, 可以濯吾足。)

제자의 산문

춘추전국시대는 제후국들이 서로 세력을 자랑하는 경쟁의 시대였다. 이 시기의 문인 식객들은 자신의 생각을 글로 표현하였는데 백화가 만발하듯 사상이 열렸다는 의미로 백화제방(百花齊放), 백가쟁명(百家爭鳴)이라고 한다. 이때 출현한 사상가들을 일컬어 제자백가(諸子百家)라고 하며 그들의 저술이 곧 산문(散文)의 시작이었다. 그 중에서도 『논어』, 『맹자』, 『도덕경』, 『장자』 등은 후세에 큰 영향을 끼쳤다.

『논어(論語)』는 공자의 언행을 기록하고 있다. 구어체에 가까운 짧은 문장이며 표현이 간결하고 생동감이 있다. 공자의 핵심 사상은 인(仁)과 예(禮)이다. 인은 극기복례(克己復禮)라고 했는데 "예가 아니면 보지도 말고, 듣지도 말며, 말하지도 말고, 움직이지도 말라(非禮勿視, 非禮勿聽, 非禮勿言, 非禮勿動)"라고 하였다.

맹자(孟子)는 사람은 본디 선하게 태어났으며 인의예지(仁義禮智)의 사단(四端)이 있다고 하였다. 즉, 측은지심(惻隱之心), 수오지심(羞惡之心), 사양지심(辭讓之心), 시비지심(是非之心)이 그것이다.

노자(老子)가 지은 『도덕경(道德經)』은 도경(道經)과 덕경(德經)으로 이루어져 있으며 문체가 소박하고 철학적 내용이 풍부하다. 그는 "무위하나 자연히 변화하고, 고요하나 저절로 곧게 된다(無爲自化, 淸淨自正)"라고 주장하였다.

장자(莊子)의 문장은 신비하고 웅장하며 상상력이 풍부하다. 파격적인 공간 속에서 상상의 나래를 펼치는 그의 글에서는 무한의 자유를 느낄 수 있다.

한부

한부(漢賦)는 시와 산문이 혼합된 형식의 문학으로 한나라 시절 유행하였다. 특히 한무제가 문학을 좋아하고 문인들을 대우하자 황제에게 아부하기 위한 작품들을 많이 지었다. 과거시험에도 포함되어 문인들은 입신 출세를 위하여 부를 지었고 문학도 성행하게 되었다.

내용은 귀족적인 궁중문학(宮中文學)의 성격으로 민중의 일상이 담긴 실체적 삶을 노래하는 것과는 거리가 있었다. 궁전을 과장되게 묘사하거나, 제왕의 사냥놀이를 그리고, 봉선의식 과정을 찬미하는 등의 내용이었다. 진실된 감정으로 솔직 담백하게 묘사하고 서술하기보다는 과장되고 아름답게 수식하는 것을 최고로 여겼으므로 형식에만 치우치는 결과를 가져왔다. 작자의 박학다식을 과시하기 위해 특이한 문장과 글자를 쓰는 경우도 많았다. 하지만 역설적으로 문장의 수사(修辭)에 있어서는 일정한 공헌을 한 것도 사실이다.

한대의 대표적인 작가는 사마상여(司馬相如)이다. 그는 「자허부(子虛賦)」와 「상림부(上林賦)」를 지었는데, 초나라 왕의 수렵지인 운몽택(雲夢澤)과 천자의 수렵지인 상림(上林)의 웅대하고 호화로운 모습을 허구적 내용으로 장황하게 서술하였다.

삼국시대 조조의 아들 조식(曹植)은 부(賦)를 잘 지었다. 그는 「낙신부(洛神賦)」에서 낙수의 여신인 낙신의 아름다운 자태를 묘사하고 그 속에 자신의 감정을 잘 담았다. 풍부한 상상, 세밀한 묘사, 극적인 구성이 돋보인다.

악부시

악부(樂府)는 한무제가 설치한 관청의 이름으로 음악에 관한 일을 담당하였는데 전해 내려오던 음악을 정리하고 지방에서 불리던 노래를 수집했다. 이렇게 수집한 노래의 가사를 악부시 혹은 악부라 부르게 되었다.

西門行　　Xī mén xíng

出西門, 步念之。　　Chū xī mén, bù niàn zhī。

今日不作樂, 當待何時。　　Jīn rì bú zuò lè, dāng dài hé shí。

夫爲樂, 爲樂當及時。　　Fū wéi lè, wéi lè dāng jí shí。

何能坐愁怫鬱, 當復待來茲。　　Hé néng zuò chóu fú yù, dāng fù dài lái zī。

飮醇酒。炙肥牛。　　Yǐn chún jiǔ。Zhì féi niú。

請呼心所歡, 可用解愁憂。　　Qǐng hū xīn suǒ huān, kě yòng jiě chóu yōu。

人生不滿百, 常懷千歲憂。　　Rén shēng bù mǎn bǎi, cháng huái qiān suì yōu。

晝短而夜長, 何不秉燭遊。　　Zhòu duǎn ér yè cháng, hé bù bǐng zhú yóu。

自非仙人王子喬,　　Zì fēi xiān rén Wáng Zǐ Qiáo,

計會壽命難與齊。　　jì huì shòu mìng nán yǔ qí。

自非仙人王子喬,　　Zì fēi xiān rén Wáng Zǐ Qiáo ,

計會壽命難與期。　　jì huì shòu mìng nán yǔ qī。

人壽非金石, 年命安可期。　　Rén shòu fēi jīn shí, nián mìng ān kě qī。

貪財愛惜費, 但爲後世嗤。　　Tān cái ài xī fèi, dàn wéi hòu shì chī。

서문의 노래

서문을 나가 걸으며 생각하네.

오늘 즐기지 아니하면 언제를 기다리랴?

즐긴다는 것은 마땅히 때를 맞추어야 하리.

어찌 앉아서 근심하고 답답해하며 내년까지 기다린단 말인가?

좋은 술을 마시고 살찐 소고기를 구워 먹으리라.

마음속 좋아하는 사람을 불러 근심과 걱정을 풀리라.

인생 백세도 못 사는데 천년의 걱정을 품고 사는구나.

낮은 짧고 밤은 기니 어찌 촛불을 들고 놀지 않을 것인가?

신선 왕자교와는 다르니 수명이 그와 같기는 어렵지.

신선 왕자교와는 다르니 그와 같이 장수를 바라는 것도 어렵다.

사람의 목숨은 쇠와 돌이 아니니 수명을 어찌 기약할 수 있으리오?

재물을 탐하고 쓰기를 아까워하면, 후세의 비웃음거리가 되리.

THEME 144 죽림칠현

위진남북조의 혼란으로 문인들은 인생에 대한 심각한 사색을 하게 되었다. 사회는 혼란하고 국가의 흥망조차 예측 못하는 세월이 계속되었다. 지식인들은 혼란과 번민의 세속에서 벗어나 자연에 은거하며 대나무 숲에서 노래하고 술 마시며 지냈는데 죽림칠현(竹林七賢)이 대표적이다. 완적(阮籍), 혜강(嵇康), 산도(山濤), 향수(向秀), 유영(劉伶), 완함(阮咸), 왕융(王戎)이 그들이다.

완적(210~263)은 혜강과 더불어 죽림칠현의 대표적 인물이다. 술과 거문고를 즐겼으며 노장사상에 심취하였다. 은유와 상징으로 현실에 저항하는 작품을 많이 썼다. 오언(五言) 속에 시인의 느낌과 인생에 대한 통찰을 축약하는 데 능하였다. 대표작으로 「달생론(達生論)」, 「대인선생전(大人先生傳)」, 「영회(詠懷)」 82수(首) 등이 있다.

詠懷

Yǒng huái

夜中不能寐, 起坐彈鳴琴。

Yè zhōng bù néng mèi, qǐ zuò tán míng qín。

薄帷鑒明月, 清風吹我襟。

Bó wéi jiàn míng yuè, qīng fēng chuī wǒ jīn。

孤鴻號外野, 翔鳥鳴北林。

Gū hóng hào wài yě, xiáng niǎo míng běi lín。

徘徊將何見, 憂思獨傷心。

Pái huái jiāng hé jiàn, yōu sī dú shāng xīn。

영회(마음속에 품은 것을 노래하다)

한밤 중에 잠 못 이루고 일어나 앉아 거문고를 탄다.

얇은 휘장에 밝은 달이 비추고 맑은 바람은 옷 소매를 스친다.

외로운 기러기는 들판에서 울고 날으는 새는 숲에서 우는구나.

배회하면서 무엇을 보는가 근심하는 생각에 홀로 마음 상한다.

도연명

도연명(陶淵明, 365~427)의 이름은 도잠(陶潛)이다. 동진 말기부터 남조의 송나라에 걸쳐 생존한 시인이며 산수전원시의 새로운 경지를 개척한 인물이다.

가난한 집안 출신이었던 그는 29세에 벼슬길에 올랐으나 10여 년 동안 하급직 관리에 머물러야만 했다. 일찍이 관직 생활을 그만두고 전원으로 돌아가 몸소 씨 뿌리고 거두면서 전원시에 몰두하였다. "동쪽 울타리 아래에서 국화꽃 따서 여유롭게 남산을 바라보네(采菊東籬下, 悠然見南山)"라는 구절처럼 세속에 얽매이지 않았다.

대표적인 작품은 「도화원기(桃花源記)」, 「귀거래사(歸去來辭)」, 「귀원전거(歸園田居)」 등이다. 도화원기는 허구의 도원을 이상향으로 설정하고 마을 모습을 묘사하고 있으며 귀거래사는 사직하고 전원으로 돌아갈 것을 결심했을 때 지은 작품이다.

귀거래사

飲酒

結廬在人境, 而無車馬喧。

問君何能爾, 心遠地自偏。

采菊東籬下, 悠然見南山。

山氣日夕佳, 飛鳥相與還。

此中有眞意, 欲辨已忘言。

Yǐnjiǔ

Jié lú zài rén jìng, ér wú chē mǎ xuān。

Wèn jūn hé néng ěr, xīn yuǎn dì zì piān。

Cǎi jú dōng lí xià, yōu rán jiàn Nán shān。

Shān qì rì xī jiā, fēi niǎo xiāng yǔ huán。

Cǐ zhōng yǒu zhēn yì, yù biàn yǐ wàng yán。

음주

사람들이 사는 곳에 오두막을 지었는데도, 오히려 수레소리 말소리 들리지 않네.

그대에게 묻나니 어찌 그럴 수 있겠는가? 마음이 멀어지면 땅이 절로 외지게 된다네.

동쪽 울타리 아래에서 국화꽃 따서, 여유롭게 남산을 바라보네.

산의 기운은 날 저물어 아름다운데, 새들은 날아서 함께 돌아온다.

이 중에 참된 뜻이 있는데, 말하려 해도 이미 말을 잊어 버렸네.

당시

당나라 시대는 시의 전성기라고 할 수 있다. 위진남북조를 거치며 발전해 오던 시가가 당에 이르러 꽃을 활짝 피우게 되었다. 형식에 있어서도 고시(古詩)에서 발전된 근체시(近體詩)가 나타나서 율시(律詩)와 절구(絶句)가 정형화 되었으며 각각은 5언과 7언으로 표현되었다. 청의 강희제 시절에 편찬된 『전당시(全唐詩)』에는 2,200여 명 시인이 지은 48,900여 수의 당시가 수록되어 있다.

당의 300년은 대략 초당(初唐, 7세기), 성당(盛唐, 8세기 전반), 중당(中唐, 8세기 후반~9세기 전반), 만당(晚唐, 9세기 후반~10세기 초반)으로 구분할 수 있다.

초당의 대표 시인은 왕발(王勃), 낙빈왕(駱賓王) 등으로 남조(南朝)를 계승한 성격이 강하였다. 절구, 율시라는 형식이 상당히 갖추어진 시대이다.

성당은 대시인들이 출현한 시기이다. 이백과 두보가 대표적인데 이백의 시는 화려하고 두보의 시는 전란의 상흔을 바라보는 슬픔과 민중의 힘든 삶을 반영하고 있다. 맹호연(孟浩然), 왕유(王維), 잠참(岑參) 등의 명성도 높다.

중당의 시인은 한유(韓愈)와 백거이(白居易)를 들 수 있는데 한유는 호방한 시풍을 자랑하고, 백거이는 옆집 할머니 같은 일반 백성들도 이해하기 쉬운 시를 지었다.

만당에는 이상은(李商隱), 두목(杜牧), 온정균(溫庭筠) 등의 이름이 높은데 쇠락의 길을 걷기 시작한 시대상을 반영하듯 감상적인 시풍이 흐르고 있다.

초당의 시: 왕발

당나라 초기의 시인들은 주로 궁정 문인 집단에 소속되어 있었으며 유미적인 성격이 아주 강하였다. 하지만 사걸(四傑)이라 불리는 왕발(王勃), 양형(楊炯), 노조린(盧照隣), 낙빈왕(駱賓王)은 관직이 낮고 사회적 지위가 낮았으나 재주가 많고 의기가 높았으며 자신들의 창작에 몰두하여 후세에도 이름을 남기게 되었다.

山中　　Shān zhōng

長江悲已滯, 萬里念將歸。　Cháng jiāng bēi yǐ zhì, wàn lǐ niàn jiāng guī。
況屬高風晩, 山山黃葉飛。　Kuàng shǔ gāo fēng wǎn, shān shān huáng yè fēi。

산중

장강의 물도 나의 타향살이를 슬퍼하는 듯, 만리 떨어진 고향에는 언제나 돌아갈까?
때는 단풍이 깊이 드는 가을인데, 산이면 산마다 누런 잎이 날리는 도다.

성당의 시: 이백

성당(盛唐) 시기는 당시의 전성기이다. 당나라 초기의 태평성대 연간에는 낭만적인 시풍이 있었고 '안사의 난' 이후에는 어지러운 현실을 시로 표현하기도 하였다.

이백(李白, 701~762)은 원래 키르기스스탄에서 태어났으나 5세 때 현재의 사천성 강유시(江油市)로 이사왔다고 한다. 자는 태백(太白)이며 호는 청련거사(靑蓮居士)이다. 중국의 대표시인이라고 할 수 있으며 시선(詩仙)으로 불린다. 굴원의 뒤를 잇는 대표적 낭만주의 시인이기도 하다. 두보와 더불어 성당(盛唐)을 상징하는 시인으로 그가 남긴 천여 수의 작품이 전해진다. 도교에 깊이 심취하였으며 그 영향을 받아 호방하고 낭만적인 시를 많이 썼다.

부패한 현실에 불만이 많았으나 자신의 정치적 재능을 발휘할 수 있는 기회를 가지고자 하였다. 당 현종 시절에 궁정시인으로 활동하기도 했으나 그의 포부와 맞지 않아 궁정에서 쫓겨나게 되었으며 방랑의 세월을 보냈다.

그는 술을 무척 좋아했으며 달을 사랑한 시인이었다. 「월하독작(月下獨酌)」이라는 시의 한 구절을 보면 "밝은 달을 잔 속에 불러 그림자와 더불어 셋이 되었다(擧杯邀明月 對影成三人)"라고 노래하였으며, 「장진주(將進酒)」에서는 "인생에서 뜻을 이루었으면 실컷 즐길 일이다. 황금 술잔이 빈 채로 달을 마주하지 마라(人生得意須盡歡 莫使金樽空對月)"라고 읊었다.

그는 호방하여 막힘이 없는 시인이었다. 「망여산폭포(望廬山瀑布)」에서는 폭

포를 비유해 "날듯이 삼천 척을 바로 떨어지니 은하수가 구천을 떨어지는 듯하구나(飛流直下三千尺 疑是銀河落九天)"라고 노래했다.

타향에서 고향을 생각하며 감상에 젖는 시인이기도 했다. 「정야사(靜夜思)」에서는 "머리 들어 밝은 달을 바라보고 고개 숙여 고향을 생각하네(擧頭望明月 低頭思故鄕)"라고 하였다. 귀양가는 길에서 풀려 나서는 기쁜 마음을 가누지 못하고 한 편의 수채화 같은 「조발백제성(早發白帝城)」이라는 시를 지었다. "천리 강릉 길도 하루면 갈 수 있다(千里江陵一日還)"고 읊었다.

靜夜思

床前明月光, 疑是地上霜。

擧頭望明月, 低頭思故鄕。

Jìng yè sī

Chuáng qián míng yuè guāng, yí shì dì shàng shuāng。

Jǔ tóu wàng míng yuè, dī tóu sī gù xiāng。

정야사(고요한 밤 생각에 잠기다)

침대 머리에 밝은 달이 비추니, 땅 위에 서리가 내린듯 하구나.

고개 들어 밝은 달을 쳐다보고, 고개 숙여 고향을 생각하네.

望廬山瀑布

日照香爐生紫煙, 遙看瀑布掛前川。

飛流直下三千尺, 疑是銀河落九天。

Wàng lú shān pù bù

Rì zhào Xiāng lú sheng zǐ yān, yáo kàn pù bù guà qián chuān。

Fēi liú zhí xià sān qiān chǐ, yí shì yín hé luò jiǔ tiān。

망여산폭포(여산폭포를 바라보다)

해가 향로봉을 비추니 보라색 안개 피어나고,

멀리 폭포를 바라보니 긴 하천을 걸어놓은 듯.

날듯이 흘러 수직으로 삼천 척을 떨어지니,

마치 은하수가 구천으로 떨어지는 듯 하도다.

早發白帝城

朝辭白帝彩雲間, 千里江陵一日還。

兩岸猿聲啼不住, 輕舟已過萬重山。

Zǎo fā Bó dì chéng

Zhāo cí Bó dì cǎi yún jiān, qiān lǐ Jiāng líng yī rì huán。

Liǎng àn yuán shēng tí bù zhù, qīng zhōu yǐ guò wàn chóng shān。

조발백제성(아침 일찍 백제성을 떠나다)

아침 일찍 구름 낀 백제성을 떠나는데, 천 리 강릉 길도 하루면 갈 수 있다.

강 양안의 원숭이 소리 그치지 않는데, 가벼운 배는 벌써 만 겹의 산을 지나네.

山中問答

問余何事棲碧山, 笑而不答心自閑。

桃花流水杳然去, 別有天地非人間。

Shān zhōng wèn dá

Wèn yú hé shì qī bì shān, xiào ér bù dá xīn zì xián。

Táo huā liú shuǐ yǎo rán qù, bié yǒu tiān dì fēi rén jiān。

산중문답

어이하여 푸른 산에 사는가 묻는데, 웃을 뿐 대답 않으니 마음이 한가롭구나.

복사꽃이 물을 따라 아득히 흘러가니, 별천지로다 인간 세상이 아니로세.

성당의 시: 두보

두보(杜甫, 712~770)의 자는 자미(子美)이며 호는 소릉(少陵)이다. 소년 시절부터 시를 잘 지었고 이백과 더불어 중국의 대표적인 시인이다. 시성(詩聖)으로 불리운다. 그는 불우하고 가난한 삶을 살았다. 과거에 급제하지 못하였으며 관직을 얻고자 하였으나 뜻대로 되지 않았다. 안사의 난 이후에 어렵사리 작은 벼슬살이를 시작하였으나 친구를 변호하다가 황제의 미움을 사게 되어 그만두었다. 40대 말에는 장안을 떠나 성도(成都)에 정착했는데 초당(草堂)을 짓고 생활하였다. 54세에 사천에서 나와 호북과 호남의 수상(水上)에서 방랑하다가 병사하였다.

두보는 사회 현실에 대하여 강한 문제의식을 가지고 이를 작품에 그려 넣었다. 그 자신의 생계를 잇기 위하여 귀족들의 잔치에 참석하여 시를 지으며 살아가기도 하였고 자식이 굶어 죽는 불행을 겪기도 하였다. 귀족들의 사치스러움과 방탕함을 보고 분노하였고 전란에 고통받는 민중의 고단한 삶에 강한 연민을 느꼈다.

「석호리(石壕吏)」, 「신안리(新安吏)」, 「동관리(潼關吏)」의 '삼리(三吏)'와 「무가별(無家別)」, 「신혼별(新婚別)」, 「수로별(垂老別)」의 '삼별(三別)', 「여인행(麗人行)」, 「북정(北征)」 등 그의 시에는 백성들의 처절한 삶과 부패한 탐관오리의 모습이 그림처럼 생생하게 그려진다.

두보의 시에는 자연의 웅장함과 비장미(悲壯美)가 느껴지는 경우가 있다.

「등악양루(登岳陽樓)」라는 시에서는 "오나라와 초나라까지 동남으로 터져 있고 해와 달이 밤낮으로 이곳에서 떠오르네(吳楚東南坼 乾坤日夜浮)"라 하였다.

두보는 자신의 꿈을 이루지 못한 채 불우한 일생을 살았지만 이상 사회를 그리는 마음은 시 전반에 흐르고 있다. 그의 시는 우리나라의 사대부들에게도 큰 영향을 미쳤고 조선 성종 때에는 한글로 번역된 『두시언해(杜詩諺解)』가 편찬되었다.

春望

Chūn wàng

國破山河在, 城春草木深。

Guó pò shān hé zài, chéng chūn cǎo mù shēn。

感時花濺淚, 恨別鳥驚心。

Gǎn shí huā jiàn lèi, hèn bié niǎo jīng xīn。

烽火連三月, 家書抵萬金。

Fēng huǒ lián sān yuè, jiā shū dǐ wàn jīn。

白頭搔更短, 渾欲不勝簪。

Bái tóu sāo gèng duǎn, hún yù bú shèng zān。

춘망

나라는 망해도 산천은 그대로이네, 봄을 맞은 장안성에 초목이 무성하구나.

시절을 슬퍼하니 꽃도 눈물 흘리고, 이별을 한스러워 하는 차에 새소리에도 놀란다.

전란을 알리는 봉화가 석 달이나 이어지니, 집에서 오는 편지는 만금처럼 귀하다.

하얗게 센 머리는 긁을수록 더 짧아져서, 이제는 비녀도 꽂지 못할 지경이로다.

春夜喜雨

Chūn yè xǐ yǔ

好雨知時節, 當春乃發生。

Hǎo yǔ zhī shí jié, dāng chūn nǎi fā shēng。

隨風潛入夜, 潤物細無聲。

Suí fēng qián rù yè, rùn wù xì wú sheng。

野徑雲俱黑, 江船火獨明。

Yě jìng yún jù hēi, jiāng chuán huǒ dú míng。

曉看紅濕處, 花重錦官城。

Xiǎo kàn hóng shī chù, huā zhòng Jǐn guān chéng。

춘야희우

좋은 비는 시절을 아느니, 봄이 되어 이제 만물이 생동하는 때이다.

바람 따라 살며시 밤에 들어와, 만물을 소리 없이 적시네.

길은 구름이 끼어 어두운데, 강에는 고깃배의 불빛만 밝구나.

새벽에 붉게 젖은 곳을 바라보니, 금관성에 꽃들이 활짝 피었네.

※ 금관성: 현재의 사천성 성도

중당의 시: 백거이

성당의 전성기가 지나자 산수나 일상생활의 소소함을 다루고 개인의 불우한 운명을 관조하거나 한탄하는 시풍이 있었다. 한편, 백거이(白居易, 772~846)는 평이하고 소박한 언어로 시대의 상황과 현실을 담고자 하였다.

백거이의 자는 낙천(樂天)이고 호는 향산거사(香山居士) 혹은 취음선생(醉吟先生)이다. 당의 3대 시인이라고 일컬어지며 이백을 시선(詩仙), 두보를 시성(詩聖)이라고 하는데 비하여 시왕(詩王) 혹은 시마(詩魔)라고 칭한다.

총명하여 5세 때부터 시를 지었다고 하며 29세에 진사(進士)에 합격하였다. 40세에 어머니가, 다음해에는 어린 딸이 세상을 떠나게 되자 불교에 대한 관심이 커지게 되었다. 60세 무렵에는 낙양 용문(龍門) 부근의 향산사(香山寺)에서 기거하고 '향산거사'라는 호를 쓰면서 불교에 심취하였다.

그의 시는 초기에 낭만주의적 경향을 띠었으며 현실주의를 거쳐 말년에는 종교적 내지는 개인의 내면을 바라보는 단계를 거쳤다. 시의 소재는 생활 속에 있었으며 일상적인 시어를 많이 구사하였다.

1,400여 수를 남겨 당나라 시인 중 최대의 다작 시인이며 누구든지 쉽게

읽을 수 있는 쉬운 언어를 구사했다. 대표작은 「장한가(長恨歌)」, 「비파행(琵琶行)」, 「매탄옹(賣炭翁)」 등이다. 낙양(洛陽)부근의 용문석굴(龍門石窟)을 관광하다 보면 향산사(香山寺)와 함께 백거이의 유적을 살펴볼 수 있으므로 꼭 들러 보기를 권한다.

장한가(長恨歌)

「장한가(長恨歌)」는 백거이가 30대인 806년에 지은 시이다. 시는 칠언(七言)으로 되어 있고 120구 840자로 구성되어 있다. 당 현종과 양귀비의 사랑 얘기가 소재이며 둘 사이의 비련(悲戀)을 그리고 있다. 이 시는 많은 사람들에 의해 애송되어 왔으며 소설로 쓰이기도 하였다. 특히 마지막 네 구는 이 생에서 이루지 못한 사랑을 저승에서라도 이루자는 절절한 비원이 잘 표현되어 있어 많이 애송되고 있다.

在天願作比翼鳥, 在地願爲連理枝。
天長地久有時盡, 此恨綿綿無絶期。
Zài tiān yuàn zuò bǐ yì niǎo, zài dì yuàn wéi lián lǐ zhī。
Tiān cháng dì jiǔ yǒu shí jìn, cǐ hèn mián mián wú jué qī。
하늘에서는 날개가 붙은 비익조가 되고, 땅에서는 줄기가 붙은 연리지가 될 지어다.
천지가 장구하여도 그 다함이 있을진데, 못 이룬 이 사랑의 한은 그 끝이 없도다.

장한가는 현재에도 살아있다. 서안 근교 여산(驪山)에는 화청지(華淸池)라는 온천 유적이 있는데 당 현종이 양귀비를 위하여 지은 곳이다. 2008년부터 이곳에서는 장예모(張藝謀) 감독이 연출한 장한가 공연이 있는데 여산 전체를 무대로 활용하고 있으며 배우 3,000명이 등장하는 엄청난 규모를 자랑한다.

중당의 시: 설도

　설도(薛濤, 768~832)는 당나라 시대의 여류 시인이다. 원래는 장안 사람이었으나 부친이 촉(蜀)에서 관직 생활을 한 연유로 성도(成都)로 들어왔다. 14세에 부친이 돌아가고 난 다음 16세에 악적(樂籍)에 이름을 올려 기녀가 되었다. 설도는 문학적 재능이 뛰어났으며 성도에 부임해 온 관리들과의 염문도 있었다. 특히 감찰어사로 부임해 온 원진(元稹)과의 사랑은 유명한 이야기이다. 그녀는 자기가 직접 제작한 채색 편지지로 시를 써서 보내길 좋아했는데 이를 '설도전(薛濤箋)'이라고 부른다. 성도의 망강루(望江樓) 공원에는 푸른 대나무 숲과 함께 설도의 묘와 조각상이 있고 설도정(薛濤井)을 볼 수 있다. 「춘망사(春望詞)」 4수(首)에는 그녀가 사랑하는 사람을 그리는 연정이 가득하다. 설도의 시 중에서도 가장 수작으로 꼽힌다.

동심초(同心草)

가곡 〈동심초〉의 가사는 「춘망사(春望詞)」의 세 번째 수를 번역한 것이다. 노래의 작사자는 김소월의 스승인 안서(岸曙) 김억(金億)이며 작곡자는 김성태(金聖泰)이다. 노래의 가사는 아름다운 우리말로 되어 있으며 한자어는 '기약', '세월'만 사용되었다.

春望詞　　Chūn wàng cí

花開不同賞，花落不同悲。　　Huā kāi bù tóng shǎng, huā luò bù tóng bēi。

欲問相思處，花開花落時。　　Yù wèn xiāng sī chù, huā kāi huā luò shí。

攬草結同心，將以遺知音。　　Lǎn cǎo jié tóng xīn, jiāng yǐ yí zhī yīn。

春愁正斷絕，春鳥復哀吟。　　Chūn chóu zhèng duàn jué, chūn niǎo fù āi yín。

風花日將老，佳期猶渺渺。　　Fēng huā rì jiāng lǎo, jiā qī yóu miǎo miǎo。

不結同心人，空結同心草。　　Bù jié tóng xīn rén, kōng jié tóng xīn cǎo。

那堪花滿枝，翻作兩相思。　　Nà kān huā mǎn zhī。fān zuò liǎng xiāng sī。

玉箸垂朝鏡，春風知不知。　　Yù zhù chuí zhāo jìng, chūn fēng zhī bù zhī。

춘망사

꽃이 피어도 같이 즐기지 못하고, 꽃이 져도 같이 슬퍼하지 못하네.

묻노니 그리운 이 어디 계신가, 꽃이 피고 그 꽃이 또 지고 있는데.

풀을 뜯어 우리 마음 묶어, 내 마음 아시는 그대에게 보내려 하네.

봄날의 슬픔 애간장을 끊을듯 한데, 봄새는 또 애닯게 우는구나.

꽃잎은 하염없이 바람에 지고, 만날 날은 아득타 기약이 없네.

무어라 맘과 맘은 맺지 못하고, 한갓되이 풀잎만 맺으려는고.

가지마다 가득한 저 꽃을 어이하리, 날리어 그리움만 더하게 하네.

아침에 거울을 보니 두 줄기 눈물 떨어지는데, 봄 바람은 이 마음을 아는지 모르는지.

THEME 152

만당의 시: 두목

당이 쇠퇴하면서 감상적이고 우울하며 한편으로는 화려한 시를 쓰게 되었다. 대표적 시인은 이상은(李商隱)과 두목(杜牧)인데 이백과 두보에 비유해 소이두(小李杜)라고 부른다.

清明

清明時節雨紛紛, 路上行人欲斷魂。

借問酒家何處有, 牧童遙指杏花村。

Qīng míng

Qīng míng shí jié yǔ fēn fēn, lù shàng xíng rén yù duàn hún。

Jiè wèn jiǔ jiā hé chù yǒu, mù tóng yáo zhǐ xìng huā cūn。

청명

청명에 비가 분분히 내리네, 길 가는 나그네 마음 더욱 심란하다.

술집이 어디있냐고 묻는데, 목동은 멀리 살구꽃 핀 마을을 가리키네.

송시

당시가 정서와 감정을 중시하면서 아름답고 낭만적인 것을 함축적으로 표현했다면 송시(宋詩)는 이성을 중시하면서 이지적인 내용을 평이하게 표현하였다. 자연과 사물을 다루면서도 그 속에 철학적이고 사변적인 내용을 많이 표현하였다.

왕안석(王安石)은 신법(新法)을 통하여 개혁을 추진한 사상가이자 문장가로 유명하지만 북송의 뛰어난 시인이기도 하다. 소동파(蘇東坡)는 백성을 진정으로 사랑한 행정가였으며 문장, 사(詞), 시(詩)에 두루 뛰어난 예술가였다.

梅花(王安石)

牆角數枝梅, 凌寒獨自開。

遙知不是雪, 爲有暗香來。

Méi huā

Qiáng jiǎo shù zhī méi, líng hán dú zì kāi。

Yáo zhī bù shì xuě, wéi yǒu àn xiāng lái。

매화(왕안석)

담 모퉁이에 핀 몇 가지의 매화, 추위를 이기고 홀로 피어났구나.

멀리서도 눈이 아닌 것을 아나니, 그윽하게 풍겨오는 향기 때문이로다.

송사

  사(詞)는 음악 문학의 일종으로 시작되었다. 노래에 가사를 붙인 서정시였는데 대중가요의 가사라고 할 수 있겠다. 민간에서 발생하여 남녀 간의 애정을 주로 표현하였고 섬세한 정감을 읊었다.

  사(詞)를 시(詩)와 비교해 보면 시는 절구, 율시 등 구절 수가 일정한데 사는 그렇지 않다. 한 구(句)를 구성하는 글자수가 일정하지 않아 5언 및 7언으로 구성된 시와 차별된다. 또한 작품이 2개 이상의 단락으로 나누어져 있고 압운(押韻)의 위치도 일정하지 않으며 중간에 운(韻)을 바꾸는 경우도 있다.

  사는 그 작풍에 따라 크게 두 가지 종류가 있다. 하나는 완약사(婉約詞)이고 또 하나는 호방사(豪放詞)인데 문자 그대로 완약사는 여성스러운 섬세함과 부드러움이 특징이고 호방사는 남성스럽고 호방한 성격의 작품들이다. 유영(柳永, 984~1053)이 완약사의 대표라면 호방사의 대표는 소동파(蘇東坡)라고 할 수 있다. 남송에 이르러서는 금나라에 대한 적개심을 노래하며 강산 회복을 다짐하는 애국사(愛國詞)들이 많았다. 신기질(辛棄疾, 1140~1207), 육유(陸游, 1125~1210) 등이 유명하며, 악비(岳飛)는 「만강홍(滿江紅)」을 남겼다.

  하지만 남송 말기에 이르러 엄격한 음률 규제와 지나친 어구 다듬기 등으로 대중에게서 멀어지면서 문인들의 전유물이 되었다. 차츰 쇠퇴하기는 하였으나 근현대에도 명맥이 이어져서 양계초(梁啓超), 장개석(蔣介石), 모택동(毛澤東)도 사를 지었다.

THEME 155

소동파

소동파(蘇東坡, 1037~1101)는 사천성 미산(眉山)에서 소순(蘇洵)의 아들로 태어났다. 본명이 식(軾)이고 호가 동파인데 본명보다는 호가 더 유명한 경우이다. 어려서부터 총명하였으며 20세에 진사에 합격하였다. 과거 시험의 답안지를 본 당시의 대문장가 구양수(歐陽修)가 그의 실력이 탁월한 것으로 보고 놀랐다는 일화는 유명하다. 그는 문장이 뛰어나서 아버지 소순, 동생 소철(蘇轍)과 함께 당송팔대가(唐宋八大家)의 한 사람으로 꼽힌다. 문장으로 당(唐)에 한유(韓愈)가 있었다면, 송(宋)에는 소동파가 있었던 것이다.

그의 사상은 유가를 근본으로 하였지만 도가와 불가에도 심취하여 폭넓은 사상과 다양한 작품을 생산하는 밑거름이 되었다. 성격은 강직하고 직설적이어서 정적들의 미움을 사기도 했는데 왕안석의 신법에 반대하여 정치적으로 불우했고 외지로 좌천되다가 해남도까지 쫓겨나기도 했다.

하지만 그는 훌륭한 행정가이자 정치가였다. 백성들을 사랑하는 마음이 깊었으며 훌륭한 행정가의 면모를 보여 주었다. 항주(杭州)에서는 서호(西湖)에 제방을 쌓았는데 아직도 튼튼하게 남아 있는 소제(蘇堤: 소동파가 쌓은 제방이라는 뜻)가 그것이다. 서주(徐州)에서는 홍수를 훌륭하게 막아내기도 하였다. 또한 백성들이 값싸고 배불리 먹을 수 있는 돼지고기 요리인 동파육(東坡肉)을 개발하여 나누어 주기도 하였다. 중국 음식점에 가면 먹을 수 있는 바로 그 동파육이다.

소식은 훌륭한 문장가이자 시인이고 화가였으며 서예에도 뛰어났다. 슬프고 아름답고 그윽한 정서를 표현하던 사의 한계를 타파하여 새로운 경지로 끌어올렸다. 그의 사에서 보이는 호방함은 이백의 시와 닮았다는 얘기를 많이 하기도 한다. 대표작은 「적벽부(赤壁賦)」, 「수조가두(水調歌頭)」 등이다.

제서림벽(題西林壁)

橫看成嶺側成峰, 遠近高低各不同。

不識廬山眞面目, 只緣身在此山中。

Tí xī lín bì

Héng kàn chéng lǐng cè chéng fēng, yuǎn jìn gāo dī gè bù tóng。

Bù shí Lú shān zhēn miàn mù, zhǐ yuán shēn zài cǐ shān zhōng。

서림사 벽에 쓰다

가로로 보면 산 줄기요 옆에서 보면 봉우리, 멀고 가깝고 높고 낮음이 각각이로다.

여산의 진면목을 알 수 없는 것은, 그 몸이 산중에 있기 때문이라네.

수조가두(水調歌頭)

소동파의 호방한 기풍을 보여주는 수조가두(水調歌頭)라는 작품을 소개한다. 소식이 41세 되던 해의 추석에 동생을 생각하며 지었는데 수백 년 후에는 등려군(鄧麗君)이 〈단원인장구(但願人長久)〉라는 노래로 불렀다. 예술의 장구함을 느낀다.

水調歌頭	Shuǐ diào gē tóu
明月幾時有?	Míng yuè jǐ shí yǒu?
把酒問靑天。	bǎ jiǔ wèn qīng tiān。
不知天上宮闕,	Bù zhī tiān shàng gōng què,
今夕是何年。	jīn xī shì hé nián。
我欲乘風歸去,	Wǒ yù chéng fēng guī qù,
又恐瓊樓玉宇,	yòu kǒng qióng lóu yù yǔ,
高處不勝寒。	gāo chù bù shèng hán。
起舞弄清影,	Qǐ wǔ nòng qīng yǐng,
何似在人間。	hé sì zài rén jiān。
轉朱閣,	Zhuǎn zhū gé,
低綺戶,	dī qǐ hù,
照無眠。	zhào wú mián。
不應有恨,	Bù yīng yǒu hèn,
何事長向別時圓?	hé shì cháng xiàng bié shí yuán?
人有悲歡離合 ,	Rén yǒu bēi huān lí hé
月有陰晴圓缺 ,	yuè yǒu yīn qíng yuán quē
此事古難全。	cǐ shì gǔ nán quán
但願人長久 ,	Dàn yuàn rén cháng jiǔ,
千里共嬋娟。	qiān lǐ gòng chán juān

밝은 달은 언제부터 있었던가?

술잔 들어 하늘에 물어 본다.

하늘에 있는 궁궐에서는,

오늘 밤이 어느 해인지 잘 모르겠구나.

나도 바람 타고 돌아가고 싶지만,

하늘의 옥누각 궁궐은,

너무 높은 곳에 있어 추울까 두렵다네.

일어나 춤을 추니 그림자도 같이 하네,

이 세상 만한 곳이 또 어디에 있을까.

달빛은 붉은 누각을 돌고,

비단 창문에 드리워,

나를 비추어 잠 못 들게 하네.

저 달은 한이 없을 텐데,

어이하여 이별할 때마다 저리 둥글까?

사람에게는 슬픔과 기쁨 이별과 만남이 있고,

달에는 어둡고 밝고 둥글고 이지러짐이 있다네,

인생이란 이처럼 예로부터 완전하기 어려운 법.

단지 우리 오래도록 살아서,

천 리 먼 곳에서도 함께 달을 바라보자.

이 일은 예로부터 온전하기 어려운 것이다.

단지 그대가 오래 살아

천 리 먼 곳이나마 함께 달을 보기 바라네.

원곡

원곡(元曲)은 원나라 시대의 공연예술이었던 잡극(雜劇)과 산곡(散曲) 등을 일컫는 말이다. 전통적 귀족문학이 운율과 형식을 강조하는 데 비하여 대본은 구어(口語)도 사용하는 서민 문학이었으며 문장은 소박하면서도 실제 사회생활을 많이 다루었고 이민족의 언어가 섞이기도 하였다. 작가들은 대체로 신분이 낮은 서민 출신이 많았다. 이민족이 통치하면서 유교사상이 배척되었고 문인들의 사회적 지위도 높지 않았기에 작가로 활동하는 공간은 오히려 넓어졌다. 협회인 서회(書會)를 만들고 모여서 대본을 썼다.

당시 몽골족은 아시아와 유럽을 연결하는 대제국을 건설하였으므로 원나라는 상업이 크게 발전하였고 수도인 대도(大都: 북경)는 세계적인 대도시가 되었다. 경제가 발전하고 구매력이 생김에 따라 오락시설이 번성하였고 이민족, 상인, 군인 등의 관람객도 증가하여 잡극은 호황을 누렸다.

원 잡극의 작가들은 크게 두 부류가 있었다. 하나는 대본 속에 민중들의 현실 생활과 사회문제, 사건들을 주로 그렸는데 구어, 속어, 방언 등도 사용했다. 관한경(關漢卿)이 대표적이며 「두아원(竇娥寃)」, 「구풍진(救風塵)」, 「단도회(單刀會)」가 유명하다. 다른 부류는 문인 출신 작가들로서 문학성을 중시하고 애정관계나 역사적 고사들을 소재로 삼았다. 대표격인 작가는 왕실보(王實甫)이며 주요 작품은 「서상기(西廂記)」이다.

4대 기서

명나라가 들어서면서 점차 도시 경제가 발전하기 시작하였고 시민계층이 늘어나게 되었다. 이제 시장에서는 서민들에게 어울리는 사랑이야기, 영웅호걸의 무용담, 외국의 신비한 문물 등을 다룬 통속 소설이 등장하였다. 사대기서(四大奇書)는 『삼국연의(三國演義)』, 『수호전(水滸傳)』, 『서유기(西遊記)』, 『금병매(金瓶梅)』를 꼽고 있으며 어떤 이는 『금병매』 대신에 『홍루몽(紅樓夢)』을 넣기도 한다.

삼국연의

『삼국연의』를 지은 나관중(羅貫中)의 본명은 본(本)이며 관중은 그의 자이다. 위(魏), 오(吳), 촉(蜀)의 이야기는 이미 여러 대에 걸쳐 민간에서 유행하고 있었는데 이것을 나관중이 정사(正史) 『삼국지』 등을 참고하고 본인의 이야기를 덧붙여 완성했다. 이 소설이 천년을 넘어 인기가 있는 것은 인물 설정에 있다. 지혜의 제갈량, 의리의 관우, 간웅 조조 등의 활약과 연환계, 반간계, 고육지계 등의 권모술수가 흥미를 더하기 때문이다.

수호전

『수호전』의 저자는 시내암(施耐庵)이다. 이 소설의 주인공 송강(松江)은 북송 시대 민란을 일으킨 실존 인물이기도 하다. 소설에 등장하는 인물들의 출신은 아주 다양하여 지주, 관리, 살인자, 유민 등으로 구성되어 있으며 사회적으로 핍박을 받거나 모함을 당한 사람들이다. 108명의 영웅호걸들이 양산박(梁山泊)에 모여 하늘을 대신하여 도를 행한다는 체천행도(替天行道)를 내세워 불의를 무찌르고 약자를 구해내는 스토리에 민중들은 강한 흥미를 느끼는 것이다.

서유기

『서유기』의 저자는 오승은(吳承恩)이다. 당나라 스님 현장(玄奘)이 인도에 가서 불경을 구해오는 이야기다. 현장은 629년 장안을 출발해 하서회랑(河西回廊), 옥문관(玉門關), 신강(新疆)을 지나 100여 개국을 통과한 후 마침내 인도에 도착하여 10년을 머문 다음 645년에 장안으로 돌아왔다. 소설 내용은 하늘나라를 시끄럽게 하던 원숭이 손오공(孫悟空)이 저팔계(豬八戒), 사오정(沙悟淨)과 함께 현장을 모시고 서천

(西天)으로 경전을 구하러 가면서 요괴와 마귀를 항복시키는 등 81가지 재난을 극복하는 것이다.

금병매

『금병매(金瓶梅)』는 작자가 난릉(蘭陵: 산동성 난릉) 소소생(笑笑生)이라고만 되어있다. 『수호전』에 나오는 「무송살수(武松殺嫂)」편을 확대 각색하여 서문경(西門慶)과 반금련(潘金蓮)의 이야기로 꾸몄다. 소설의 제목은 여성 등장인물 세 명, 즉 반금련(潘金蓮), 이병아(李瓶兒), 방춘매(龐春梅)의 이름에서 한 글자씩 따서 만들었으며 부유한 상인 서문경의 방탕하고 음란한 생활, 살인, 복수를 그렸다.

출사표

홍루몽

『홍루몽(紅樓夢)』의 저자는 조설근(曹雪芹)이다. 그는 원래 남경의 부귀한 가문에서 태어났는데 비단 공장 겸 황실 물품을 조달하는 집안이었다. 강희제가 여러 차례 행차하기도 하는 등 권력과 부귀를 동시에 누렸다. 하지만 강희제의 사후 집안은 몰락하여 북경으로 이주하게 되었고 죽을 때까지 북경 서쪽의 향산(香山) 자락에서 가난을 벗어나지 못하였다. 『홍루몽』은 작가 본인의 경험과 당시의 시대상을 바탕으로 쓰여진 장편소설이다.

소설의 무대는 주로 금릉(金陵: 남경)에 있는 가씨(賈氏)의 저택 안이다. 주인공은 가보옥(賈寶玉), 고종사촌 임대옥(林黛玉), 이종사촌 설보차(薛寶釵)이다. 가보옥은 임대옥을 사랑하지만 결혼하지 못하고 설보차와 결혼한다. 결국 임대옥은 병이 들어서 죽고 가보옥은 승려로 출가한다는 애정비극이자 결혼비극이야기이다.

18세기 봉건사회를 시대 배경으로 평범한 일상생활에서 벌어지는 사건을 섬세하게 묘사하였다. 특히 700명 이상의 등장인물들은 황실과 명문대가 사람, 고관대작, 환관, 창극 배우, 봉사 이야기꾼, 정원 관리사, 무당, 도사, 승려, 선녀에 이르기까지 개성이 뚜렷하고, 각각에 대한 심리묘사 또한 뛰어나다. 소설의 전체적인 구성이나 사건의 전개, 사용한 언어까지 완성도가 매우 뛰어나서 고전소설 중에서 최고의 걸작으로 평가받는다. 『홍루몽』을 연구하는 것을 '홍학(紅學)'이라고 하며 국제학술대회가 열리기도 하였다.

4대 민간전설

문학가에 의하여 창작된 작품은 아니지만 수천 년을 민간에서 전해오는 전설 중에서도 유명한 것을 추려서 4대 민간전설이라 하는데 이를 시대순으로 보면 우랑직녀(牛郞織女)는 춘추시대로 추정되고 맹강녀(孟姜女)는 진(秦)나라 시절이며 양축(梁祝)은 동진(東晉), 백사전(白蛇傳)은 남송(南宋)시대이다.

우랑직녀(牛郞織女) 이야기는 한국에도 있는 견우와 직녀 이야기이다. 어느 시골에 우랑이라는 가난한 젊은이가 살고 있었는데 산에서 늙고 병든 소 한 마리를 만나 잘 돌보아 주었다. 알고 보니 그 소는 원래 하늘의 금우성(金牛

星)인데 벌을 받아 인간 세계에 와있었던 것이다. 우랑은 어느 날 소의 지시에 따라 하늘에서 내려 온 선녀들이 목욕하던 곳으로 가서 한 선녀의 옷을 훔치게 되었는데 그녀가 바로 직녀였다. 둘은 사랑에 빠져서 결혼하여 아들 딸을 낳고 잘 살고 있었으나 직녀가 하늘나라로 갑자기 불려가게 되었다. 늙은 소는 다시 우랑에게 자신의 가죽을 벗겨 광주리를 만들어서 아이들을 태우고 하늘나라에 갈 수 있다고 알려주었고 우랑은 하늘에 닿을 수 있었다. 직녀를 바로 만나려고 하였으나 서왕모(西王母)는 은비녀로 은하수(銀河水)를 만들어서 둘 사이를 갈라놓고 말았다. 하지만 까치들이 날아와 오작교(烏鵲橋)를 만들어서 둘은 상봉할 수 있었고 서왕모도 매년 7월 7일 밤에는 둘이 상봉하는 것을 허락하였다.

맹강녀(孟姜女) 전설은 맹강녀곡도장성(孟姜女哭倒長城: 맹강녀가 울자 장성이 무너지다)이라는 민간전설이다. 맹강녀는 진시황 때의 여인인데 신혼 초에 남편이 장성(長城) 축조공사에 끌려가게 되었다. 그녀는 추운 겨울에 남편이 입을 옷을 준비하여 공사현장까지 찾아갔으나 남편은 이미 죽었고 성벽 아래에 묻히고 말았다는 얘기를 들었다. 그녀는 대성통곡 했고 성벽이 무너지면서 남편의 유골을 찾을 수 있었지만 시신을 들고 바다에 뛰어들어 죽고 말았다.

양산백과 축영대(梁山伯與祝英台: 梁祝) 전설은 동진(東晉) 시기 이야기이다. 축씨(祝氏)가문에 축영대(祝英台)라는 처녀가 있었는데 책을 읽는 것을 너무 좋아해서 남장을 하고서라도 공부하겠다는 고집을 부모도 꺾을 수가 없었다. 항주(杭州)로 공부 하러 가는 중, 역시 공부 하러 서원으로 가던 양산백(梁山伯)을 만나 좋은 친구가 되었다. 하지만 양산백은 그녀가 여자라는 사실은 몰랐다. 어느덧 3년이 흘러 축영대는 집으로 돌아갈 수밖에 없었다. 양산백은 뒤늦게 그녀가 여자라는 사실을 알게 되었고 청혼을 하고자 했으나 이미 다른 집안과 정혼이 되어 있었다. 이후 양산백은 고을의 현령으로 부임하였으나 축영대를 그리워하다가 병으로 죽고 말았다. 축영대가 시집가던 날 양산백의 무덤을 지나가게 되었는데 광풍이 불어 가마가 나가지 못하였다. 무덤 앞에서 제를 지내며 절을 하자 무덤이 갈라지면서 축영대는 무덤 속으로 빨려 들어갔다. 한참 후 무덤에서는 한 쌍의 나비가 날아올랐다.

백사전(白蛇傳)은 남송시기 항주의 서호(西湖) 부근이 배경이다. 천년 묵은 백사(白蛇)인 백소정(白素貞)은 금산사(金山寺) 법해화상(法海和尙)의 선단(仙丹)을 훔쳐 먹고 인간으로 태어났다. 그녀는 허선(許仙)이라는 서생과 사랑에 빠지게 되고 결혼을 하여 행복하게 살고 있었다. 하지만 이를 알게 된 법해화상은 단오절에 허선으로 하여금 백소정에게 웅황주(雄黃酒)를 먹이게 하였고 백소정은 백사로 변하고 만다. 허선은 혼절하였으나 백소정이 하늘에서 선초(仙草)를 훔쳐와 살려낸다. 백소정은 친구인 청사(靑蛇) 소청(小靑)과 함께 법해화상에게 대항하였으나 오히려 뇌봉탑(雷峰塔) 아래 갇히고 말았는데 아들이 장성하여 장원급제한 후 어머니를 구출한다.

노신

노신(魯迅: 루쉰, 1881~1936)은 본명이 주수인(周樹人)이나 필명은 모친의 성을 따랐다. 소흥(紹興)에서 지주이자 관료의 집안에서 출생했다. 일본에 유학하여 의학을 공부하다가 중국의 현실을 알고, 문학으로 전환하였다.

1918년 발표된 『광인일기(狂人日記)』는 첫 작품이면서 출세작이다. 주위 사람들이 자기를 잡아먹으려 한다는 강박관념을 가진 피해망상증 환자를 주인공으로 하여 유교적 도덕의 위선과 비인간성을 신랄하게 고발하였다. 『아큐정전(阿Q正傳)』은 대표작이다. 아큐를 통해 중국인에게 뿌리 깊이 박힌 자기만족적 '정신승리법'을 통렬히 드러내었고 위기와 실패를 겪으면서도 현실을 외면하고 스스로를 합리화하는 심각한 병폐를 고발한 작품이다. 많은 중국인이 '나도 아큐가 아닐까'라고 생각했다.

1936년에 56세로 사망하자 1만 명 이상이 장례에 참가하였으며 관에 '민족혼(民族魂)'이라 쓰여진 큰 깃발을 덮어 주었다. "희망이란 본래 있다고도 할 수 없고, 없다고도 할 수 없다. 그것은 마치 땅 위의 길과 같은 것이다. 본래 땅 위에는 길이 없었다. 걸어가는 사람이 많아지면 그게 곧 길이 되는 것이다"라는 유명한 말을 남겼다.

노사

노사(老舍: 라오서, 1899~1966)는 만주족이며 북경 호국사(護國寺) 부근의 빈민촌에서 태어났다. 3세 때 아버지를 여의고 가난한 환경에서 성장하였다. 본명은 서경춘(舒慶春)이며 노사는 필명이다. 북경사범학교를 졸업하고 교사로 일하기도 했다. 1924년 영국에서 런던대학 동방학원의 중국어 강사로 일할 때 영어 소설을 읽으면서 소설을 쓰기 시작하였다.

1930년 귀국 후에는 제남제노대학(濟南齊魯大學)과 청도산동대학(靑島山東大學) 교수로 재직하였다. 1937년 항일전쟁이 시작되자 문예계의 항일민족통일전선을 위해 힘쓰기도 하였으며 1946년에는 미국으로 건너갔다가 1949년 말에 귀국했다. '인민예술가' 칭호를 받는 등 문화활동에 헌신했으나 문화대혁명이 시작된 1966년 여름에 홍위병으로부터 고문을 받고 자살하였다.

북경 인력거꾼의 불행한 생애를 다룬 『낙타상자(駱駝祥子)』는 미국에서 베스트셀러가 되어 그를 세계적 작가로 만들어 주었으며, 『사세동당(四世同堂)』은 북경의 서민 생활을 다룬 작품이다. 『차관(茶館)』은 그의 현대 희곡으로 청나라 조정의 부패와 제국주의의 침략, 군벌의 혼전, 국민당의 부패와 민중의 고통을 그린 작품이다.

1988년에 개업한 북경의 '노사차관(老舍茶館)'은 천안문 광장 건너편에 있는데, 저녁에 여러가지 차(茶)를 마시며 서커스, 경극 등을 관람할 수 있는 유명한 문화활동 장소이다. 외국의 정상과 관광객이 방문하는 명소이기도 하다.

장애령

중국의 대표적 여성 작가인 장애령(張愛玲: 장아이링, 1920~1995)은 상해의 명문가에서 태어났다. 조부는 청나라 관료였고 조모는 이홍장(李鴻章)의 딸이었다. 그녀가 성장하던 시기는 봉건사회가 쇠퇴하고 서구의 신문화가 급격히 유입되던 격변기였으며 중국은 국민당, 공산당, 일제 점령지역으로 나뉜 혼란한 시대였다.

10세가 되기 전부터 소설을 쓸 정도로 천재의 면모를 가지고 있었으며 고교 졸업 후에는 홍콩대학에 입학했다가 2차대전의 발발로 상해로 돌아와서 20대의 나이에 본격적으로 문학활동을 시작했다. 봉건과 현대, 동양과 서양이 뒤섞인 상해에서 사람들의 사랑을 아프게 그려냈다. 『침향설(沈香屑: 침향부스러기)』, 『금쇄기(金鎖記: 황금족쇄)』, 『경성지련(傾城之戀)』 등이 이때의 작품들이며 그녀의 대표작이 되었다.

1952년에는 중국을 떠나 홍콩대학에 복학하였으며 반공소설이라고 할 수 있는 『앙가(秧歌)』, 『적토에서의 사랑(赤地之戀)』을 발표하기도 하였다. 한국에도 잘 알려진 영화 〈색, 계(色, 戒)〉의 원작 소설은 1950년대에 쓰여졌지만 1979년에 발표되었다. 1955년부터는 로스앤젤레스에서 살다가 1995년에 사망하였다. 그녀는 소설가, 수필가, 시나리오 작가로서 다양한 작품을 남겼으며 1980년대 이후 중국에서 개인의 가치에 눈뜨기 시작하면서 사후에 더욱 조명받고 있다.

여화

여화(余華: 위화, 1960~)는 절강성 항주에서 출생하여 해염현(海鹽縣)에서 성장했다. 양친이 모두 병원에서 일했던 관계로 그의 초기 작품에는 죽음과 피가 많이 등장한다.

단편소설 『제일숙사(第一宿舍: 첫번째 기숙사)』(1983)를 발표한 데 이어 『십팔세출문원행(十八歲出門遠行: 18세에 집을 나서 먼 길을 가다)』(1987)으로 등단하였다. 초기 소설에는 현실의 우연성, 폭력성 등이 나타나는데 세상은 예측 불가능하며 저항할 수 없는 상황의 연속이라는 생각이 나타나 있다.

이후 장편소설에서는 실험성, 폭력성 등을 줄이고 인간애, 정감 등을 담기 시작했는데 두 번째 장편소설인 『활착(活着: 인생)』(1992)은 여러 나라에 번역, 출간되어 많은 사랑을 받았다.

『허삼관매혈기(許三觀賣血記)』(1996)는 그의 대표작이라고 할 수 있다. 역경의 중국현대사를 헤쳐나가는 『활착(活着)』의 '쉬푸꾸이(徐富貴)'와 마찬가지로 피를 팔아서 세월의 고단함을 이겨나가는 '쉬싼관(許三觀)'에게 독자들은 대견함을 느낀다. 이 작품에는 문화대혁명을 비롯한 중국현대사의 질곡이 담겨 있고, 피를 판다는 어두운 소재도 유머러스한 필체로 서술하고 있다. 작가는 『형제(兄弟)』(2005), 『제칠천(第七天: 제7일)』(2013), 『문성(文城)』(2021) 등의 작품을 꾸준히 발표하고 있으며 한국에도 그의 작품을 좋아하는 독자들이 많다.

김용

김용(金庸: 진용, 1924~2018)의 본명은 사량용(査良鏞)이며 절강성 해녕(海寧) 출신이다. 상해의 동오(東吳)법학대학원을 졸업하던 1948년에 홍콩으로 이주하였는데 홍콩판 대공보(大公報)가 만들어졌기 때문이다. 1955년 『서검은구록(書劍恩仇錄)』을 연재하면서 무협소설 작가로 알려졌다.

그는 18년 동안 『서검은구록(書劍恩仇錄)』, 『벽혈검(碧血劍)』, 『사조영웅전(射雕英雄傳)』, 『신조협려(神雕俠侶)』, 『설산비호(雪山飛狐)』, 『의천도룡기(倚天屠龍記)』, 『천룡팔부(天龍八部)』, 『소오강호(笑傲江湖)』, 『녹정기(鹿鼎記)』, 『월녀검(越女劍)』 등 장편 12편, 중편 2편, 단편 1편을 썼다.

노자와 장자의 철학은 물론 불경과 유교경전에도 통달하여 풍부한 상상력과 해박한 지식을 바탕으로 스케일이 웅대한 작품들을 발표하여 신필(神筆)의 경지에 이르렀다는 평가를 받았다. 무협소설을 문학성과 대중성을 지닌 작품으로 격상시켰다.

그의 작품들은 홍콩, 대만, 중국대륙은 물론 동남아, 한국, 구미(歐美)까지 널리 소개되어 각국의 베스트셀러가 되었으며 영화, 드라마, 게임으로 만들어지기도 하였다. 한국에서는 1980년대 '영웅문' 시리즈가 선풍적 인기를 끌었다. 그의 작품 속에는 거대한 사건, 복잡한 사연과 인물들, 역사와 인간에 대한 통찰이 들어 있어서 남녀노소를 불문한 폭넓은 독자층을 확보하고 있다. 등소평(鄧小平)과 알리바바의 마운(馬雲)도 열렬한 독자라고 한다.

회화, 도자기, 공예

　중국의 회화는 마음의 경치, 즉 의경(意境)을 그린다는 점에서 서양화와 크게 차별된다. 눈으로 보이는 색채, 비례, 원근보다는 선(線)과 먹물의 농담(濃淡)으로 화가 자신의 정신세계를 표현하고자 하였다. 문화대혁명이 휩쓸고 지나간 다음에 등단한 현대 작가들은 상처받은 내면을 강렬한 색상과 표정으로 때로는 무표정 속에 담으려고 하였다.

　도자기는 중국예술의 또 다른 독특한 형태이다. 앙소채도(仰韶彩陶), 진시황릉병마용에서 보이는 중국인들의 흙 다루는 솜씨는 화려한 당삼채에서 더욱 빛을 발한다. 자도(磁都) 경덕진(景德鎭)으로 상징되는 중국자기는 세계적 명품의 이미지를 더욱 확고하게 하고 있다.

중국회화의 특징

중국화가 서양화와 대비되는 중요한 특징의 하나는 눈에 보이는 형상의 미(美)뿐만 아니라 정신적인 진(眞) 혹은 도(道)의 세계를 그린다는 점이다. 즉, 화가의 내면과 정신을 그리는 데 치중한다는 것인데 이러한 태도는 산수화(山水畵)에서 더욱 선명하게 나타난다. 색채, 질감, 비례 등 기술적 묘사보다는 자연속에 자신의 감정을 이입하는 흉중산수(胸中山水)를 그리는 데 힘을 쏟는다.

중국화는 선(線)의 예술이라고 할 수 있다. 서양의 전통화가 유화 혹은 수채화로써 색채와 명암에 치중하여 선이 잘 보이지 않는 것에 비하여 중국화는 필묵기법(筆墨技法)이 그림의 주요한 수단이다. 중국화는 서화동원(書畵同源)이라고 하여 서예와 뗄 수 없는 관계이다. 동일한 도구인 붓, 먹, 종이, 비단 등을 사용하며 붓의 사용방법(用筆)도 유사하다. 또한 그림의 구도가 중요하듯이 글씨 또한 주어진 공간 속의 구도가 강조된다. 당송을 거치면서 시와 그림은 함께하게 되었다. "시 속에 그림이 있고, 그림 속에 시가 있다(詩中有畵 畵中有詩)"는 표현처럼 시는 언어로 마음속 그림을 나타내고 그림은 색과 선으로 마음속의 시를 표현하였다.

화가가 자기 작품에 서명을 하고 날짜를 남기는 것을 낙관(落款)이라고 한다. 수장가들이 도장을 새겨서 찍는 것이 문화의 일부로 자리매김하게 되었으며 그림을 잘 보관하고 감상하기 위하여 족자, 병풍, 두루마리, 화첩 등으로 만드는 장황(裝潢)의 기술도 함께 발전하여 왔다.

THEME 166

중국 10대 명화

낙신부도

보련도

〈낙신부도(洛神賦圖)〉는 동진의 화가 고개지가 조식(曹植: 조조의 셋째 아들)이 쓴 「낙신부(洛神賦)」를 읽고 그림으로 표현한 것이다. 여러 이야기를 두루마리 형식으로 그렸다.

〈보련도(步輦圖)〉는 당태종이 황제가 타는 수레인 보련에 앉아 토번(吐蕃: 티베트)의 사신 녹동찬(祿東贊)을 접견하는 장면을 그린 것이다. 토번은 당시 강대국이었으며 녹동찬은 토번왕 송찬간포(宋贊干布)가 문성공주(文成公主)와의 혼담을 위해 보낸 사신이다.

곽국부인유춘도

〈곽국부인유춘도(虢國夫人遊春圖)〉는 당 현종 시절에 당시 미인도(美人圖)의 대가인 장훤(張萱)이 그린 그림이다. 양귀비의 세 언니인 곽국(虢

오우도

國)부인, 진국(秦國)부인, 한국 (韓國)부인이 봄 나들이 가는 것을 그렸다.

〈오우도(五牛圖)〉는 종이 위에 그린 그림으로서는 가장 오래된 것이다. 한황(韓滉)은 소 그림을 특히 잘 그렸다고 하며, 이 그림에는 갈색소, 얼룩소, 황소 등 색깔과 모양이 각기 다른 소들이 생동감 있게 표현되어 있다.

한희재야연도

〈한희재야연도(韓熙載夜宴圖)〉는 오대(五代) 시기 남당(南唐)의 대신인 한희재의 집에서 열린 밤 연회 장면을 아주 실감나게 표현한 것이다. 연회의 순서에 따라 다섯 장면으로 구성되어 있으며 인물 묘사가 뛰어난 걸작으로 꼽힌다.

〈천리강산도(千里江山圖)〉는 북송(北宋) 휘종(徽宗) 시절의 궁정 화가인 왕희맹(王希孟)이 그린 청록(靑綠) 산수화이다. 가로 12m에 달하는 긴 그림이며, 강남의 굽이치는 산과 호수가 장쾌하게 펼쳐지는 작품이다.

천리강산도

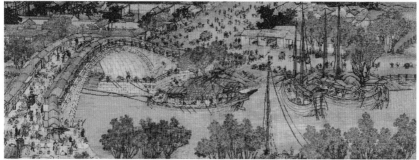
청명상하도

　〈청명상하도(淸明上河圖)〉역시 휘종 시절 작품이다. 수도이던 변경(汴京: 개봉)의 청명절 풍경을 세밀하게 그린 그림이다. 변경의 교외, 운하, 시내의 모습이 너무도 생생하며 등장 인물만 500명이 넘는다고 한다.

　〈부춘산거도(富春山居圖)〉는 절강 부춘산(富春山)의 경치를 그린 산수화이다. 명나라 시절, 소장자 오홍유(吳洪裕)는 그림이 너무 좋은 나머지 불에 태워서 무덤에 같이 묻어달라고 유언했다. 그가 죽은 후, 그림을 태우다가 조카 오자문(吳子文)이 황급히 꺼냈으나 일부는 타서 두 쪽으로 나뉘고 말았다. 절강과 대북(臺北)에서 한 쪽씩 보관하고 있다.

부춘산거도

한궁춘효도

〈한궁춘효도(漢宮春曉圖)〉는 명나라 시절 구영(仇英)이 그렸다. 봄날 궁전의 일상생활을 다양하게 표현하고 있으며 비빈들의 모습이 생생하게 그려진 미인도의 걸작이다. 길이가 20m가 넘으며 100명 이상의 인물이 등장하는 대작이다.

백준도

〈백준도(百駿圖)〉는 청나라 시절 강희, 옹정, 건륭의 3대에 걸쳐 황제들의 사랑을 받았던 낭세녕(郎世寧: 이탈리아인, 본명은 주세페 카스틸리오네)이 그렸다. 그는 말 그림에 특히 뛰어났으며 중국과 서양의 화법을 결합한 것으로 유명하다. 100마리의 말이 초원에서 생활하는 모습이 생동감 있게 표현되어 있다.

고개지

　　고개지(顧愷之, 348~409)는 동진(東晉)시대 사람이다. 시문에 뛰어났고 산수, 화조, 인물화에 모두 재능이 있었는데 특히 초상화와 인물화를 잘 그렸다. 건업(建業: 남경)의 와관사(瓦官寺) 벽에 유마힐(維摩詰: 석가모니의 제자)의 초상을 그린 것이 출세작인데 눈에서 광채가 났다고 한다.

　　〈여사잠도(女史箴圖)〉는 의복의 선이 매우 부드럽고 인물의 배치가 적절하다. 여사잠은 서진(西晉)의 장화(張華)가 혜제(惠帝)의 황후인 가남풍(賈南風)의 행실을 경계하기 위하여 '여사(女史: 양가집 부녀 중에서 글과 교양을 갖춘 여인으로 황후의 예의범절을 담당하였다)가 갖추어야 할 덕목'을 정리한 것이다.

　　〈낙신부도(洛神賦圖)〉는 삼국시대 조조(曹操)의 아들 조식(曹植)이 쓴 「낙신부」를 시각적으로 형상화한 그림인데 상상 속의 신선과 현실 속의 자연이 잘 표현된 그림이다. 「낙신부」는 조식이 형수인 견황후(甄皇后)와의 이룰 수 없는 사랑을 낙수(洛水) 선녀와의 비극적 사랑이야기로 대입하여 쓴 작품이다.

　　고개지는 글솜씨도 출중하였으며 그림에 대한 이론도 정리하였다. 그는 '전신론(傳神論)'을 강조하였는데 그려지는 대상에는 내적인 감정들이 있으므로 화가는 이것을 외적으로 잘 드러내야 한다고 설파하였다.

청명상하도

〈청명상하도(淸明上河圖)〉는 북송의 장택단(張擇端)이 청명절을 맞은 당시의 수도 변경(汴京: 개봉)의 번성한 모습을 그린 풍속화이다.

이 그림의 폭은 24.8㎝, 길이는 527.8㎝에 달하고 비단 바탕을 사용한 두루마리 형식이며 원근법을 사용하여 생동감이 뛰어나다. 그림에는 청명절을 즐기는 수많은 사람들, 시내를 흐르는 변하(汴河)와 다리, 배, 수레, 성루, 술집, 상점, 소, 당나귀 등과 선비, 농사꾼, 상인, 승려, 사공 등 다양한 인물이 살아 움직이는 것처럼 생생하게 묘사되어 있다.

그림은 크게 세 부분으로 나누어 볼 수 있다. 먼저 변경 외곽의 모습이 산수화풍으로 그려져 있다. 다음은 시내로 들어가기에 앞서 변하를 지나는 운하가 보이는데 배가 많이 그려져 있다. 이는 물자의 교역이 아주 활발했다는 뜻이다. 무지개다리 홍교(虹橋)를 지나면 시내로 진입하게 된다. 농업생산력이 커지고 수공업이 발달하여 많은 사람들이 물건을 사고 파는 모습이 사실적으로 그려져 있고 강을 보면서 차를 마시는 풍경, 책을 읽어주는 사람의 모습도 보인다. 각종 운송기구와 대형 선박도 보인다. 활발했던 국제 무역의 모습을 보여주는 것이다.

두루마리 그림이 시작되는 오른쪽 끝 부분은 아침 안개가 끼어있는 모습이고 그림의 마지막 부분인 왼쪽 끝은 하루를 끝낸 사람들이 집으로 들어갈 준비를 하고 있는 것도 흥미를 더하는 부분이다.

문인화

문인화(文人畵)는 전문적인 화가가 아닌 문인들이 취미와 수양으로 그린 그림을 말한다. 그림을 그리는 기법이나 세부적인 묘사는 중시하지 않았으며 그림의 대상을 마음속에 준비하여 즉시 그리고자 하였고 인격적인 수양을 강조하였다.

일반적으로 당나라 시대의 시인이자 화가인 왕유(王維)를 그 시초로 보며 송의 문동(文同), 소동파, 미불(米芾)에 이어 원의 조맹부(趙孟頫)와 사대가(四大家), 명의 심주(沈周), 문징명(文徵明) 등이 그 뒤를 잇는다.

원대(元代)는 이민족이 중국을 지배했기 때문에 한족 사대부가 정치에 참여하는 것이 힘들었으며 서화에 몰두하는 경우가 많았다. 지식인들이 그들의 주관적 심정을 그림에 담는 경우가 많이 생기게 된 것이다.

문인화는 명대(明代)에 이르러 형식과 체계가 갖추어졌다. 동기창(董其昌)은 남북종론(南北宗論)을 주장하면서 남종화(南宗畵)는 문인들의 그림으로 내면 세계를 표현하며 품격이 높다고 하였다.

그림의 소재는 산수화뿐만 아니라 매화, 난초, 국화, 대나무, 괴석, 고목 등 다양하다. 문인화는 그 특성이 마음속의 뜻을 그린다는 사의(寫意)에 있으므로 그 대상도 의미를 부여한다. 매화는 시련을 이기는 의지, 난초는 청아함과 고고함, 대나무와 돌은 절개와 굳은 의지를 상징한다.

제백석

제백석(齊白石: 치바이스, 1863~1957)의 이름은 황(璜)이고 호가 백석(白石)이다. 호남성 상담현(湘潭縣) 백석포향(白石鋪鄕)의 평범한 농가에서 태어났다. 학교에는 가지 못했으며 가구점에서 일하면서 나무에 꽃을 새기는 목공 기술을 배웠는데 꽃만 그리지 않고 새, 벌레, 물고기 등도 그릴 줄 알았다. 또한 도장을 파는 전각 예술에도 깊은 흥미를 가졌다. 독학으로 미술을 배웠지만 시(詩), 서(書), 화(畫), 각(刻)에 모두 탁월한 경지를 보여 주었다.

40세 무렵부터 전국을 여행하면서 산수화 수십 폭을 그려 정리하였다. 1919년 57세의 늦은 나이에 결혼하였는데 그 후 북경에 정주하면서 그림에 전념하게 되었다. 중국 미술가협회 주석을 역임하기도 하였다.

그는 일상의 생활에서 익숙한 서민적인 것들을 화제로 삼았으며 세속적이고 생동감 넘치는 그림을 즐겨 그렸다. 간결하고 질박하며 색채가 선명한 특징이 있어서 자연의 생명력을 그대로 담아냈다고 평가 받는다. 산수화는 구도가 독특하며 창조적이라는 평가를 받으며 홍화묵엽(紅花墨葉: 꽃은 붉은색으로 칠하고 잎은 먹의 농담으로 표현) 기법은 유명하다.

인물, 산수, 화조 등이 능하지만 사의화조화(寫意花鳥畵)와 새우 그림이 가장 뛰어났다. 대표작으로 〈와성십리출산천(蛙聲十里出山泉)〉, 〈묵하(墨蝦)〉, 〈백하도(百蝦圖)〉, 〈부도옹(不倒翁)〉, 〈방해(螃蟹)〉, 〈군서도(群鼠圖)〉 등이 있다.

서비홍

　서비홍(徐悲鴻: 쉬베이홍, 1895~1953)은 강소 의흥현(宜興縣) 사람이다. 부친에게서 그림을 배웠으며 24세인 1919년에 파리국립미술학교에 유학하여 소묘의 기본 훈련을 엄격하게 받았다. 9년 동안 유럽의 회화 예술, 화파(畵派), 유화(油畵)를 연구하였다.

　1930년 이후 유럽 각지에서 중국근대화전을 개최하였으며 1934년에는 소련을 방문하였다. 1949년에는 북경의 중앙미술학원 원장이 되었고 중국미술가협회 주석을 역임하였다.

　그는 전통을 계승하면서도 서양 미술의 장점을 받아들여 동서의 화법(畵法)을 한곳에 융화시킨 독자적인 작품세계를 완성하였다. 중국화의 전통 위에 서양화의 명암, 투시를 결합하였고, 서양의 유화에 중국수묵화를 접목시켜 새로운 수묵화의 세계를 개척하였다.

　전통회화, 유화, 소묘, 초상화에 고루 정통하였으며 특히 말 그림을 좋아했는데 말을 통해서 희망과 기쁨을 표현했다. 대표작은 〈분마도(奔馬圖)〉, 〈군마(群馬)〉, 〈전횡오백사(田橫五百士)〉, 〈부상지사(負傷之獅)〉, 〈우공이산도(愚公移山圖)〉 등이다.

　북경시 동성구(東城區)에는 '서비홍 기념관'이 있는데, 그의 생애를 소개하고 있으며 작품과 소장품을 전시하고 있다.

장효강, 악민군, 증범지

장효강(張曉剛: 장샤오강, 1958~)은 운남성 곤명시(昆明市)에서 태어났으며 사천미술대학을 졸업하고 북경에서 활동하고 있다. 문화혁명, 천안문사태를 목격하고 90년대를 경험하면서 자신의 영역을 발전시켜왔다. 〈혈연(血緣) 시리즈〉라고 불리는 그의 작품에는 시대상황과 그것을 체험한 사람들의 고뇌와 슬픔이 엿보인다. 회색 배경에 큰 얼굴, 딱딱하고 고요한 표정, 상처의 흔적, 단조로운 색채 등이 바로 그것인데 중국인들의 자화상이며 세계수집가들의 수집대상이기도 하다. 주요 작품은 〈대가족〉, 〈망각과 기억〉 등이다.

악민군(岳敏君: 웨민쥔, 1962~)은 흑룡강 대경시(大慶市)에서 태어나 하북사범대 미술학과를 졸업했다. 입을 크게 벌리고, 하얀 이를 드러낸 채 웃는 인물화로 유명한데 웃음의 뒷면에는 급격한 변화와 혼란에 대한 반항, 슬픔, 분노가 보인다. 작품으로는 〈대단결〉, 〈세상보기〉, 〈새〉, 〈사자(獅子)〉, 〈금어(金魚)〉 등이 유명하다.

증범지(曾梵志: 쩡판즈, 1964~)는 무한에서 태어났으며 호북미술대학을 졸업했다. 두터운 선과 거친 터치, 커다란 눈동자, 과장된 인체의 비례 등 독자적인 화풍이 있다. 그림에는 사회에 대한 비판, 심리적 묘사, 인간 내면에 대한 관찰 등 다양한 화제가 녹아 있다. 주요 작품으로 〈고기〉시리즈, 〈가면〉시리즈, 〈초상〉시리즈, 〈무제〉시리즈 등이 있다.

798 예술구

북경의 대산자(大山子) 지역에 있다. 원래는 전자, 전선 등의 군수품 생산공장이 있던 자리이며 798은 당시 공장의 일련번호이다. 1995년 북경중앙미술대학이 이 지역으로 이전하면서 창고를 저렴한 가격으로 임대하여 작업장으로 사용하기 시작했다. 중국 예술계와 문화계에서 영향력 있는 예술가들이 점차 입주하였고, 자신의 작업실과 전시장으로 이곳을 선택하였다.

이곳은 디자이너, 음악가, 전시 기획자, 작가들이 모여서 창조적인 아이디어 경쟁을 하는 곳이다. 옛날 공장의 모습을 간직한 채 독창적인 사인과 포스터, 조각들로 채워져 있어서 묘한 대조를 이루며 독특한 분위기를 제공한다. 거의 매일 크고 작은 전시회와 중요한 예술 행사가 열린다.

2008년 북경올림픽을 앞두고 대대적인 정비사업이 있었고 최근에는 식

당, 카페, 기념품 가게 등이 많아지면서 너무 상업적으로 변했다는 지적을 받고 있다. 또한 임대료가 많이 올라 예술가들이 이곳을 떠나는 역설적인 상황이 벌어지고 있다.

도기와 앙소채도

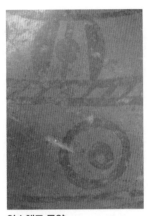

앙소채도 문양

도자기(陶瓷器)는 도기와 자기를 합친 말이다. 일반적으로 도기는 진흙을 주원료로 써서 빚은 것으로 상대적으로 낮은 온도인 1,200~1,300도에서 구운 그릇이고, 자기는 진흙보다 입자가 고운 흙이나 돌가루로 빚어 1,300~1,500도의 고온에서 구우며 유약을 바른 그릇을 말한다.

중국 최초의 도기(陶器)는 약 1만 년 전에 등장한 것으로 추정하고 있다. 도기가 만들어지던 초기에는 실용적인 것만 있었으나 농업 생산력이 커지고 풍요롭게 되자 채도(彩陶), 흑도(黑陶), 백도(白陶)가 다양하게 나타나게 되었다.

채도가 처음 발견된 것은 하남성 민지현(澠池縣) 앙소촌(仰韶村)의 신석기문화 유적이며 이것이 앙소문화(仰韶文化, BC 5000~BC 3000)이다. 여기에서 발굴된 도기들은 곱고 가는 진흙을 사용했고 홍색이나 홍갈색을 띠고 있다. 앙소채도의 문양 중에서는 동물 문양이 많이 보인다. 물고기, 새, 개구리, 사슴, 꽃 등이다. 이 문양들은 물고기가 더 많이 잡히기를 기원하거나 부족의 토템 신앙과 밀접한 관련이 있는 것으로 해석된다.

진시황릉병마용

　토기 예술의 진수 중에서 〈진시황릉병마용(秦始皇陵兵馬俑, 약칭 秦俑)〉을 빼놓을 수 없다. 용(俑: 허수아비)은 중국 고대의 장례 풍습에서 비롯되었다. 고대의 중국인들은 죽은 사람도 저승에서 똑같은 생활을 한다고 믿었기 때문에 처음에는 산 사람을 순장(殉葬) 했었으나 사람이나 동물 형태의 용을 만들어 무덤에 같이 묻었다.

　〈진시황릉병마용〉은 서안시 임동구(臨潼區)에 있으며 황릉으로 추정되는 곳의 동쪽 1.5㎞ 지점에 있어 진시황릉의 일부라고 여겨진다. 1974년의 1호갱 발굴 이후 1976년에 4호갱까지 발굴되었고 지금도 발굴 작업이 진행 중이다. 1호갱은 14,260㎡, 2호갱은 6,000㎡의 넓이이며 1~3호갱에서 8,000개의 병사 도용과 전차(戰車), 전마(戰馬) 등이 발굴된 바 있다.

　병마용은 진나라의 위용을 자랑하듯 수천 명의 갑옷 병사들과 수백 마리의 말들이 대열을 지어 무장한 채 출동을 기다리는 듯하다. 보병, 사수, 전차병, 말, 전차로 편성된 군대는 진시황의 위엄을 보여주기에 손색이 없다.

　흙으로 만들어진 용들은 거푸집을 이용하거나 직접 빚어서 만드는 기법이

함께 사용되었는데 장인들은 머리, 몸통, 팔, 다리, 손, 발을 각각 제작한 후 결합하여 형태를 만든 다음, 표면에 진흙을 다시 바르는 방법을 썼다. 제각기 다른 얼굴과 부위를 만들기 위해서 여러 종류의 틀을 만든 다음, 이들을 조합해서 다양한 형태의 병마용을 제작한 것으로 추정하고 있다.

병사들의 평균 신장은 받침대를 포함하여 180㎝이며 복식과 치장 등에서 장군, 사병, 보병, 기병에 따라 차이를 보인다. 각각의 얼굴 표정이 다르고 머리스타일, 복식 등 세밀한 부분까지 생동감 있게 표현하고 있다.

세계적 불가사의의 하나로 손꼽히는 이 병마용들은 훌륭한 예술품으로 평가되고 있다. 진나라의 군사 편제, 무기, 장비 등의 연구에도 귀중한 자료를 제공하고 있다.

당삼채

1928년 철도공사 중 낙양 근교 북망산(北邙山) 옛 무덤에서 삼채(三彩)를 입힌 부장품이 대량으로 출토됨으로써 세상에 알려지게 되었다. 주로 황색, 녹색, 갈색의 유약이 쓰였다는 의미에서 삼채라고 불린다.

당대인 8세기 초에 부장품으로 많이 제작된 것으로 보이며 남녀 인물상과 말, 낙타 등의 동물과 병, 쟁반 등의 물건도 발굴되었다. 소성 과정에서 황갈색 등의 여러 색깔이 뒤엉켜 화려하고도 낭만적인 효과를 낸다. 당대(唐代) 이전의 각종 도기에는 존재하지 않았던 예술적 효과로 성당(盛唐)의 기품을 드러낸다.

복식, 문양, 색채 등에서 서아시아풍이 많이 보이며 이국적 인물이나 낙타를 보노라면 실크로드의 전성시대를 구가한 대제국의 화려함을 느낄 수 있다. 특히 삼채마(三彩馬)는 머리가 작고 목은 길며 건장한 체격에 눈동자가 빛나는 걸작이다.

자기의 발전

자기(瓷器)를 생산하기 위해서는 먼저 양질의 고령토가 있어야 하고, 고온으로 가열할 수 있는 가마가 필요하며, 유약을 처리하는 기술이 있어야 한다. 중국의 독보적인 자기 생산기술은 청자, 백자, 채색 자기 순으로 발전해 왔다.

위진남북조시대 강남 개발이 본격화되고 인구가 늘고 경제가 발전하면서 자기(瓷器)의 생산도 본격화되었다. 절강의 월요(越窯)에서 만들어진 청자(靑瓷)

는 태토(胎土)와 유약이 잘 어우러진 고급품이었다. 당(唐)과 오대(五代)는 태토와 유약이 모두 하얀 색으로 된 백자(白瓷)가 발전한 시기이다. 자기는 귀족과 황실의 소비품이 되었고 황실 전용 자기를 만드는 관요(官窯)도 생겨났다.

송대는 자기의 전성기라고 할 수 있다. 5대 명요라 일컬어지는 정요(定窯), 여요(汝窯), 관요(官窯), 가요(哥窯), 균요(鈞窯) 등에서 생산된 자기는 태토, 유약, 색채가 최상이었으며 생김새도 예술적으로

극히 높은 수준이었다. 원대에 이르러서는 청자, 백자에서 벗어나 화려한 색채를 뽐내는 채자(彩瓷)가 출현하였다. 코발트를 쓰는 청화(青華)가 생산되었는데 이슬람 상인들이 직접 원료와 도안을 가지고 와서 주문했다.

명의 영락제 시절부터는 정화(鄭和)의 원정 이후 아시아를 넘어 아라비아, 아프리카, 유럽까지 수출되었다. 특히 경덕진은 중국 도자기의 중심지로 급부상하였고 해외수출도 주도하기에 이르렀다. 청에서는 강희, 옹정, 건륭을 거치면서 오채(五彩), 법랑채(珐琅彩), 분채(粉彩) 등이 출현하였다.

한편 임진왜란을 거치면서 조선의 도공을 많이 데려간 일본이 새로운 도자기 강국으로 등장하기도 하였다.

경덕진

경덕진시(景德鎭市)는 강서성에 있다. 한나라 때부터 도자기를 생산하였으며 송나라의 진종(眞宗) 황제의 도자기 가마들을 어요(御窯)로 지정하였고 도자기에 연호인 경덕(景德)을 새기도록 하면서 경덕진의 이름이 생겼다. 부근에 고령산(高嶺山)이 있고 부량(浮梁), 낙평(樂平)에서 양질의 자토(瓷土)가 생산되어 흙이 조각하기에 좋고 철 함유량이 적어 도자기 원료 중에서 최고라고 한다. 주민의 대부분이 도자기업에 종사하고 있을 정도여서 '자도(瓷都)'라는 명성을 얻었다.

원에 이르러서 청화자기(靑華瓷器)를 생산하면서 본격적으로 발달하였고 명청(明淸)에서는 어기창(御器廠)으로 지정되었다. 동남아, 아라비아, 아프리카에서도 인기가 있었으므로 영락제 당시 정화의 함대가 원정을 할 때에 경덕

진 도자기를 싣고 떠났다. "옥 같이 희고(白如玉), 거울 같이 맑으며(明如鏡), 종이 같이 얇고(薄如紙), 경석 같이 맑은 소리(聲如磬)"라고 하며 청화자(靑花瓷), 분채자(粉彩瓷), 영롱자(玲瓏瓷), 색유자(色釉瓷)를 경덕진의 4대 명자(名瓷)라고 한다.

THEME 179

중국홍

중국홍(中國紅)은 두 가지 의미로 사용된다. 하나는 국기(國旗), 국장(國章), 자금성(紫禁城)의 성벽 등에 쓰이는 중국 고유의 붉은 색을 말하며 다른 하나는 당대(唐代)부터 이어져 내려온 중국홍의 색채를 띤 도자기를 뜻한다.

홍색은 중국의 상징으로 여겨지며 상서로움과 경사스러움을 나타내고 행운을 가져다주는 색깔이다. 등롱(燈籠), 춘련(春聯), 결혼식(結婚式), 향(香) 등을 중국홍으로 장식하고 복과 평안을 기원한다. 또한 귀신이나 사악한 기운을 물리치는 색깔이기도 하다. 중국 사람들은 목, 손목, 발목에 붉은 실을 두르는 것을 좋아한다.

도자기에서도 중국홍은 많이 쓰인다. 당나라의 장사요(長沙窯)에서 처음으로 동홍색유(銅紅色釉) 자기를 생산하기 시작하였으며 명나라 시기 경덕진에

서도 고품질의 동홍색유를 생산하였다. 도자기에서 중국홍을 표현하는 것은 제조하기가 어렵고(難), 원료가 고가이며(貴), 품질이 좋은(好) 3가지 특징을 가지고 있다.

북경의 4대 공예품

북경의 4대 공예품은 아조(牙雕: 상아조각), 옥기(玉器), 경태람(景泰藍: 자기와 동을 결합한 금속공예품), 조칠(雕漆)이다.

아조

아조(牙彫)는 명청(明淸)시대가 전성기이며 강희, 옹정, 건륭 때에는 궁전 안에 작업장을 둘 정도로 번성하였다. 중국은 1990년대 초부터 국제협약에 따라 상아 수입이 금지되었는데, 현재의 상아는 수입 금지 전부터 보관하고 있던 아프리카산 상아화석이다. 보유량에 한계가 있기 때문에 상아조각품은 고가에 판매된다.

중국인은 오래전부터 옥기(玉器)를 높은 지위의 상징으로 여겨왔다. 장신구, 문방구, 조상(彫像), 향로, 옥대(玉帶), 옥패(玉佩), 조옥(彫玉) 등을 만들었다. 신강성 화전현(和田縣)의 연옥(軟玉)이 가장 유명하고 감숙 주천옥(酒泉玉), 섬서 남전옥(藍田玉), 하남 남양(南陽)의 독산옥(獨山玉)과 밀현옥(密縣玉) 등이 유명하다.

옥기

경태람

경태람(景泰藍)은 자기(瓷器)와 동(銅)을 결합한 독특한 금속공예품으로 일명 법랑(琺瑯)이라고도 한다. 동기(銅器) 표면에 무늬를 내고 광물질의 유약을 발라 불로 굽고 다듬어서 제작한다. 명나라의 경태제(景泰帝, 1450~1457) 시절에 성행하였으며 짙은 푸른색의 유약이 개발되면서 제작기술이 비약적으로 발전하였고 청의 건륭제 시기에는 순동을 원료로 사용하면서 전성기를 맞았다.

칠기(漆器)는 옻칠 등의 검은 잿물을 입혀 만든다. 하(夏)나라 때부터 만들어 왔다고 하며 북경 칠기는 당대(唐代)에 시작하여 지금까지 전해져 내려온 것으로 조칠(雕漆)과 금칠상감(金漆象嵌)의 두 가지 종류가 있다.

조칠

조칠은 동(銅)과 목재를 바탕으로 하여 덧칠, 조각, 마광(磨光) 등의 과정을 거쳐 제작된다. 궁정의 장식에 사용되었으며 명 영락제(永樂帝), 선덕제(宣德帝) 시기의 조칠이 최상으로 꼽힌다.

금칠상감은 상아, 뼈, 옥, 나전(螺鈿), 생칠(生漆: 정제하지 않은 옻나무의 진을 사용), 금은(金銀) 등을 재료로 하여 상감, 채색의 공예 기술을 가미해 만들어 낸 공예품이다. 궁정에서 장식용으로 사용되어 왔고 병풍, 탁자, 의자, 편액(扁額), 함(函) 등으로 사용되며 종류가 수천 가지이다.

궁등, 내화호

THEME
181

궁등(宮燈)은 화려한 장식적 효과를 가진 등으로, 궁정에서 많이 사용하였기 때문에 궁등이라 한다. 일반적으로 홍목(紅木), 자단목(紫檀木), 화리목(花梨木) 등의 고급 목재를 사용하여 틀을 만들고, 그 위에 채색유리와 견사(絹絲)를 장식한 것으로 고풍스러우면서도 화려하다.

형태는 팔각(八角), 육각(六角), 사각(四角)형으로 만들며 길조(吉兆)와 장수(長壽)를 나타내는 그림을 그려 넣기도 한다. 정월대보름이 되면 거리에 화려한 궁등을 매다는 풍습이 있다.

궁등

내화호

내화호(內畵壺)는 유리, 구슬, 크리스털 용기 안쪽에 세필(細筆)로 인물, 산수, 꽃 따위를 정교하게 그린 장식품이다. 처음에는 비연호(鼻烟壺: 코 담배통)의 장식을 위해 만들어지기 시작했으나 점차 공예품으로 인정 받아 정교한 장식품으로 알려지게 되었다.

옥, 수정, 마노, 비취 등 고급 재료를 사용하기도 한다. 병(瓶)은 보통 병 안쪽 양면에 그림을 그려 넣을 수 있도록 납작하고 평평한 것을 사용하며 그림을 그려 넣기 전에 사철(砂鐵)을 집어 넣고 흔들어 병 내부를 불투명하게 만들고 세필을 병 입구의 구멍에 집어넣어 그린다.

건축물과 원림

중국대륙의 면적은 유럽 전체와 거의 맞먹는 수준이다. 중원에서 발흥한 역대 왕조는 이 땅을 지키기 위해 수많은 백성들을 동원하여 만리장성을 축조하였다. 왕조가 교체될 때마다 화려한 궁전을 지어 위엄을 과시하였으며, 불교가 전래된 이후에는 큰 석굴을 지어 왕조의 안녕을 축원하기도 하였다.

청나라의 황제들과 사대부는 화려한 원림(園林)을 조성하기를 즐겼다. 특히 강건성세(康乾盛世) 시대의 강희, 옹정, 건륭황제는 북경 근교와 승덕(承德)에 화려한 원림을 조성하여 그곳에서 정무를 보면서 휴식도 즐겼다. 한편 사대부들은 강남의 좋은 경치를 배경으로 아름다운 개인 원림을 조성하기도 하였다.

만리장성

만리장성은 북방의 흉노족, 몽골족, 여진족을 막기 위하여 쌓은 거대한 성벽으로 인류 역사상 최대의 토목사업으로 꼽히고 있다. 전국시대 진(秦), 연(燕), 조(趙)는 유목민족을 막기 위해 각국의 변방에 성을 쌓기 시작하였다. 진시황은 통일 이후 군대, 일반 백성, 포로, 죄수 등을 동원하여 각국이 축조한 성벽을 하나로 잇기 시작했는데 이것이 만리장성의 시초가 되었다.

이후 한(漢), 북위(北魏), 북제(北齊), 수(隋), 금(金)을 거치면서 계속 증축하였고 한족이 다시 통치를 시작한 명(明)에 이르러 몽골족과 여진족을 막기 위해 대규모로 건설하였다. 이때 동쪽 산해관(山海關)에서 서쪽 가욕관(嘉峪關)에 이르는 지금의 모습을 갖추게 되었다. 우리가 보는 오늘날의 만리장성은 대부분 명나라 시절에 축조된 성벽으로 훼손이 덜 된 튼튼한 성벽이다.

만리장성의 길이는 동쪽 산해관에서 서쪽 가욕관까지의 6,352㎞(중국은 1㎞가 2리이므로 10,000리가 넘는다)가 정설이었으나 2009년 중국국가문물국은 동쪽 끝을 요령성 단동시 호산(虎山)으로 변경하고 전체 길이를 8,851㎞으로 수정해서 발표하면서 이는 후금(後金)의 침입을 막기 위하여 명대에 축조한 성벽을 포함한 길이라고 밝혔다. 2012년에는 진(秦), 한(漢) 등 역대 왕조에 의해 세워진 장성을 포함하면 전체 길이가 21,196㎞에 이른다고 추가 발표하였다.

성벽의 평균 높이는 7.8m이며 아래쪽의 평균 넓이는 6.5m, 위쪽은 5m에 이른다. 내부는 흙을 다져넣고 바깥 쪽은 돌과 큰 벽돌을 쌓았으며 성벽 위쪽

은 표면을 네모난 벽돌과 석회로 견고하게 마감하였다. 성벽 외에도 봉화대, 돈대(墩臺), 보루(堡壘) 등이 있어 방어 역할을 충실하게 수행할 수 있었다.

하지만 견고한 만리장성의 문이 열린 것은 내부의 분열에 의한 것이었다. 1644년, '이자성(李自成)의 난'이 일어나자 명의 장수 오삼계(吳三桂)는 산해관의 문을 열어 만주족 청군을 불러들였다.

🔍 우주에서도 만리장성이 보인다?

만리장성이 우주에서 식별 가능하다는 소문은 사실이 아니라 만리장성의 위대함을 드러내기 위한 허구적인 이야기이다. 평균 폭이 10m에 미치지 못하는 장성을 지상에서 약 100㎞ 떨어진 우주에서 육안으로 확인하는 것은 불가능하다고 한다.

3대 석굴

위진남북조 시기 전란이 끊이지 않고 왕조의 교체는 계속되었다. 지배계급은 부패하여 민중들의 고통은 더욱 심화되어 갔다. 이런 사회 분위기 속에 민중의 마음을 어루만지는 불교가 신속하고 광범위하게 퍼져 나갔으며 사찰과 석굴이 많이 지어졌다.

특히 북위(北魏)의 통치자들은 불교를 국교로 삼아 크게 장려하였고 석굴 조성도 활발했다. 석굴 중에서는 규모와 예술적 가치가 높은 돈황의 막고굴(莫高窟), 대동의 운강석굴(雲崗石窟), 낙양의 용문석굴(龍門石窟)이 유명하다.

막고굴

운강석굴

막고굴(莫高窟)은 전진(前秦) 시기인 366년에 조성하기 시작하여 수당을 거쳐 송·원대까지 계속 확장되고 개축되었다. 돈황의 명사산(鳴沙山) 부근에 있으며 길이 1,600m, 높이 15~20m의 절벽을 따라 동굴 735개가 조성되어 있고 조각상이 2,400개, 벽화의 크기는 45,000㎡에 달한다. 석굴 속에는 조상(彫像)과 벽화뿐만 아니라 수만 점의 경전, 고서적, 불화 등이 있었는데 이를 영국, 프랑스, 일본, 러시아의 탐험대가 1907~1914년에 약탈하여 각국의 박물관에 보관하고 있다.

운강석굴(雲崗石窟)은 북위의 문성제(文成帝) 시절인 460년대에 축조되기 시작했다. 산서 대동의 서쪽에 있으며 중국에서 가장 큰 석굴사원으로 알려져 있다. 전체 길이가 1,000m에 이르며 주요 석굴이 45개, 조각상은 59,000여 개가 있다고 한다. 특히 제19동의 대불은 높이가 17m에 이른다.

용문석굴

용문석굴(龍門石窟)은 낙양 남쪽 14㎞지점에 있으며 남북으로 1,000m에 달한다. 북위의 효문제(孝文帝)가 대동에서 낙양으로 천도한 해인 493년 이후에 만들기 시작했으며 당 초기에 조성된 석굴과 불상이 가장 웅장하다. 이수(伊水) 강변의 동서산 주변에 굴 및 감실(龕室)은 2,345개, 조각상은 11만여 개가 조성되어 있다. 특히 봉선사(奉先寺) 석굴은 용문석굴 최고의 걸작으로 평가되는데, 벽면에는 17.14m 높이의 거대한 불상이 조각되어 있다. 당 고종과 측천무후가 거액을 들여 조성했다고 하며 중앙의 대불인 노사나불(盧舍那佛)은 측천무후를 모델로 삼아 새긴 것이라고 전해진다.

THEME 184 장안성

장안(長安)은 13개 왕조가 1,100여 년 동안 수도로 도읍하였던 곳이다. 위진남북조의 혼란 후에 중국을 통일한 수(隋) 문제(文帝)는 582년 대흥성(大興城) 건축 공정을 시작하였다. 618년에 수의 뒤를 이은 당(唐)은 도시 이름을 장안으로 바꾸고 기본적인 구조는 그대로 유지하면서 수도를 건설하였다.

좌우대칭으로 건설된 장안성은 동서 9,721m, 남북이 8,652m이고 성벽 폭은 9~12m에 이르렀으며 성의 각 면마다 3개의 문이 있었다고 한다. 주작대가(朱雀大街)를 중심축으로 삼고 양편에 동시(東市), 서시(西市) 시장을 열었으며 남북으로 11개, 동서로는 14개의 큰 거리를 만들었다.

　성내 백성들의 거주지는 108개의 방(坊)으로 나누고 야간에는 통행을 금지하여 치안을 유지했다. 방의 크기는 작은 것이 25,000㎡, 큰 것은 2~4배 크기였다. 성의 동남쪽에는 곡강지(曲江池)가 있어서 백성들의 휴식공간이 되었다.

　현재의 서안(西安)에서 보는 성벽은 명나라 때 건설되었으며 청나라 때까지 개보수 되었다. 동서가 남북보다 긴 장방형이며 전체길이는 13.74㎞이다. 성내의 면적은 총 12㎢로 당나라 장안성의 1/7 크기이다. 성벽의 높이는 12m이고 성벽 위의 폭은 12~14m에 이른다. 동서남북으로 큰 4개의 성문이 있는데 각각 장락문(長樂門), 안정문(安定門), 영녕문(永寧門), 안원문(安遠門)이다.

북경성

북경은 원, 명, 청의 세 왕조가 도읍을 삼았던 곳이고 현재 중화인민공화국의 수도이기도 하다. 원나라 쿠빌라이 시대인 1267년부터 27년간 건설된 대도(大都)는 동서남북의 구분이 명확하였고 건축물들도 잘 정비되어 있었다.

명나라의 영락제는 1420년 이곳으로 천도하면서 북경이라고 칭했다. 자금성(紫禁城)을 중심으로 둘레에 황성(皇城), 내성(內城)이 있으며 연접하여 남쪽에는 외성(外城)을 세워 황실의 위엄을 높이고 황궁을 보호하도록 설계되었다.

황성은 황궁을 보위하며 각종 편의를 제공하기 위해서 황궁 둘레에 세운

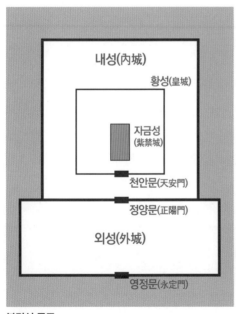

북경성 구조

성으로 1420년 자금성과 동시에 세워졌다. 규모는 동서 2,500m, 남북 2,790m, 총면적이 6.9㎢이다. 남쪽에는 성의 정문 역할을 했던 천안문(天安門)이, 북쪽에는 지안문(地安門), 동쪽에는 동안문(東安門), 서쪽에는 서안문(西安門)이 있다.

내성은 외적의 침략을 막기 위해 황성 밖에 세운 성이다. 원나라의 성벽을 보수해서 세

웠다가 1439년 정통(正統)황제에 이르러 총 둘레 23㎞의 내성을 새로이 건축하였다. 동서가 6,650m, 남북이 5,350m이며 동쪽에 동직문(東直門), 조양문(朝陽門)이, 서쪽에는 서직문(西直門), 부성문(阜城門)이 있고, 남쪽에는 정양문(正陽門), 숭문문(崇文門), 선무문(宣武門)이 있으며 북쪽에는 안정문(安定門)과 덕승문(德勝門)이 있다. 정양문은 속칭 전문(前門)이라 하며 그 앞에는 상가가 조성되어 있다.

외성은 1553년 명의 세종(世宗) 때 방어를 강화하기 위해 세운 성이다. 외성 북쪽 성벽이 내성 남쪽 성벽과 이어져 있어 내성과 함께 전체적으로 '凸'자 형태를 이룬다. 총 둘레는 14㎞이며 동서가 7,950m이고 남북이 3,100m이다. 동쪽에 동편문(東便門), 광거문(廣渠門), 서쪽에 서편문(西便門), 광녕문(廣寧門), 남쪽에 영정문(永定門), 좌안문(左安門), 우안문(右安門)이 있다.

한편 궁성의 동쪽에는 태묘(太廟)가 있으며 서쪽에는 사직단(社稷壇)이 있다. 또한 내성 밖의 동서남북에는 각각 일단(日壇), 월단(月壇), 천단(天壇), 지단(地壇)을 세워 일월천지에 제사를 드렸다.

🔍 북경의 중축선(中軸線)

자금성을 중심에 두고 남북 7.8㎞에 달하는 중축선(中軸線)이 설계되어 있는데 자오선(子午線)과 거의 일치할 정도로 정남북 방향이다. 남쪽에서부터 보면, 외성의 영정문(永定門), 내성의 정양문(正陽門), 황성 남문인 천안문(天安門), 자금성 남문인 오문(午門), 황제의 집무실인 태화전(太和殿), 자금성 북문인 신무문(神武門)을 거쳐 내성 밖의 고루(鼓樓)와 종루(鐘樓)에 이르는 일직선의 축선이다. 이 중축선은 오늘날 북쪽으로 더 확장되어 올림픽 스타디움을 지나 올림픽공원까지 연결된다. 올림픽공원 내의 언덕에 중축선을 알리는 표지가 있으며 맑은 날에는 종루를 볼 수 있다.

자금성

자금성(紫禁城)은 황제가 거주하던 지역으로 현재의 고궁박물원(故宮博物院)이다. 자(紫)는 별자리 중 자미성(紫微星: 北極星)에서 유래하여 황제가 머무는 장소를 상징하며 금(禁)은 일반인이 출입할 수 없는 특별한 장소를 뜻한다.

1406년 명 영락제(永樂帝)가 남경에서 북경으로 천도하기 시작할 때부터 건립에 착수하였고 수십만 명을 동원하여 14년 만인 1420년에 완성하였다. 그 후 명의 영락제에서 청의 선통제(宣統帝)까지 500여 년에 걸쳐 24명의 황제가 거주하였다.

자금성 외부 호수 호성하

자금성은 동서 753m, 남북 961m이며 면적은 72만㎡에 달한다. 사면은 10m 높이의 성벽으로 둘러싸여 있고 모서리에는 아름다운 각루(角樓)가 있다. 외곽에는 깊이 6m, 폭 52m의 호성하(護城河)가 조성되어 있는데 북쪽의 경산(景山)은 호성하를 만들면서 파낸 흙으로 조성된 인공의 산이다. 동서남북에는 동화문(東華門), 서화문(西華門), 오문(午門), 신무문(神武門)이 있다.

황궁 내부는 크게 외조(外朝)와 내정(內庭)의 두 부분으로 나누어 볼 수 있다. 외조는 황제의 즉위식, 조서의 반포 등 큰 행사를 집행하던 곳인데 태화전(太和殿), 중화전(中和殿), 보화전(保和殿)의 삼대전(三大殿)이 있다. 내정은 황제가 거처하는 건청궁(乾淸宮)과 황후가 거처하는 곤녕전(坤寧殿)이 있으며 그 사이에 교태전(交泰殿)이 있어 후삼궁(後三宮)을 구성한다.

자금성에는 9,999개의 방이 있다고 하는데 이는 과장된 것으로, 1973년 전문가들이 실시한 조사에 의하면 대소의 건물군(院落)이 90여 개, 가옥(房屋)이 980채가 있으며 기둥 4개로 이루어진 간(間)이 8,707간으로 집계되었다.

명십삼릉, 청동릉, 청서릉

북경 시내에서 북쪽 40㎞ 지점에 있는 창평현(昌平縣)의 천수산(天壽山) 기슭에는 명나라의 13명 황제들의 능묘가 있는데 이곳을 일컬어 명십삼릉(明十三陵)이라고 한다. 명나라는 홍무제(洪武帝)에서 숭정제(崇禎帝)까지 모두 16명의 황제가 있으나 홍무제의 능은 남경의 효릉(孝陵)이며, 2대 건문제(建文帝)는 '정난지변(靖難之變)' 와중에 행방이 묘연해졌고, 7대 경태제(景泰帝)는 '탈문지변(奪門之變)'으로 황제에서 물러난 후 북경 서산(西山)의 경태릉에 묻혔다.

13개의 능 중에서 가장 규모가 큰 것은 영락제의 장릉(長陵)인데 입구인 석

명십삼릉

청동릉

비방(石碑坊)에서 능문(陵門)까지의 신도(神道)가 7km에 달하고 좌우는 석인(石人)과 석수(石獸)가 서 있다. 지하 무덤은 전전(前殿), 중전(中殿), 좌우배전(左右配殿)이 있고 황제와 황후의 관(棺)이 놓여 있는 후전(後殿)으로 배치되어 있다.

청나라는 모두 12명의 황제가 있었는데 그 중에서 태조 노이합적(奴爾哈赤)과 태종 황태극(皇太極)의 능은 북경에 수도를 정하기 전이라 심양(瀋陽)의 복릉(福陵)과 소릉(昭陵)이며 나머지 황제들의 능은 하북성 준화시(遵化市) 마란욕(馬蘭峪) 창서산(昌瑞山)에 있는 동릉(東陵)과 하북성 역현(易縣) 성서(城西) 영녕산(永寧山)에 있는 서릉(西陵)에 각각 다섯 개씩 분산되어 있다.

동릉에는 순치(順治), 강희(康熙), 건륭(乾隆), 함풍(咸豊), 동치(同治)의 다섯 황제와 자희(慈禧) 등의 황태후가 묻혀 있고, 서릉에는 옹정(雍正), 가경(嘉慶), 도광(道光), 광서(光緖)의 네 황제와 그들의 비빈 및 자식들이 묻혀 있다. 마지막 황제 선통제(宣統帝) 부의(溥儀)는 1967년 사망한 이후에 북경의 팔보산(八寶山)에 묻혔다가 1995년에 서릉에 인접한 민간시설인 화용황가능원(華龍皇家陵園)으로 이장되었다.

삼공

산동성 곡부(曲阜)에 가면 공묘(孔廟), 공부(孔府), 공림(孔林)이 있고 이 셋을 통칭해서 삼공(三孔)이라 한다. 공묘는 공자를 기려 제사를 모시는 사당이고, 공부는 공자의 후손들이 주거하는 곳이다. 공림에는 공자와 그 후손들의 묘지가 있다.

공묘는 공자(BC 551~BC 479)가 죽은 다음해에 노나라 애공(哀公)이 공자의 고향이자 생전에 살던 산동성 곡부에 묘(廟)를 세우고 계절마다 제사를 지낸 것이 기원이다. 그 후 한나라 유방(劉邦)이 크게 제사를 올렸으며 청나라 시대

삼공─공묘

삼공—공림

까지도 건축이 계속되었다. 공묘는 남북이 600m이고 동서는 140m이다. 대성문(大成門)을 지나면 광장에 은행나무를 심어 놓은 행단(杏壇)이 있는데 공자가 제자들을 가르친 곳이다. 행단 뒤는 대성전(大成殿)으로 공자를 위한 제사인 석전(釋奠)이 황제의 격식으로 행해지던 곳이다.

공부는 공묘의 동쪽에 있으며 공자의 직계 후손들이 살았던 저택이다. 유교가 국가적 지도이념이 되면서 역대 왕조에서 지원을 많이 하여, 황제가 살던 궁궐 다음으로 크며, 대지가 16만㎡이고 남북 길이가 2㎞에 이른다.

공림은 지성림(至聖林)이라고도 한다. 공자와 그 후손들의 무덤이 2,500년에 걸쳐 조성되어 있으며 면적은 200만㎡이고 10만 그루의 나무가 울창하게 우거져 있는 큰 숲이다.

> ### 🔍 공부채(孔府菜), 공부가주(孔府家酒)
>
> 공부채는 공부에서 손님 접대용으로 만들던 음식이다. 쏘가리, 오리, 돼지, 두부 등을 주재료로 사용하는 요리이다. 공부가주는 공자의 후손들이 만들었다고 전해지는 술이며 90년대에 한때 크게 유행한 적도 있다. 한국에 수입되어 비교적 비싸게 판매되고 있으나 중국에서는 지역에 특화된 값싼 술일 뿐이다.

황학루

황학루(黃鶴樓)는 호북성 무한시 사산(蛇山)에 있는 누각으로 삼국시대인 서기 223년 오나라의 손권(孫權)이 군사적인 목적으로 장강 옆에 건축하였다. 왕조를 거치면서 수차례 훼손되어 중건되었으며, 현재 건물은 1985년에 무한시 정부가 중건한 것으로 높이 51.4m의 5층 건물이다. 최호(崔顥), 이백, 백거이, 육유(陸游) 등 수많은 시인 묵객이 와서 경치를 보고 찬탄을 금치 못한 절경이다. 이백이 누각에 올라 최호의 시를 보고는 그 이상의 시를 쓸 수는 없다며 붓을 던지고 배를 타고 떠났다고 한다.

악양루

악양루(岳陽樓)는 호남성 악양시에 있는 누각이다. 원래 이 건물은 215년에 삼국시대 오나라의 제독인 노숙(魯肅)이 동정호(洞庭湖)에서 수군을 조련하면서 병사들을 사열하던 열군루(閱軍樓)이다. 현재의 건물은 호남성 정부가 1983년에 대대적으로 보수한 것인데 높이 19.42m의 3층 건물이다.

맹호연(孟浩然), 이백(李白), 두보(杜甫), 한유(韓愈), 백거이(白居易) 등이 다녀갔다. "동정호는 천하제일 호수이고 악양루는 천하제일 누각이다(洞庭天下水 岳陽天下樓)"라는 찬사를 받는다.

등왕각

등왕각(滕王閣)은 강서성 남창시의 서남쪽에 있으며 장강의 지류인 감강(贛江)변에 있다. 당 태종 이세민(李世民)의 동생인 등왕(滕王) 이원영(李元嬰)이 653년에 처음 건립하였으며 송, 원, 명, 청을 거치며 수차례의 중건과 복원 과정을 거쳤다. 현재 건물은 1989년에 복원되었는데 높이 57.5m, 9층의 웅장한 누각이다. 흐르는 강물을 내려다보는 탁 트인 전망이 일품이다.

원명원

청의 황제들은 북경의 서북쪽에 이궁(離宮)을 건설하였다. 강희제는 1684년 창춘원(暢春園)을 건설하기 시작하여 완공 뒤에는 여기서 정무를 보았다. 그 후 1709년에 아들 옹정제(雍正帝)에게 그 북쪽의 원림(園林)을 하사하였는데 이곳이 원명원(圓明園)이다.

옹정제는 재위하는 동안 많은 시간을 이곳에서 보냈다고 하며 28개의 경관이 있는 행궁(行宮)으로 가꾸었다. 뒤를 이은 건륭제(乾隆帝)는 경관을 40개로 늘렸으며 장춘원(長春園)과 기춘원[綺春園: 훗날의 만춘원(萬春園)]을 추가로 건

설하여 원명원, 장춘원, 기춘원을 하나로 연결하였는데 350만㎡ 면적을 가진 최대의 황실 정원이 되었다. 황제들은 이곳에서 정무를 보았고 여름 행궁으로 삼았으므로 '하궁(夏宮)'으로 부르기도 했다.

이 지역은 원래 습지(濕地)여서 연못과 계곡을 파서 물길을 만들 수 있었고 이렇게 해서 나온 흙으로는 가산(假山)을 만들어 강남(江南)의 경치를 모방한 원림을 조성할 수 있었다. 특히 건륭제는 강남을 시찰하면서 마음에 드는 풍경을 그리게 하였다가 이를 원명원 안에 시공하도록 하였으며 유럽의 바로크 양식을 도입한 서양루(西洋樓)를 지어 이국적인 분위기가 나도록 하였다.

1860년 제2차 아편전쟁 당시 영-프 연합군의 침략으로 거의 모든 건물이 소실되거나 파괴된 것은 매우 안타까운 일인데 최근 복원공사가 진행 중이다.

이화원

　중국인은 황가원림(皇家園林)으로는 북경의 이화원(頤和園)과 승덕의 피서산장(避暑山莊)을, 사가원림(私家園林)으로는 소주의 졸정원(拙政園)과 유원(留園)을 최고의 정원으로 손꼽고 있으며 이 넷을 합쳐서 중국의 4대 원림이라고 한다.

　이화원의 전신은 건륭제가 건설한 청의원(淸漪園)인데 1860년 제2차 아편전쟁 때 영-프 연합군에 의하여 파괴된 바 있으나 1886~1895년에 대대적인 복구를 하면서 이화원(頤和園)으로 개칭하였다. 1900년 의화단 운동 당시 8개국 연합군에 의하여 다시 공격을 당했으나 1902년에 재차 복구하였다.

　현존하는 최대의 황실정원이며 서태후(西太后: 慈禧太后)의 여름별장으로 유명하다. 북경 서북쪽에 위치해 있으며 총면적은 290㏊이다. 이화원 안에는

이화원 석방

이화원 불향각

만수산(萬壽山)과 곤명호(昆明湖)가 있다. 만수산은 건륭제가 어머니의 장수를 기원하여 명명하였다고 하며 곤명호를 만들면서 퍼낸 흙으로 만들었다. 산의 중턱에는 높은 석조 기단 위에 불향각(佛香閣)이 있는데 이화원을 상징하는 랜드마크이다. 곤명호는 거대한 인공호수로 항주(杭州)의 서호(西湖)와 소제(蘇堤)를 모방하여 만들었다. 호수 중간에는 남호도(南湖島)라는 아름다운 섬이 있고 17개의 아치형 수문이 있는 십칠공교(十七孔橋)가 유명하다.

인수전(仁壽殿)은 황제가 정무를 보던 곳이며 낙수당(樂壽堂)은 서태후가 거주하던 곳이다. 호수와 이어져 있는 728m의 긴 복도인 장랑(長廊)의 벽면에는 『삼국연의』, 『서유기』, 『수호전』 등의 여러 그림이 그려져 있어 매우 흥미로우며 여름날 북경 시민들에게는 시원한 피서지이기도 하다.

피서산장

　피서산장(避暑山莊)은 하북성 승덕시(承德市)에 있는 청나라 시대의 별궁으로 원래 이름은 열하행궁(熱河行宮)이었다. 강희제는 가을에 만리장성 이북을 순행하고 군사를 훈련시키며 사냥을 하는 행사를 정기적으로 했다. 후대 황제들은 피서를 위하여 산장을 즐겨 찾았다. 만주족 황제들은 고향에 좀 더 가까운 이곳에서 정치, 군사, 외교 등의 국가적 사무도 보았다.

　승덕은 풍경이 좋고 여름에 시원하며 겨울에는 온천도 있기에 황제들이 휴양하기 적합한 곳이었다. 강희제 시절인 1703년에 별궁을 짓기 시작하여 건

피서산장 외팔묘

륭제 시절인 1790년에 완성하였다. 총면적이 564만㎡에 이르며 주위 성벽의
길이가 10㎞에 이른다.

산장은 전체적으로 궁전 구역과 자연경관 구역으로 나누어 볼 수 있으며 자
연경관은 호수, 평원, 산악으로 구성되어 있다. 궁전 구역의 중심 전각은 담박
경성전(澹泊敬誠殿)으로 황제가 정무를 보고 독서를 하던 곳이며 연파치상(煙波
致爽)은 황제의 침궁(寢宮)인데 안개와 물보라가 상쾌하다는 뜻이다. 호수는 총
8개가 있으며 금산정(金山亭)과 연우루(煙雨樓)의 경치가 좋다. 평원 지역은 야
외활동을 하고 연회를 베풀던 곳이고 산악에는 사찰과 정자가 배치되어 있다.

한편 건륭제 시절인 1751년에 산장 밖의 무열하(武熱河) 동쪽에 8개의 티베
트 불교 사찰을 지었는데 이를 외팔묘(外八廟)라고 한다. 여기서는 작은 포달
랍궁의 정취를 느낄 수 있고 천수관음보살 등을 볼 수 있다.

졸정원

졸정원(拙政園)은 소주(蘇州) 동북쪽에 있고 동원(東園), 중원(中園), 서원(西園)으로 나눌 수 있으며 총면적은 41,000㎡이다. 16세기 초 명나라 시기 왕헌신(王獻臣)의 개인 정원으로 조성되었다. 졸정원이라는 명칭의 유래는 '정치를 성공적으로 하지 못한 사람의 정원'이라는 의미이다.

중원은 핵심 부분이라고 할 수 있으며 원향당(遠香堂)은 졸정원에서 가장 큰 대청형 건축물이다. 동원에는 영롱관(玲瓏館), 가실정(嘉實亭), 청우헌(聽雨軒) 등이 있으며 서원에는 옥란당(玉蘭堂), 득진정(得眞亭)이 있다. 연못이 많아 전체 면적의 60% 정도를 차지한다.

유원

유원(留園)은 소주시 고소구(姑蘇區)에 위치해 있으며 면적은 23,300㎡에 달한다. 명나라 시기인 1593년에 서태시(徐泰時)의 개인 정원으로 조성되었으며 명칭은 '천지간에 오래 머무르는 곳(長留天地間)'이라는 뜻이다. 700m에 달하는 복도식 통로를 통해 건물들이 서로 연결되는 것이 특징이다. 중앙의 연못을 중심으로 동, 북, 서에 정원들이 조성되어 있다. 명슬루(明瑟樓), 곡계루(曲溪樓), 원취각(遠翠閣), 오봉선관(五峰仙館), 읍봉헌(揖峰軒) 등이 있다.

음악, 연극, 영화

중국의 음악은 하늘과 땅에 제사 지내는 의식용으로 시작되어 예악(禮樂), 아악(雅樂)으로 발전하였다. 수당에서는 서역과 인도의 음악이 들어왔으며 송원명청을 거치면서 희곡(戲曲)을 구성하는 가장 중요한 부분으로 자리잡았다.

중국의 전통극 희곡(戲曲)은 음악, 대사, 노래, 무용, 잡기, 무술 등이 결합된 종합예술이다. 송원대는 잡극(雜劇)이 유행하였으며 명과 청의 중반기까지는 곤곡(崑曲)이 대세였다가 건륭제부터는 경극(京劇)이 공연 예술을 대표하게 되었다.

1905년에 중국 최초의 영화가 만들어진 이래 상해를 중심으로 화려하게 꽃피었으나 항일전쟁과 문화대혁명 등의 와중에는 항일의식을 고양하고 사회주의 체제의 우월성을 선전하는 주요한 수단으로 기능하였다. 개혁개방 이후에 등장한 제5세대 감독들의 활약으로 세계 영화의 중요한 한 축을 차지하고 있다. 한편, 홍콩과 대륙에서 등장한 이소룡, 주윤발, 장국영, 공리, 장만옥 등은 한국에도 많은 팬을 확보하고 있다.

전통음악

THEME
197

중국의 음악은 상(商)대에 이르러 상당히 발전된 양상을 보이는데 하늘과 땅에 제사를 지내는 의식을 위한 것이었다. 주(周)에서는 유교의 예악(禮樂)이 강조되면서 획기적으로 발전했고 궁(宮), 상(商), 각(角), 치(緻), 우(羽)의 오성(五聲)과 12율(律)이 정립되었다. 『시경』의 풍(風), 아(雅), 송(頌) 역시 주나라 시대의 노래 가사들이다.

한(漢)에서는 궁정음악인 아악(雅樂)이 확립되고 실크로드 개척과 더불어 서역의 악기가 들어왔다. 남북조와 수당(隋唐)시대는 서역과 인도의 음악이 활

비파

발하게 도입되어 융합되었다. 수당의 화려한 국제음악은 송원명청(宋元明淸)을 거치면서 서민 중심의 민족음악으로 변화되었다. 특히 희곡을 구성하는 가장 중요한 요소로서 크게 발전하였다. 중국의 희곡은 송대부터 유행하여 잡극(雜劇)은 원에 이르러 더 발전하였으며 명나라 때에는 곤곡(崑曲)이 유행하였고 청에 와서는 경극(京劇)으로 자리잡았다.

전통악기 중에서 이호(二胡: 얼후)는 유목민족의 악기로 중국 악기에 수용된 대표적 악기이다. 이름부터 두 줄을 가진 오랑캐의 악기라는 뜻이다. 조그만 통에 기둥을 세워 두 줄을 매고 두 줄 사이에 활을 걸쳐 놓은 채 줄을 문질러 소리를 내는 현악기이다.

비파(琵琶: 피파)는 배 모양의 나무 몸통에 4~5줄이 있는 악기이다. 현재 연주되는 비파는 최근에 개량된 것인데 원래는 채를 사용하여 소리를 냈지만 가조(假爪)를 손가락에 끼고 연주하기 때문에 빠른 연주도 가능하다.

쟁(箏: 쩡)은 가장 오래된 악기의 하나이며 한국의 가야금, 일본의 코토(箏)에 해당하는 여성용 악기다. 본래 13줄이었으나 24~30줄이 주로 사용된다.

양금(洋琴: 양친)은 마름모꼴 나무상자에 철사줄을 올려 놓은 악기이다. 대나무 채를 양손에 들고 치며 맑은 소리가 난다. 가장 넓은 음역을 가진 악기이다.

적자(笛子: 디즈)는 대나무로 만든 관악기로 대금처럼 옆으로 부는 악기이다. 청공(淸孔: 대금, 통소 등에서 부는 구멍과 손가락 짚는 구멍 사이에 뚫려 있는 구멍)이 있으며, 중국의 관악기 중에서 가장 널리 연주되는 악기이다.

생(笙: 셩)은 나무 몸통에 17개의 대나무관을 꽂은 악기이다. 한국의 생황, 일본의 쇼(笙)와 같은 악기이다.

근대음악

1920~1940년대의 상해는 서양과 동양이 뒤섞인 국제적인 도시였다. 상해를 중심으로 중국의 대중음악은 그 꽃을 화려하게 피웠다. 중국 유행가의 아버지라고 할 수 있는 여금휘(黎錦暉: 리진후이)는 중국 민요풍에 미국의 재즈를 혼합하여 〈모모우(毛毛雨: 보슬비)〉라는 노래를 만들었는데 중국 최초의 유행가로 알려져 있다. 하록정(賀綠汀)이 소주(蘇州) 지역의 민요를 편곡하여 주선(周璇)이 부른 〈천애가녀(天涯歌女)〉는 이 시대의 대표적인 노래이다. 여금광(黎錦光)이 작곡하고 이향란(李香蘭)이 부른 〈야래향(夜來香)〉도 전쟁에 지친 민중들의 마음을 녹여 주었다.

모모우(毛毛雨: 보슬비)

毛毛雨, 下個不停, 微微風, 吹個不停,

微風細雨柳靑靑, 哎喲喲 柳靑靑。

小親親, 不要你的金, 小親親, 不要你的銀,

奴奴呀只要你的心, 哎喲喲, 你的心。

毛毛雨, 不要盡爲難, 微微風, 不要盡麻煩,

雨打風吹行路難, 哎喲喲, 行路難。

年輕的郎, 太陽剛出山, 年輕的姐, 荷花剛展瓣,

莫等花殘日落山, 哎喲喲, 日落山。

보슬비가 끊임없이 내리네, 산들바람도 쉴 새 없이 분다네,

산들바람 보슬비에 버들잎은 푸르구나, 아, 버들잎은 푸르구나.

나는 당신의 금이 필요한 것이 아니에요, 당신의 은이 필요한 것도 아니에요,

저는 그저 당신의 마음만 있으면 돼요, 아, 당신의 마음.

보슬비야 너무 내리지 마라, 산들바람아 세게 불지 마라,

비가 오고 바람이 불면 가는 길이 험하단다, 아, 가는 길이 험하단다.

젊은 청년, 해가 막 떠올랐네요, 젊은 아가씨, 연꽃이 방금 피었네요,

꽃이 지고 해가 지기를 기다리지 마세요, 아, 해가 진다네.

대중음악

1949년 건국 이후 중국의 문화와 예술은 사회주의 이념을 교육하고 선전하는 주요한 수단이었다. 1950년대에도 이러한 기조는 이어졌는데 한국전쟁에 참전하면서 군가를 많이 불렀다. 또한 사회주의 혁명이념을 고취하기 위해 만들어진 영화에 삽입된 주제곡이나 삽입곡이 유행하기도 하였다.

1964년에는 건국 15주년을 기념하여 3,000명이 넘는 인원이 등장한 대형 무용음악극인 〈동방홍(東方紅)〉이 만들어졌다.

1966년에 문화대혁명이 시작되자 문화예술계 유명 인사들은 비판 대상이 되기 일쑤였고 그 자리를 대신하여 유행한 음악은 홍위병(紅衛兵)들이 부르는

음악이었다. 〈혁명조반가(革命造反歌)〉 등이 대표적이라고 할 수 있다.

한편 1978년 개혁개방 노선이 채택되면서 홍콩과 대만의 대중음악이 대륙으로 유입되기 시작했다. 오랫동안 혁명과 지도자를 찬양하는 이념적인 노래만 듣던 대륙 사람들은 홍콩과 대만의 서정적인 노래에 눈물을 흘렸다. 카세트 플레이어로 듣는 테이프가 늘어날 때까지 듣고 또 듣는 사람들이 많았다. 이 시기 대륙인의 심금을 울렸던 가수는 단연코 등려군(鄧麗君)이었다. 그녀는 〈야래향(夜來香)〉, 〈월량대표아적심(月亮代表我的心)〉 등 옛날 노래를 많이 리메이크해서 불렀는데 이것이 더욱 향수를 자극했다.

1980년대 후반, 젊은이들의 마음을 흔들었던 가수는 최건(崔健)이다. 그는 자유와 저항을 상징하는 록음악(搖滾: 야오군)을 부르기 시작했고, 혁명이라는 절대적 신념이 무너지고 무기력하게 있었던 청년들은 그의 음악에 열광하였다. 1989년 천안문 사태 당시, 그는 붉은 수건으로 눈을 가리고 〈일무소유(一無所有)〉를 불러 시위대에게 강력한 연대감을 표시하기도 했다.

1990년대는 사회가 안정되면서 서정적인 포크송이 유행하였다. 이춘파(李春波)는 〈소방(小芳)〉을 불렀는데 농촌으로 하방(下放)되었던 청소년 시절에 인연을 맺은 시골 소녀와의 애틋한 추억을 회상하는 노래다. 20년 이상이 흘러 장년의 어른이 되었지만 풋풋했던 그 시절을 추억하는 마음이 담겨있다.

2000년대에 들어오자 대중음악은 인터넷과 모바일 환경의 발달과 더불어 많은 변화를 보였다. 음반이나 CD를 판매하는 방식은 쇠퇴하고 인터넷을 기반으로 개인 블로그나 동영상을 통해 음악을 즐기는 방식으로 전환되었다.

등려군

　등려군(鄧麗君, 1953~1995)은 1953년 1월 대만에서 출생하였다. 부친은 장개석을 따라 대만으로 들어온 하북성 출신이었으며 모친은 산동성 출신이었다. 10세 때 라디오 방송국에서 주최한 노래 경연대회에서 우승하면서 주목을 받기 시작했고 16세 때인 1970년에 가수로 데뷔하면서 가족들을 부양하기 시작했다.

　1973년 일본 무대에 진출하였으며 엔카(戀歌)인 〈공항(空港)〉, 〈설화장(雪花粧)〉을 노래하면서 인기를 끌었다. 1979년에는 미국으로 건너가서 활동하기도 했다. 1970년대 후반 외국문화가 개방되지 않던 시기에 중국에서 등려군의 사랑 노래는 엄청난 정신적 자극이었는데 특히 〈하일군재래(何日君再來)〉, 〈야래향(夜來香)〉, 〈월량대표아적심(月亮代表我的心)〉이 크게 유행하였다.

　일반 대중은 물론 전문가들도 등려군을 통하여 대중음악의 작곡, 발성, 발음을 비로소 터득하여 공부하였다. 그 당시 중국에서는 "등소평은 중국을 정치적으로 통일한 대등(大鄧)이고 등려군은 노래로 중국을 통일한 소등(小鄧)이다" 혹은 "낮에는 등소평의 연설을 듣고, 밤에는 등려군의 노래를 듣는다(白天聽老鄧, 晚上聽小鄧)"라는 말이 있을 정도로 영향력이 컸다. 대륙에서는 오염된 자본주의 문화라는 이유로 음반 발매가 금지되었으나 노래를 복사한 카세트 테이프가 중국 전역에 유통되었다. 1986년이 되어서야 그녀의 노래에 대한 금지가 정식으로 풀렸다.

　여명(黎明)과 장만옥(張蔓玉) 주연의 홍콩영화 〈첨밀밀(甛密密)〉과 함께 그녀의 노래가 한국에 소개되었다. 이 노래는 인도네시아 민요를 번안한 노래이다. 또한 홍콩영화 〈화기소림(花旗少林)〉의 주제곡인 〈월량대표아적심(月亮代表我的心)〉은 한국인에게 아주 친숙하기도 하다.

　그녀는 부모님의 고향인 대륙에서 공연하는 것을 염원하였으나 1989년에 '천안문 사태'가 일어남으로써 끝내 실현되지 못하여 매우 안타까워했다.

　평생의 지병인 기관지 천식으로 1995년 태국 치앙마이의 한 호텔에서 숨을 거두었는데 42세의 너무도 아까운 나이였다.

전통극

서양 연극은 대사 위주로 구성되지만 중국의 전통극은 음악, 노래, 무용을 위주로 하며 대사, 잡기, 무술 등을 결합한 종합예술이다.

송원시대, 남방에서는 전통 민요에 가사를 붙여서 노래하고 현지의 방언으로 대사를 하면서 간단한 연희를 하던 것이 점차 장편의 서사를 담으면서 연극으로 발전하였는데 이것을 남희(南戲: 南曲戲文)라고 한다.

송은 경제력이 크고 도시가 발달했으며 변경(汴京: 개봉)을 중심으로 대형 공연시설 와사(瓦舍)와 무대를 갖춘 개별 공연장 구란(句欄)에서 잡극(雜劇)이 공연되었다. 원나라 또한 대륙을 통일하고 서역과의 교통로가 트여 있었던 관계로 상업과 대도시가 더욱 발전하여 와사와 구란이 도시마다 있을 정도였다. 게다가 과거시험 폐지로 관료가 될 수 없었던 문인들이 작가가 되어 대본을 쓰는 등 북곡(北曲)으로 부르는 잡극이 활발하였다.

원 잡극의 작가는 작품의 성향에 따라 두 부류로 나눌 수 있다. 하나는 민중들의 현실 생활과 당시의 사회문제를 그린 작가들로 관한경(關漢卿)이 대표적이며 〈두아원(竇娥寃)〉이 유명하다. 이들은 당시의 구어, 속어, 방언 등을 스스럼없이 사용했다. 다른 하나는 문인 출신의 작가들로 문학성을 중시하고, 귀족들의 애정이나 역사적 고사를 소재로 삼았다. 왕실보(王實甫)는 〈서상기(西廂記)〉를 남겼다.

전통극 무대

  남희의 영향을 받은 곤곡(崑曲)은 강소의 곤산(崑山)에서 유래했으며 전통극
의 기반이 되었다. 명나라 가정제(嘉靖帝), 만력제(萬曆帝)를 거치면서 흥성하여
청대의 경극(京劇)이 나오기 전까지 전성기를 누렸다. 명청의 문인들은 전기
(傳奇)라는 장편 희곡을 많이 썼으며 이는 곤곡으로 공연되었다. 곤곡은 서정
성이 강하고 가사는 우아하며 곡조가 부드러워 문인, 관료의 사랑을 받았다.
탕현조(湯顯祖)의 〈모란정(牡丹亭)〉, 양진어(梁辰魚)의 〈완사기(浣紗記)〉, 공상임
(孔尙任)의 〈도화선(桃花扇)〉 등이 대표적이다.

  귀족과 문인 중심으로 사랑 받던 곤곡은 청대 건륭제 이후 역동적이고 서
민적인 지방희에게 점차 주도적인 자리를 내주게 된다. 특히 한희(漢戲: 호북의
지방희)와 휘희(徽戲: 안휘의 지방희)에 뿌리를 둔 경극이 자리잡으면서 곤곡은
점차 대중에게서 멀어지게 되었다.

경극의 유래와 연출

18세기 중엽부터 희곡계는 변화하였다. 화려하지만 천박하다는 뜻의 화부(花部)로 지칭되던 지방희(地方戲)가 북경으로 진출하여, 고상하고 우아한 예술이라는 뜻의 아부(雅部)로 호칭되면서 몇백 년 동안 유행하고 있던 곤곡(崑曲)과 인기를 다투고 있었다. 곤곡은 음악과 가사가 세련되고 우아하여 귀족적 색채가 강하였다. 그에 비해 지방희는 소박하고 역동적이며 대중성이 강하여 점차 곤곡을 대체하게 되었다.

경극은 북경에서 생겨나고 성장한 것이 아니다. 1790년 건륭황제의 80세

생일을 축하하기 위해 안휘성의 극단인 휘반(徽班) 중에서 삼경반(三慶班)이 북경으로 들어오게 되었는데 이들은 축하공연이 끝나고도 돌아가지 않고 북경에 남아서 공연을 계속하였고 다른 휘반들도 북경에 들어오면서 북경 희곡계를 평정하게 된다.

음악적으로 경극의 뿌리가 된것은 호북의 한희(漢戲)와 안휘의 휘희(徽戲)였다. 이들은 빠르고 경쾌한 서피(西皮)와 차분하고 부드러운 이황(二簧)이라는 곡조를 사용했는데, 이 때문에 처음에는 경극을 피황(皮簧)이라고 불렀다. 이후 다른 지방극인 섬서의 진강(秦腔), 강소의 곤곡(崑曲) 등의 색채를 받아들여 융합하면서 대표 전통극으로 자리잡았다. 19세기 후반에 북경의 피황 극단이 상해에 가서 공연을 하였는데 경극(京劇)이라는 이름이 처음으로 등장한다.

경극 연기는 창(唱), 염(念), 주(做), 타(打)로 나뉘는데 창은 노래를 의미하며 염은 인물들의 대화, 즉 대사이다. 주는 배우들의 동작과 표현을 의미하며 타는 무술(武術) 동작을 의미한다. 배우들의 이러한 분업을 '항당(行當)체제'라고 하는데 직업, 업종이라는 뜻을 가지고 있다. 즉, 여러 가지 연기를 다 잘하는 것이 아니라 주력하는 연기 분야에 따라 배역을 유형화시켜 놓은 것이다.

경극의 무대는 돌출형 무대로 관객에게 가까이 다가간다. 관객들은 능동적으로 극을 감상하며, 배우는 이러한 관객과 같이 호흡할 수 있는 것이다. 무대장치는 하나의 탁자와 두 개의 의자라는 뜻의 '일탁양의(一卓兩椅)로 상징되며 간결한 장치로 풍부한 내용을 표현한다.

문화대혁명 시기 경극은 봉건문화의 잔재로 낙인 찍혀 많은 배우들이 고생하였고 정치선전의 도구인 모범극으로 활용되기도 하였다. 개혁개방 이후 전통적 경극이 부활하여 오늘에 이르고 있다.

경극의 배역과 분장

경극의 배우들은 항당(行當)체제에 따라 특유의 배역이 정해진다. 크게 생 (生), 단(旦), 정(淨), 축(丑)으로 나뉘며 성격, 지위, 나이에 따라 세부 유형으로 분류된다. 생(生)은 성인남자의 역할이며 연령, 성질에 따라 노생(老生), 소생 (小生), 문생(文生), 무생(武生)으로 세분화된다.

단(旦)은 여성 역할인데 그 역할에 따라 정단(正旦: 青衣), 화단(花旦), 노단(老 旦), 무단(武旦), 도마단(刀馬旦), 화삼(花衫) 등으로 나뉘어진다. 남자가 가성(假 聲)으로 단의 역할을 하였는데 영화 〈패왕별희(覇王別姬)〉에서 장국영(張國榮)

경극 분장

이 우희(虞姬)를 연기하던 모습을 상상하면 된다.

정(淨)은 생김새와 성격이 거칠고 호방하며 큰 소리로 말하는 배역으로 영웅호걸이 많으나 악인도 있다. 분장이 가장 화려하여 화검(花臉)이라고도 한다. 정정(正淨), 부정(副淨), 무정(武淨) 등으로 나뉜다.

축(丑)의 역할은 교활하고 탐욕스러운 역할도 있지만 익살스럽고 정직한 역할도 있다. 광대에도 어울리는 배역으로 주인공을 돋보이게 하면서 극을 살리는 중요한 역할이다. 문축(文丑)과 무축(武丑)으로 나누어진다.

경극 배우들의 얼굴 분장을 준분(俊扮) 및 검보(臉譜)라 한다. 준분은 생과 단이 하는 비교적 간단한 화장이며 검보는 정과 축이 하는 화장이다. '화장의 공식'을 그림으로 정리해 놓은 책자가 검보이다. 빨강, 검정, 흰색 위주였으나 작품이 많아지면서 등장 인물을 돋보이게 하고 구별하기 위해 여러 색깔을 쓰게 되었다.

붉은색은 충성, 의리의 관우(關羽)가 대표적이다. 흑색은 강직하고 호방한 분장인데 『삼국연의』의 장비(張飛), 『수호지』의 이규(李逵)와 포청천, 즉 포증(包拯) 등이다. 흰색 분장은 간사하고 교활한 성격의 조조(曹操), 엄숭(嚴崇)이 이에 해당한다. 이외에도 노랑, 파랑, 녹색, 회색, 금색, 은색 등으로 특이하고 화려하게 분장하며 색깔 외에도 눈, 눈썹, 코를 어떻게 그리느냐에 따라 인물의 특징이 산다.

THEME 204

경극배우 매란방

매란방(梅蘭芳, 1894~1961)은 북경에서 태어났으며 8세부터 경극을 배우기 시작하였다. 주로 여성 배역에 해당하는 화단(花旦) 역할을 많이 했으며 경극의 4대 명단(名旦: 여성 역할의 유명 배우)에 들기도 하였다. 특히 음색이 아름답고 낭랑하였다. 전통 경극은 남자 주인공 중심으로 전개되고 여자 주인공은 노래만 하고 표정과 자세는 중시하지 않았으나 그는 노래 중심의 정단(正旦) 연기에 동작과 표정을 추가해 화단(花旦), 도마단(刀馬旦)의 연기를 융합한 화삼(花衫)이라는 새로운 유형을 개발하였다.

그는 경극의 국제화에 앞장선 인물인데 1919년 일본공연, 1930년 미국 공연에서 큰 성공을 거두었고 1935년에는 유럽으로 건너가 공연하여 경극을 알렸다. 1931년, 일본이 중국을 침략하자 항금병(抗金兵), 생사한(生死恨) 등을 공연하여 항일의식을 고취하였다. 경극의 노래(唱), 대사(念), 동작(做), 무술(打), 춤(舞)뿐만 아니라 음악, 의상, 무대 미술 등에도 커다란 공헌을 하였다. 작품으로는 〈귀비취주(貴妃醉酒)〉, 〈패왕별희(覇王別姬)〉 등이 있다.

🔎 **4대 명단**

유명한 여자 역할 전문 배우들인 매란방(梅蘭芳), 순혜생(荀慧生), 정연추(程硯秋), 상소운(尙小雲)을 말한다. 1920년대부터 활동을 시작한 이들은 각자의 색깔과 특징으로 경극의 흐름을 주도했으며 4대 유파를 형성하기도 했다.

THEME 205

지방희

　지방희(地方戱)는 그 지역 고유의 방언과 음악으로 이루어진 전통극을 말한다. 중국 전역에 300여 종류가 있는 것으로 알려져 있다.

　평극(評劇)은 당산(唐山) 일대에서 1910년경 형성되었다. 공업이 발달하고 철로가 놓이면서 동북지방까지 유행했다. 소상인, 소시민을 주인공으로 사회문제를 많이 다루었다. 〈양삼저고장(楊三姐告狀)〉, 〈유교아(劉巧兒)〉 등이 있다.

　예극(豫劇)은 하남, 하북, 산동 지역의 지방극이다. 중원 지역답게 외부의 다양한 성강(聲腔)을 흡수하였다. 대표작은 〈홍낭(紅娘)〉, 〈화목란(花木蘭)〉이다.

변검

천극

　회극(淮劇)은 강소의 회안(淮安), 염성(鹽城) 지역의 지방극이다. 작품으로는
〈조오랑(趙五娘)〉, 〈연화암(蓮花庵)〉, 〈일가인(一家人)〉 등이 있다.

　황매희(黃梅戲)는 호북 황매(黃梅)에서 발원하여 안휘 안경(安慶)에서 발전된
지방극이다. 주요 작품으로는 〈천산배(天仙配)〉, 〈여부마(女駙馬)〉 등이 있다.

　월극(越劇)은 절강성 승현(嵊縣)에서 기원했으며 1906년에 시작된 희곡이므
로 역사가 짧다. 여배우들이 연기하는 것으로 유명해졌다. 대표작은 〈홍루몽
(紅樓夢)〉, 〈양산백과 축영대(梁山伯與祝英台)〉 등이다.

　이원희(梨園戲)는 복건성과 대만, 동남 화교를 중심으로 공연되는 희곡이다.
송원시대 남희의 전통이 많이 남아 있으며 18보과모(步科母)라는 고유의 연기
동작을 보존하고 있다. 유명 작품으로 〈진삼오랑(陳三五娘)〉이 있다.

월극(粤劇)은 광동 불산(佛山)이 발원지이며 광동어를 쓴다. 광동, 광서, 홍콩, 마카오에서 공연된다. 주요 작품은 〈일봉설(一棒雪)〉, 〈이도매(二度梅)〉 등이다.

천극(川劇)은 사천을 대표하는 희곡이다. 노래와 연기 이외에도 무술, 기예 등이 가미된 것이 특징이며 순식간에 가면을 바꾸는 변검(變臉), 입으로 불을 뿜는 토화(吐火)를 구사한다. 〈백사전(白蛇傳)〉, 〈공성계(空城計)〉가 유명하다.

진강(秦腔)은 섬서, 감숙 일대 춤과 노래에서 유래했다. 타악기인 방자(梆子)로 박자를 맞추며 방자강(梆子腔)이라고도 한다. 진상(秦商), 군대와 더불어 전국적으로 퍼졌다. 주요 작품은 〈삼적혈(三滴血)〉, 〈화염구(火焰駒)〉 등이다.

🔍 변검(變臉)의 역사와 종류

19세기 말 천극(川劇) 배우인 강자림(康子林)이 『귀정루(歸正樓)』라는 작품을 공연하던 도중에 탈을 세 번 바꾸는 기술을 선보였다. 1996년에는 왕도정(王道正)이 무려 24번 탈을 바꾸는 데 성공하여 '변검왕'의 칭호를 얻었다. 주요 기법으로 말검(抹臉), 취검(吹臉), 차검(扯臉), 운기변검(運氣變臉) 등이 있다. 말검은 얼굴의 특정 부위(이마, 뺨, 코)에 분을 묻혀 놓았다가 필요할 때 문질러 얼굴색을 변하게 하는 기법이다. 취검은 분말이 든 상자를 무대 바닥에 미리 준비하고 바닥에 엎드리는 동작을 취하면서 얼굴색을 변화시키는 방법이다. 차검은 사전에 여러 겹의 가면을 준비하였다가 얼굴에 붙인 다음 하나하나 떼어내는 기법이다. 운기변검은 변검 최고의 경지이다. 기공(氣功)을 통해 실제로 얼굴색을 변화시키는데 천극(川劇)의 명배우 팽사홍(彭泗洪)이 〈공성계(空城計)〉의 제갈량(諸葛亮)을 연기할 때 기공을 통해 얼굴색을 붉은색에서 백색으로, 다시 청색으로 바꾼다고 한다.

곡예

　곡예(曲藝)란 역할을 나누거나 인물로 분장하지 않고 한두 사람이 이야기와 노래로 서술하는 공연 예술이다. 강창(講唱) 혹은 설창(說唱)이라고 한다. 한국의 서커스와는 개념이 다르다. 시간적, 공간적 제약이 적고 소수의 인원으로 공연할 수 있기 때문에 많은 설창 예술이 있다. 전승되는 것은 탄사(彈詞), 고사(鼓詞), 쾌판(快板), 평화(評話), 설서(說書), 보권(寶卷), 상성(相聲) 등이다.

　탄사는 비파, 삼현 등의 현악기 반주에 맞추어 이야기와 노래를 하는 것이다. 주로 여성 관객을 대상으로 하므로 남녀 간의 사랑이나 혼인 등을 소재로 한 것이 많다. 강소, 절강 등 남방에서 발달하였다. 이에 비하여 고사는 북의

장단에 맞추어 공연하는데 산동, 하북, 북경 등지의 북방에서 유행하였다. 쾌판은 죽판을 두드리면서 이야기를 풀어나가는 것을 말한다. 평화와 설서는 소설, 역사, 종교에 관한 이야기, 사물에 대한 묘사 등을 구수한 구어(口語)로 표현하는 것이다. 도구, 음악도 없이 입으로만 엮어나가며 소주평화, 양주평화, 북경평서가 유명하다. 보권은 종교적 성격이 매우 강하다. 교리서나 교주의 일대기 혹은 우러르는 인물의 득도 과정을 이야기로 표현하기도 하므로 경전의 성격도 가지고 있다. 표면적으로는 불교나 도교의 한 종파인 것처럼 보이지만 미륵 신앙을 믿고 현세에 부정적인 면이 많아, 정권의 탄압을 받으며 비밀스럽게 공연이 이루어지는 경우가 많다.

상성은 우리의 만담과 유사한 형식이며 특별한 의상이나 장치없이 해학 넘치는 재담으로 사회 현상을 풍자하기도 하고 칭찬하기도 한다. 청대의 함풍, 동치 년간에 독자적 연출 형식으로 자리잡았다. 설학두창(說學逗唱)이라고 하여 우스개, 흉내, 놀리기, 노래의 네 가지 수단으로 구성된다. 공연 방식은 혼자하는 단구(單口), 두 사람이 일문일답하는 대구(對口), 세 사람 이상이 하는 군구(群口)로 나눌 수 있으나 가장 흔한 것은 두 사람이 연출하는 대구이다.

상성의 출연자는 역할에 따라 두근(逗哏: 도우건), 봉근(捧哏: 펑건), 니봉(膩縫: 니펑)으로 나뉘는데 도우건은 재담을 펼치는 주연이고, 펑건은 그를 받쳐주는 역할이며 니펑은 웃음의 소재를 주고 부족한 부분을 채워주는 역할을 한다. 상성의 소재로 쓰이는 웃음보따리를 포복(包袱)이라 한다. 상성은 대체로 즉흥적인 개막사, 도입부, 본 이야기, 클라이맥스 순으로 구성된다.

인형극

중국의 여러 지방에는 아직도 인형극(人形劇)의 전통이 많이 남아 있다. 상(喪)을 치르거나 가례(嘉禮)를 행할 때 공연되기도 한다. 인형의 형태와 조종 방식에 따라 막대인형극, 줄인형극, 손인형극, 수상인형극, 그림자인형극으로 나누어 볼 수 있다.

막대인형극(杖頭木偶劇)은 문자 그대로 인형에 부착된 막대를 조종하는 방식이다. 인형의 형태와 크기가 자유롭고 팔과 관절도 구부리는 등 다양한 동작을 소화할 수 있다. 줄인형극(提線木偶劇)은 인형의 머리, 몸통, 사지에 줄을

인형극 피영

연결하여 조정한다. 손인형극(布袋木偶劇)은 손에 포대를 씌우듯이 인형을 끼워서 노는 것이며, 수상인형극(水傀儡劇)은 인형이 물 위에서 움직이도록 수조 뒤편에서 조종한다.

그림자인형극(皮影劇)은 가죽으로 만든 인형에 빛을 비추어 생긴 그림자로 연극을 하는 것이다. 무대는 1~2m의 나무틀에 흰 천을 덮어 만들며, 무대 뒤에 등을 걸어 놓고 노래와 반주에 따라 인형을 천 가까이 대고 조정한다. 피영에 쓰이는 인형은 보통 소가죽, 당나귀가죽, 양가죽을 사용하며 색깔은 홍, 황, 청, 녹, 흑의 다섯 가지를 많이 쓴다. 그림자 인형 극단은 5~8명으로 구성되며, 주로 농민들로 구성된다. 농한기에 도구를 챙겨 마을을 돌아다니며 공연하는데 가족들로 구성되는 경우가 많다.

당나라 시절에는 불교의 스님들과 도교의 도사들이 그림을 걸어 놓고 강의를 했었는데 등을 밝히고 인형으로 이야기를 들려주는 형식으로 발전했다. 13세기 이후 중국의 그림자 인형극은 동남아시아 국가로 퍼졌으며, 몽골 군대의 유럽 정벌 때에는 페르시아, 터키로 전파되었다. 17세기에는 서양 전도사에 의해 유럽으로 전해지기도 하였다.

🔍 **한무제와 피영극**
....

피영에 대한 최초의 기록은 한무제 시절로 거슬러 올라간다. 한무제는 후궁인 이부인(李夫人)이 죽자 도가(道家)의 방사(方士)를 불렀다. 밤에 장막을 치고 초를 켜서 그녀의 그림자를 만들었는데 한무제가 보고 더욱 슬퍼했다고 한다.

현대극 화극

　중국의 현대극은 화극(話劇)이라고 한다. 전통극인 희곡(戲曲)이 노래와 춤으로 구성되는 데 반하여 서양의 현대극은 주로 대사로 표현되므로 '말하는 연극'이라는 뜻으로 붙여진 이름이다.

　서양 연극은 1866년 상해에 영국인들이 세운 난심대희원(蘭心大戲院)에서 시작되었는데 중국인들은 이곳에서 서양연극을 처음으로 접했다. 1930년대는 중국 현대연극의 성숙기이다. 조우(曹禺)의 〈뇌우(雷雨)〉, 〈일출(日出)〉, 〈원야(原野)〉 등이 발표되었다.

　1949년 이후 현대극과 영화는 이념 선전의 중요한 도구로 활용되었다. 노동자, 농민, 군인들의 투쟁과 생활을 다루는 작품들이 대세를 이루었으며 문화대혁명 기간에는 '모범극(模範劇)'을 제외한 다른 작품은 공연되지 못했다.

　개혁개방이 시작되자 연극계에도 봄이 찾아와 과거에 대한 비판과 폭로를 담은 〈어무성처(於無聲處: 소리없는 곳에서)〉 등의 작품이 쏟아졌다. 하지만 1980년대에 들어오자 TV, 영화 등의 영향으로 관객들이 연극을 찾지 않게 되었다. 1990년대에 들어와서는 고행건(高行健)이 물질문명의 발달 속에서 일어나는 세대 간 갈등을 〈절대신호(絶對信號: 비상경보)〉 등에서 잘 표현했다. 1999년에 발표된 맹경휘(孟京輝)의 〈연애적서우(戀愛的犀牛: 코뿔소의 사랑)〉는 큰 성공을 거두었고 연극 시장을 활성화하였다는 평가를 받는다. 2000년대는 국공립단체, 민간극단, 독립연극이 혼재하면서 서로 경쟁하는 형국이다.

중국영화의 역사

1895년 프랑스에서 영화가 처음으로 만들어지고 중국에서도 1905년에 최초의 영화가 만들어졌다. 상해를 중심으로 화려하게 시작되었던 중국영화는 시대별로 선명한 획을 형성해 왔다. 특히 개혁개방 이후에 등장한 제5세대 감독들의 활약으로 세계 영화의 한 축을 차지하게 되었다.

제1세대(1905~1931)

중국영화의 시작은 1905년에 경극배우 담흠배(譚鑫培)의 연기를 사진사 임경태(任慶泰)가 찍은 〈정군산(定軍山)〉이다. 경극이나 곡예의 인기 장면들을 기록영화처럼 찍어서 보여주었는데 실제 공연을 보지 못하는 서민들에게 매우 인기가 있었다. 스토리를 가진 첫 영화는 장석천(張石川) 감독의 〈난부난처(難夫難妻)〉(1913)이다. 그가 감독한 〈할아버지를 구한 고아(孤兒救祖記)〉(1923)의 히트로 영화는 대중문화의 하나로 확실하게 자리잡을 수 있었다.

제2세대(1931~1949)

1930년대는 중국영화의 황금기이다. 1931년에 최초의 유성영화인 〈가녀홍목단(歌女紅牧丹)〉이 만들어졌다. 영화산업은 상하이를 중심으로 발전했으며 감상적, 퇴폐적 느낌의 '상하이영화'가 많이 제작되었다. 한편으로는 현실 도피적 오락과 위안보다는 중국의 현실에 대한 각성을 추구하는 좌익 계열의 영화가 약진한 시기였다. 1937년 중일전쟁의 발발로 영화사들은 싱가포르, 홍콩 등으로 이주하거나 중경이나 연안에서 기록영화를 제작하였다. 이 시기의 명작으로는 채초생(蔡楚生) 감독의 〈어광곡(漁光曲)〉(1934)과 오영강(吳永剛) 감독의 〈신녀(神女)〉(1934)가 있다.

■■■■ 제3세대(1949~1966)와 문화대혁명(1966~1976)

이소룡

1949년 이후 영화자원은 국유화되었다. 국가정책을 선전하고 사회주의 체제의 우월성을 전파하는 영화가 주류를 이루었으며 〈백모녀(白毛女)〉(1950), 〈홍색낭자군(紅色娘子軍)〉(1960) 등 노동자, 농민, 군인들이 주인공인 영화들이 만들어졌다. 자본주의 국가의 영화는 상영이 금지되었으며 많은 영화인들이 홍콩으로 망명했다.

1966년에 문화대혁명이 시작되자 영화인은 박해를 받았고 영화학교는 폐교되었으며 학생들은 시골로 하방되었다. 강청(江青) 주도로 제작된 '혁명모범극(革命模範劇)' 8편은 선전용 수단일 뿐이었다. 모범극은 그녀가 주장한 삼돌출(三突出) 원칙에 의해 제작되었다. 삼돌출이란 긍정적 인물을 부각하고, 그 중에서 영웅적 인물들을 강조하며, 또 그 중에서도 주요 영웅을 부각하는 것을 말한다. 한편 이 시기 홍콩은 영화사업이 크게 발전하였다. 무협, 코미디 등이 인기를 끌었고 70년대 초반에는 이소룡(李小龍)의 쿵푸영화가 크게 히트했다.

제4세대(1976~1982)

1976년 문화대혁명이 끝나자 영화계에도 봄바람이 불었다. 오이궁(吳貽弓), 오천명(吳天明) 등 북경전영학원(北京電影學院: 북경영화대학) 출신으로 체계적 영화제작을 배운 감독들이 활동하기 시작했다.

이들은 영화의 자율성, 예술적 독립성을 추구했다. 이들은 영화의 암흑기인 문혁시기에 인생의 황금기를 보낸 비운의 세대이다. 오천명 감독의 〈오래된 우물(老井)〉(1987)이 수작으로 꼽힌다.

제5세대(1982년 이후)

1980년대 중반부터는 '제5세대'라 불리는 황금기가 시작되었다. 특히 78년에 북경전영학원에 입학한 진개가(陣凱歌), 장예모(張藝謀), 황건신(黃建新) 등은 이데올로기 대신에 인민들의 생활을 다루었으며 탁월한 화면과 색채로 영상미를 보여주었다. 중국영화가 세계적으로 인정받고 국제무대에도 진출한 시기이다. 진개가의 〈황토지(黃土地)〉(1984), 〈패왕별희(覇王別姬)〉(1993), 장예모

의 〈붉은수수밭(紅高粱)〉(1987), 〈홍등(大紅燈籠高高挂)〉(1991), 〈인생(活着)〉(1994), 황건신의 〈흑포사건(黑炮事件)〉(1986) 등이 대표적이다.

이 시기 홍콩에서도 새로운 흐름이 나타났는데, 허안화(許鞍華), 방육평(方育平) 등 젊은 감독들 중심으로 홍콩인의 정체성과 사회현실을 반영하는 영화가 만들어졌다. 또 서극(徐克) 감독의 〈황비홍(黃飛鴻)〉(1991), 〈동방불패(東方不敗)〉(1992) 등의 액션 및 무협영화와 성룡(成龍)의 〈취권(醉拳)〉(1978), 〈A계획(프로젝트 A)〉(1983) 등이 나와서 많은 한국인 팬을 확보하였다.

▬▬▬ 제6세대(1990년 이후)

1989년의 천안문 사건 이후에 등장한 감독들은 창작의 자유를 추구하며 현실 속 문제들을 다룬다. 정치적 억압을 우회하여 검열제도가 있는 중국 대신에 국제영화제를 겨냥하며, 제작자와 투자자를 스스로 찾아 나서기도 하고 소규모 저예산으로 독립영화, 지하영화를 만들었다. 〈소무(小武)〉(1998), 〈삼협호인(三峽好人)〉(2006) 등을 찍은 가장가(賈樟柯) 감독이 대표적이다.

1970년대 이후에 출생한 감독들은 디지털 세대답게 그들 나름의 영상미를 추구하며 상업적 요구에도 적극적이다. 〈풍광적석두(瘋狂的石頭: 크레이지 스톤)〉(2006)의 영호(寧浩), 〈남경! 남경!(南京! 南京!)〉(2009)의 육천(陸川) 등이 대표적 감독이다.

한편 최근 중국영화의 특징은 대작화, 다양화한다는 것이다. 막대한 자본을 투자하여 최고 수준의 감독들과 스타 배우들을 캐스팅한다. 장예모의 〈영웅(英雄)〉(2002), 풍소강의 〈집결호(集結號)〉(2007), 오우삼의 〈적벽(赤壁)〉(2008) 등이 그러한 영화다.

중국 및 홍콩영화의 특징

중국 및 홍콩영화의 특징으로 무협(武俠) 및 공부(功夫: 쿵푸), 주선율(主旋律), 하세편(賀歲片), 코미디와 누아르를 꼽을 수 있겠다.

무협영화는 의리와 명분을 중시하는 특성이 반영된 중국 특유의 영화 장르이다. 최초 무협영화는 〈화소홍련사(火燒紅蓮寺: 불타는 홍련사)〉(1928)로 알려져 있으며 1949년부터 시작된 황비홍(黃飛鴻) 시리즈는 아직도 계속되고 있다. 60년대 〈의리의 사나이 외팔이(獨臂刀)〉(1967)를 필두로 70년대에는 청소년들의 마음을 설레게 하는 이소룡(李小龍)이 등장하여 약자의 편에 서서 정의를 구현하는 역할을 주로 하였다. 〈당산대형(唐山大兄)〉(1971), 〈정무문(精武門)〉(1972), 〈맹룡과강(猛龍過江)〉(1972)을 주연하였고 〈사망유희(死亡遊戲)〉(1978)를 찍다가 사망하여 전설이 되었다. 성룡(成龍)은 무술에 코미디를 결합하였으며 이연걸(李連杰)이 그의 뒤를 이었다. 2000년에는 이안(李安) 감독의 〈와호장룡(臥虎藏龍)〉이 무협 영화의 맥을 이었다.

주선율 영화는 공산당과 사회주의의 우월성을 선전하고 인민들을 교육하기 위한 목적의 영화이다. 〈개국대전(開國大典)〉(1989), 〈모택동적고사(毛澤東的故事)〉(1992) 등이 그 시작이다. 최근에는 소재를 다양화하고 대규모의 자본을 투자하여 블록버스터 영화, 즉 대편(大片: 따피엔, 대작)을 제작하며 대륙과 홍콩의 스타배우들을 캐스팅하는 등 많은 변화를 보이고 있다. 〈건국대업(建國大業)〉(2009), 〈건당위업(建黨偉業)〉(2011), 〈건군대업(建軍大業)〉(2017), 〈전랑(戰

狼)〉(2017) 등이 그러한 부류이다.

하세편은 연말연시와 설날 연휴를 겨냥하여 제작된 특선영화를 뜻한다. 문자 그대로 '새해를 축하하는 영화'라는 뜻이다. 내용은 명절에 모인 가족들이 다같이 볼 수 있도록 유쾌하거나 해피엔딩으로 마무리되는 경우가 많다. 홍콩에서는 당계례(唐季禮) 감독, 성룡 주연의 〈홍번구(紅番區)〉(1994)가 큰 인기를 끌었고 주성치 감독은 홍콩과 대륙을 넘나들며 〈희극지왕(喜劇之王)〉(1999), 〈서유기: 모험의 시작〉(2013) 등을 선보였다. 대륙에서는 풍소강(馮小剛) 감독이 유명한데 〈갑방을방(甲方乙方: 이쪽저쪽)〉(1997), 〈불견불산(不見不散: 올 때까지 기다려 줘)〉(1998) 등이 대표적이다.

코미디 영화의 대표로 주성치(周星馳) 감독을 들 수 있다. 그의 영화는 독특하다. 황당한 줄거리, 넌센스 속에서도 해학이 번득인다. 불안한 미래의 홍콩인과 삶의 거친 질곡을 헤쳐나온 중국인을 위로하는 듯하다. 〈도성(賭聖)〉(1990), 〈소림축구(少林足球)〉(2001), 〈공부(功夫: 쿵푸허슬)〉(2003), 〈미인어(美人魚)〉(2016) 등이 있다.

'누아르'는 검다는 뜻의 프랑스 말이다. 영화는 어두운 화면에 밤의 세계, 범죄 세계를 소재로 한다. 불안한 미래를 앞둔 홍콩인들의 심리를 보여주는 듯한 독특한 매력의 영화 장르이다. 오우삼(吳宇森) 감독의 〈영웅본색(英雄本色)〉(1986), 〈첩혈쌍웅(喋血雙雄)〉(1989) 등이 유명하다.

대륙의 영화감독

　진개가(陣凱歌: 천카이거, 1952~) 감독은 북경에서 출생하였으며 문화대혁명 시기에는 홍위병(紅衛兵)이 되어 영화감독이었던 아버지를 비판하기도 하였다. 북경전영학원 졸업 후에는 〈황토지(黃土地)〉(1984), 〈대열병(大閱兵)〉(1986) 등의 영화를 연출했다. 장국영(張國榮)과 공리(鞏俐)가 주연한 〈패왕별희(覇王別姬)〉(1993)가 큰 호평을 받아서 칸영화제에서 황금종려상을 받기도 하였으나 중국대륙에서는 아편 흡입 장면 등이 중국의 치부를 드러냈다는 이유로 상영되지 못했다.

　장예모(張藝謀: 장이머우, 1950~) 감독은 서안에서 출생하였으며 고등학교 졸업 후 문화대혁명 기간에는 하방되어 섬서성의 농촌과 방직공장에서 10년 세월을 보내기도 하였다. 문화대혁명이 끝난 1978년, 늦은 나이에 북경전영학원 촬영학과에 입학했다. 그의 영화는 색채와 화면의 구도가 중국적이면서 아름답고 완벽하다는 평가를 받고 있으며 중국영화를 세계화하는 데 크게 공헌하였다. 〈붉은수수밭(紅高粱)〉(1987)으로 베를린국제영화제에서 황금곰상을 수상한 것을 필두로 〈홍등(大紅燈籠高高挂)〉(1991), 〈귀주이야기(秋菊打官司)〉(1992), 〈인생(活着)〉(1994) 등으로 전성기를 구가하였고 2008년에는 북경올림픽 무대 총책임자를 맡아서 활약하기도 하였다.

　풍소강(馮小剛: 펑샤오강, 1958~) 감독은 북경에서 출생하였다. 군인 극단에서 8년간 무대그림을 담당하다가 방송국의 미술팀에 취직하였다. 미국 내 중국 이민자들의 삶을 그린 소설을 각색하여 연출한 TV드라마 〈뉴욕의 북경인들(北京人在紐約)〉(1991)이 큰 성공을 거두면서 감독으로서의 입지를 굳혔다. 그의 영화는 서민들의 본능과 욕망을 다루면서도 해방감을 느끼게 하는 매력이 있으며 도시 젊은이들의 생활과 의식을 잘 보여준다. 하세편은 그의 대표 상품처럼 되었고 흥행을 보증하게 되었다. 〈갑방을방〉(1997), 〈불견불산〉(1998), 〈수기(手機: 휴대폰)〉(2003) 등이 그의 작품이다.

가장가(賈樟柯: 자장커, 1970~) 감독은 산서성에서 태어났다. 산서대학 미술과 1학년 때 진개가(陳凱歌)의 〈황토지(黃土地)〉(1984)를 보고 감독이 되겠다고 결심한 그는 다니던 대학을 중퇴하고 1993년에 북경으로 와서 북경전영학원에 입학하였다. 홍콩과 중국의 민간 자본 6만 달러를 가지고 찍은 독립영화 〈소무(小武)〉(1998)가 부산국제영화제에 소개되었으며 〈삼협호인(三峽好人)〉(2006)으로 베니스영화제 황금사자상을 수상하였다.

그는 이른바 6세대 감독의 대표주자로 꼽힌다. 통제와 검열의 대상인 대형 영화의 틀을 버리고 자신들만의 색깔을 보일 수 있는 소규모 저예산 영화에 집중한다. 촬영장은 생활 공간 혹은 일터이기도 하며 비전문적인 사람들이 배우로 등장한다. 이들은 그들에게 문호를 개방하는 국제영화제에 주목하며 인터넷을 통한 홍보와 유통을 한다. 가장가의 영화는 약자의 눈에 비치는 현실을 많이 다루지만, 과도한 감정이입이나 섣부른 판단을 자제하고 현실의 가혹함, 복잡성을 드러내는 데 주력한다. 화면은 단조로운것 같지만 진행과정에서 어느덧 내면으로 빨아들이는 힘이 있다.

홍콩의 영화감독

　서극(徐克: 쉬커, 1950~) 감독 겸 제작자는 베트남의 사이공에서 출생한 화교이다. 그는 중국 무협영화의 새로운 경지를 개척한 사람으로 평가 받는다. 데뷔작인 〈접변(蝶變)〉(1979)에서 SF의 새로운 기술을 선보였으며 이어 나온 〈촉산검협(蜀山劍俠)〉(1983), 〈동방불패(東方不敗」(1992)〉에서는 특수효과를 살려 상상 속 무공의 세계를 화면에 표현했다. 〈천녀유혼(倩女幽魂)〉(1987), 〈황비홍(黃飛鴻)〉(1991), 〈신용문객잔(新龍門客棧)〉(1992) 등이 그가 참여한 작품들이다.

　주성치(周星馳: 저우싱츠, 1962~)는 감독이자 배우이며 가수이기도 하다. 그가 다루는 영화는 말장난, 지나친 과장 등이 특징이며 설명하기 어렵고, 이유가 불분명하며 황당하게 웃긴다는 뜻의 '모레이토우(無厘頭)' 코미디가 대부분이다. 〈도성(賭聖)〉(1990), 〈식신(食神)〉(1996), 〈소림축구(少林足球)〉(2001), 〈공부(功夫: 쿵푸허슬)〉(2004), 〈미인어(美人魚)〉(2016) 등은 많은 인기를 끌었다.

　왕가위(王家衛: 왕지아웨이, 1958~) 감독은 상해에서 출생하였다. 그의 작품은 이루어질 수 없는 사랑, 허무, 고독이 주제이며 독특한 영상미를 가지고 있고 대사는 시적이다. 〈해피투게더(Happy Together)〉(1997)로 칸영화제 감독상을 수상했으며 대표 작품으로 〈아비정전(阿飛正傳)〉(1990), 〈중경삼림(重慶森林)〉(1994), 〈화양연화(花樣年華)〉(2000), 〈타락천사(墮落天使)〉(1995), 〈일대종사(一代宗師)〉(2013) 등이 있다.

무협 배우

이소룡(李小龍, Bruce Lee, 1940~1973)은 32세의 젊은 나이에 요절한 전설의 배우이며 본명은 이진번(李振藩)이다.

샌프란시스코에서 경극 배우의 아들로 태어났으며, 워싱턴대학교에서 심리학, 희곡 등을 공부하였다. 1970년 홍콩으로 돌아온 이소룡은 '골든하베스트' 영화사와 계약 후 〈당산대형(唐山大兄)〉(1971)에 출연하였고 흥행에 성공하여 이름이 알려지기 시작하였다. 〈정무문(精武門)〉(1972), 〈맹룡과강(猛龍過江)〉(1972), 〈용쟁호투(龍爭虎鬪)〉(1973)가 계속 히트하여 스타의 지위를 확고히 했다. 사후에 〈사망유희(死亡遊戲)〉(1978)가 개봉되었다.

성룡(成龍, Jackie Chan, 1954~)은 홍콩에서 출생했으며 본명은 진항생(陳港生)이다. 7세에 중국희극학원에 들어가 스파르타식 교육을 받았다. 쿵푸, 기예 등을 배우게 되었는데 홍금보(洪金寶), 원표(元彪) 등이 동문이다. 〈사형조수(蛇形刁手)〉(1978), 〈취권(醉拳)〉(1978)의 주연을 맡아 스타가 되었다. 〈A計劃(프로젝트 A)〉(1983), 〈폴리스스토리(警察故事)〉(1985)에 잇달아 출연하였으며 특히 〈홍번구(紅番區)〉(1994)가 미국에서 히트했다.

이연걸(李連杰, 1963~)은 북경에서 출생했다. 8세부터 소림무술을 배웠고 전국무술대회에서 5회 연속 우승하기도 하였다. 16세 때 〈소림사(少林寺)〉(1982)에 출연하였고 서극 감독의 〈황비홍(黃飛鴻)〉(1991)으로 스타의 자리를 굳혔다. 〈포비던 킹덤〉(2008), 〈미이라3〉(2008) 등으로 세계적 스타가 되었다.

남자 배우

　주윤발(周潤發: 조우룬파, 1955~)은 홍콩에서 출생했다. 『삼국연의』에 나오는 오나라 도독 주유(周瑜)의 직계 후손이라는 설이 있다. 1973년부터 연기활동을 시작했으며 TV연속극 〈상해탄(上海灘)〉(1980)에서 주목받았다. 장국영과 함께 출연하여 히트한 〈영웅본색(英雄本色)〉(1986)이 대표작이지만 〈첩혈쌍웅(牒血雙雄)〉(1989), 〈정전자(征戰者)〉(1989), 〈도신(賭神)〉(1989), 〈와호장룡(臥虎藏龍)〉(2000) 등 수많은 작품이 있다. 그의 대표작은 아무래도 〈영웅본색〉이다. 긴 코트를 입고 성냥개비를 입에 문 채 쌍권총을 쏘아 대는 비극적인 주인공 역을 잘 소화하여 홍콩 배우의 대표로 각인되었다. 웃는 얼굴 이면의 슬픔과 허무를 잘 표현하여 많은 영화 팬들에게 깊은 인상을 남겼다. 1980년대 한국의 팬들은 성냥개비를 입에 물고 거리를 활보했던 기억을 공유한다.

　장국영(張國榮: 장구어롱, Lesile Cheung, 1956~2003)은 열 명의 형제 중에서 가장 막내였으며 부친은 유명한 양복점의 주인이었다. 1969년 13세에 영국으로 유학을 갔고 대학 진학 후에는 방직(紡織)을 전공하였으나 1학년 때 부친의 중풍으로 귀국하면서 학업을 중단하게 되었다. 1977년 음악 콘테스트에서 입상하면서 가요계에 데뷔하였고 1989년 은퇴할 때까지 〈모니카〉, 〈유수공명(有誰共鳴)〉, 〈무심수면(無心睡眠)〉, 〈당년정(當年情)〉 등으로 인기를 끌었다. 영화에서는 〈영웅본색(英雄本色)〉(1986)에 주윤발과 함께 출연하였으며 〈아비정전(阿飛正傳)〉(1990), 〈종횡사해(縱橫四海)〉(1991), 〈패왕별희(覇王別姬)〉(1993),

〈동사서독(東邪西毒)〉(1994) 등으로 홍콩뿐만 아니라 한국에도 널리 알려졌다. 그는 남성성과 여성성을 동시에 가진 배우로 평가 받았으며 섬세한 성격으로 남을 배려하는 마음이 깊었다. 2003년 4월 1일 호텔에서 스스로 생을 마감할 때의 메모에는 "감정소곤, 무심연세(感情所困, 無心戀世: 감정이 너무 메말라 세상을 사랑할 마음이 없다)"라고 적혀 있었다고 한다.

유덕화(劉德華, Andy Lau, 1961~)는 홍콩에서 출생하였는데 성룡, 주윤발의 성장 환경이 불우하였던 데 비해 비교적 부유한 집에서 성장하였다. 〈채운곡(彩雲曲)〉(1982)으로 데뷔하였으며 무협극 〈신조협려(神雕俠侶)〉(1983)는 62% 시청률을 자랑할 만큼 크게 히트하여 스타의 반열에 올랐다. 대표작으로 한국에서도 유명한 〈무간도(無間道)〉(2002), 〈십면매복(十面埋伏)〉(2004) 등이 있다. 가수로도 크게 성공하였으며 〈가불가이(可不可以)〉(1990)로 큰 주목을 받았다. 사회공헌 활동에도 관심이 많아 유덕화자선기금회(劉德華慈善基金會)를 설립하였으며 특히 장애인의 복지와 장애인올림픽과 관련된 많은 활동을 하고 있다.

양조위(梁朝偉, Tony, 1962~)는 홍콩에서 출생하였다. 도박에 중독된 아버지가 집을 떠나버려 행복하지 못한 유년시절을 보냈고 15세부터 일을 하며 돈을 벌어야 했다. 연기를 배워 〈녹정기(鹿鼎記)〉, 〈대운하(大運河)〉, 〈의천도룡기(倚天屠龍記)〉 등의 드라마에 출연하였다. 영화 〈화양연화(花樣年華)〉(2000)로 칸 국제영화제 남우주연상을 수상하였다. 주요 영화로는 〈중경삼림(重慶森林)〉(1994), 〈해피투게더〉(1997), 〈무간도(無間道)〉(2002), 〈색, 계(色, 戒)〉(2007) 등에 출연하였다. 소탈하고 격식이 없으며 예의 바른 사람이라는 평이 많다.

여자 배우

장만옥(張曼玉, Maggie Cheung, 1964~)은 홍콩에서 출생했다. 8세 때 영국으로 이주하여 교육을 받았다. 18세 때 미스홍콩 선발대회에 출전하여 입상한 것을 계기로 영화계에 입문하였다. 미인대회 출신답게 뛰어난 미모를 갖추고 있다. 〈열혈남아(熱血男兒)〉(1987), 〈동사서독(東邪西毒)〉(1994), 〈화양연화(花樣年華)〉(2000)에 출연하였다. 한국인들에게는 〈첨밀밀(甜蜜蜜)〉(1996)로 친근하다.

공리(鞏俐: 꽁리, 1965~)는 심양에서 태어났으나 아버지의 직장 이동으로 산동성 제남(濟南)에서 성장하였다. 중앙희극학원에 입학하였고 장예모 감독을 만났다. 그녀는 작품 속에서 역사의 격랑 속에서 중국의 근현대를 힘들게 살아가는 여성의 역할을 잘 연기하였다. 대표작으로 〈붉은수수밭(紅高粱)〉(1987), 〈홍등(大紅燈籠高高挂)〉(1991), 〈귀주이야기(秋菊打官司)〉(1992), 〈패왕별희(覇王別姬)〉(1993), 〈인생(活着)〉(1994) 등이 있다.

장자이(章子怡: 장쯔이, 1979~)는 북경에서 태어나 북경무도학원 부속중고등학교를 거쳐 중앙희극학원에서 연기력을 쌓았다. 〈집으로 가는 길(我的父親母親)〉로 영화에 데뷔하였다. 출연작으로 〈와호장룡(臥虎藏龍)〉(2000), 〈영웅(英雄)〉(2002), 〈십면매복(十面埋伏)〉(2004), 〈일대종사(一代宗師)〉(2013) 등이 있다. 무용으로 단련된 몸매를 가지고 있으며 영화 속 액션신에서 큰 매력을 발산한다.

중국문화
301 테마

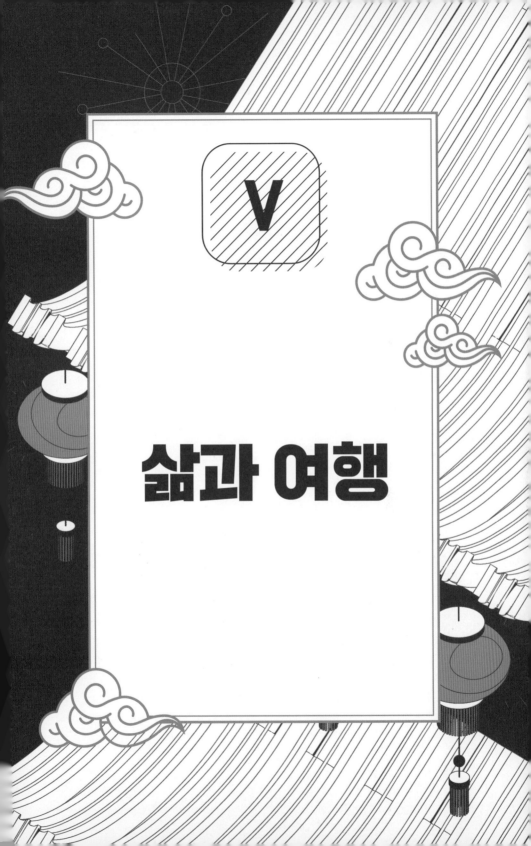

V

삶과 여행

먹거리

　중국을 한마디로 표현하면 지대물박(地大物博)의 나라이다. 국토가 넓고 물산이 풍부하다는 말이다. 동서가 5,200㎞이고 남북이 5,500㎞이다 보니 지역에 따라 기후, 문화, 풍속이 다르고 고유한 음식과 요리가 발달하였다.

　일반적으로 남미북면(南米北麵)이라고 하여 남쪽은 쌀로 만든 음식이 많고, 북쪽은 밀의 주산지답게 밀가루로 만든 음식이 많다. 동서남북의 입맛이 다르기 때문에 남첨북함동산서랄(南甜北咸東酸西辣)이라는 말이 있다. "남쪽은 달고, 북쪽은 짜며, 동쪽 음식은 시큼하고, 서쪽은 맵다"라는 의미이다. 지역별로 음식의 계열(菜系)을 살펴보면 청대 초기에 산동, 강소, 광동, 사천의 4대 요리로 나누었으며 청대 후기에는 절강(浙菜), 안휘(徽菜), 호남(湘菜), 복건(閩菜)을 추가하여 8대 요리라고 하였다. 수도로서의 특색 때문에 북경요리를 넣기도 하고, 서양의 문물이 가장 먼저 들어온 상해의 지역적 특성을 고려하여 상해요리를 거론하기도 하지만 8대 요리에는 들지 못한다.

4대 요리, 8대 요리

지역에 따라 자연환경과 기후가 다르다 보니 먹거리도 다양하게 발전되어
왔다. 청나라 말에 지역별 음식 계보가 나타났으니 이를 채계(菜系)라 한다.

산동요리(魯菜)는 북방을 대표하며 황하유역의 역사가 아주 긴 요리문화이
다. 음식 재료 본래의 맛을 중시하며 강과 바다가 있어 해물과 물고기를 많이
사용하고 볶음 요리와 짠맛 중심의 요리가 많으며 탕(湯)이 유명하다. 한국과
는 지리적으로 가까워서 한국 화교는 산동출신이 대부분이며 자연스럽게 한

북경요리-고압(카오야)

강소요리-동파육

국의 중국요리에 큰 영향을 미쳤다. 대표 요리로는 당초리어(糖醋鯉魚: táng cù lǐ yú), 홍소대하(紅燒大蝦: hóng shāo dà xiā)가 있다. 북경은 고압(烤鴨: kǎo yā)과 쇄양육(涮羊肉: shuàn yáng ròu)이 유명하다.

강소요리(蘇菜)는 남경, 상해, 양주, 소주를 포함하며 이 지역은 양자강을 중심으로 운하가 발달하였다. 재료가 풍부하여 종류가 다양하며 재료 본래의 맛을 중시한다. 조미료도 발달하여 맛이 진하고 색상도 화려하며 끓이고 삶는 요리가 발달했다. 주요 요리는 양주초반(楊州炒飯: yáng zhōu chǎo fàn), 소주의 양청호에서 나오는 대갑해(大閘蟹: dà zhá xiè), 송서계어(松鼠桂魚: song shǔ guì yú), 항주의 서호초어(西湖醋魚: xī hú cù yú), 동파육(東坡肉: dōng pō ròu) 등이 있다.

광동요리(粤菜)는 재료가 풍부한 것으로 유명하여 "네 발 달린 것 중에서 책상과 의자를 빼고는 다 먹고, 날아다니는 것 중에서는 비행기 빼고 다 먹는다"는 말이 있을 정도이다. 새, 곤충, 뱀, 원숭이 등이 재료로 사용되며 신선함을 자랑한다. 재료의 맛을 살리기 위하여 간을 적게 하고 국물이 많아 깔끔한

광동요리-딤섬

맛을 내며 죽(粥)과 탕(湯)이 특히 유명하다. 광동 지역은 서양과의 교류가 풍부한 곳으로 서양식 조리법과 서양식 향신료가 풍부하다. 대표 요리로는 뱀과 고양이를 재료로 만든 용호투(龍虎鬪: lóng hǔ dòu), 백절계(白切鷄: bái qiē jī), 소아(燒鵝: shāo é), 고로육(咕老肉: gū lǎo ròu) 등이 유명하며 점심과 간식으로 알맞은 점심(點心)은 한국에서도 인기 있는 음식이 되었다.

사천요리(川菜)는 한국인이 좋아하는 요리이다. 고추, 마늘, 파, 산초, 후추 등의 조미료를 쓰고 강한 불에서 재빨리 볶아내는 요리법을 쓰기 때문에 매운 맛이 강하고 자극적이다. 사천은 지형이 분지로 되어 있고 기후가 습하기 때문에 감기 등에 효과가 큰 고추, 생강 등을 음식에 넣는다. "호남 사람들은 매운 것을 두려워하지 않고, 귀주 사람들은 매워도 겁내지 않는데, 사천 사람들은 맵지 않을까봐 두려워한다(湖南人不怕辣, 贵州人辣不怕, 四川人怕不辣)"는

사천요리-마파두부

말이 있다. 7대 사천요리(七大川菜)로 개수백채(開水白菜: kāi shuǐ bái cài), 어향육사(魚香肉絲: yú xiāng ròu sī), 궁보계정(宮保鷄丁: gōng bǎo jī dīng), 부처폐편(夫妻肺片: fū qī fèi piàn), 마파두부(麻婆豆腐: má pó dòu fǔ), 회과육(回鍋肉: huí guō ròu), 동파주자(東坡肘子: dōng pō zhǒu zǐ)를 꼽는다.

　이상의 4대 요리에 덧붙여 8대 요리로 분류하기도 하는데 이는 광동요리에서 복건요리(閩菜)가 분화하고, 강소요리에서 절강요리(浙菜)와 안휘요리(徽菜)가 나왔으며 호남요리(湘菜)가 새로이 이름을 올린 것이다. 복건은 불도장(佛跳牆: fó tiào qiáng)과 복건초반(福建炒飯: fú jiàn chǎo fàn), 절강은 게살, 샥스핀으로 만드는 해분어시(蟹粉魚翅: xiè fěn yú chì)가 유명하다. 안휘의 취궐어(臭鱖魚: chòu guì yú)는 쏘가리를 삭힌 것이며 호남의 타초어두(剁椒魚頭: duò jiāo yú tóu)는 물고기 머리와 붉은 고추로 만든다.

10대 명면

2013년에 개최되었던 제1회 중국국수문화제에서 선정된 중국의 10대 명면에 대해서 소개한다. 이 중에서 난주 우육면, 무한 열간면, 사천 단단면, 산서 도삭면을 4대 명면이라고 하기도 한다.

곤산오조면(昆山奧灶面: kūn shān ào zào miàn)은 강소성 곤산에서 유래하였다. 홍탕(紅湯)과 말린 물고기를 넣은 국수이다.

길림연길냉면(吉林延吉冷面: jí lín yán jí lěng miàn)은 한국인에게 가장 친숙한 조선족 고유의 음식이다. 메밀면 혹은 밀면을 시원한 소고기 육수 국물에 넣고 소고기, 오이, 김치 등을 얹어서 먹는다.

난주우육면(兰州牛肉面: lán zhōu niú ròu miàn)은 쇠고기 육수, 얇게 썬 쇠고기, 무우, 고추기름, 향채를 더한 밀가루 국수로 맑고 매콤한 맛을 낸다.

무한열간면(武汉热干面: wǔ hàn rè gàn miàn)은 삶은 밀가루 국수에 국물없이 소스를 넣고 파, 당근, 땅콩 등을 면과 비벼서 먹는 비빔국수라고 할 수 있다. 소스는 참깨, 땅콩, 산초 등으로 만든 장이다.

북경작장면(北京炸酱面: běi jīng zhá jiàng miàn)은 오이, 당근을 채 썰고 콩나물, 콩을 얹은 다음 작장 소스를 올려서 먹는다. 북경 지역에서 많이 먹는 밀가루 비빔국수이다. 작장 소스는 첨면장(甜面醬)에 네모나게 썬 돼지고기에 파, 생강 등을 기름에 넣어서 볶아서 만든다.

사천단단면(四川担担面: sì chuān dān dān miàn)은 사천성 간편식이며 육수에 밀가루 면을 넣고 작게 썰어서 볶은 돼지고기, 땅콩, 야채 등과 함께 먹는 국수이다. 약간 짜고 매콤한 맛이 난다.

산서도삭면(山西刀削面: shān xī dāo xiāo miàn)은 밀가루 반죽 덩어리를 한 손에 잡고 다른 한 손에는 칼을 잡고 반죽 덩어리를 칼로 썰어서 면을 만든다.

진강과개면(鎮江鍋盖面: zhèn jiāng guō gài miàn)은 강소성 진강 지역에서 유래하였으며 채소류, 콩나물, 마늘을 넣고 돼지고기, 소고기, 닭고기, 계란, 죽순 등을 첨가해서 먹는 국수이다. 주인이 바쁘게 요리하다가 작은 냄비의 덮개를 큰 냄비 안에 넣고 끓였다는 얘기에서 유래하였다.

하남회면(河南燴面: hé nán huì miàn)은 고기 육수에 폭이 넓은 밀가루 국수, 목이버섯, 참기름 등을 추가해서 만든다. 양육회면(羊肉燴面), 우육회면(牛肉燴面), 삼선회면(三鮮燴面) 등이 있다.

항주편천면(杭州片儿川面: háng zhōu piàn ér chuān miàn)은 비계 없는 돼지고기, 갓, 죽순을 볶은 재료와 밀가루 면과 같이 넣고 끓인다.

이름난 과일

중국은 국토가 넓고 기후의 차이도 큰 만큼 성마다 특색 있는 과일들이 많다. 대표적인 몇 가지를 지역별로 분류해 보았다.

감숙성(甘肅省)의 유명한 과일은 참외 백란과(白蘭瓜: bái lán guā)이다. 온도차가 크고 일조량이 많으며 고온 건조한 기후에서 잘 자란다고 한다. 껍질이 두껍고 무거우며 보관성이 좋아서 장거리 운송이 가능한 장점이 있다.

강서성(江西省)은 남풍귤(南豐橘: nán fēng jú)이 유명하다. 당나라 시절부터 조공품으로 사용되었고 선명한 황금색을 띠며 '귤의 왕(橘子之王)'으로 불린다.

광동성(廣東省)의 여지(荔枝: lì zhī)는 열대 과일로 맛이 시원하고 달콤하다. 두리안(榴蓮: liú lián)은 껍질이 딱딱하며 굵은 가시가 있고 냄새가 고약하다. 맛이 깊고 달다고 하여 '과일의 왕'으로 불리운다.

산동성(山東省)은 연태사과(煙臺苹果: yān tái píng guǒ)가 유명하다. 부사(富士), 홍성(紅星), 국광(國光) 등을 생산하고 모양이 예쁘고 윤기가 있다.

신강유오이족자치구(新疆維吾爾族自治區)의 포도(葡萄: pú táo)는 수백 종의 품종이 있으며 '중국의 녹색 진주'라 불리는 씨 없는 백포도, 홍포도 등이 있다. 하미과(哈蜜瓜: hā mì guā)는 신강의 대표적 과일이다.

안휘성(安徽省)은 탕산 배(碭山梨: dàng shān lí)가 유명하다. 크고 원통형에 가까운 모양이며 껍질은 녹색을 띄고 표면은 울퉁불퉁하다.

천진(天津)의 오리배(鴨梨: yā lí)는 생김새가 마치 오리알과 같다 하여 생긴 이름이다. 물이 많고 연하며 껍질이 얇고 씨가 작은 것이 특징이다.

하북성(河北省)의 심주 복숭아(深州桃: shēn zhōu táo)는 껍질이 얇고 색이 선명하며 물이 많고 당도가 높다. '복숭아의 왕(桃魁)'이라 불리기도 한다.

해남성(海南省)의 망고는 야자와 함께 해남도 전역에서 재배된다.

두리안

여지

길거리 음식

중국인들은 부부가 같이 일하는 경우가 많다. 부부가 함께 집 주변 식당이나 길거리에서 간단히 요기하고 출근하는 모습이 자연스럽다. 저녁에도 배우자의 퇴근을 기다렸다가 같이 저녁을 먹고 들어가는 모습을 많이 볼 수 있다.

계단병(鷄蛋餅: jīdànbing)은 밀가루 반죽 위에 달걀을 배합해서 만든다.

두강(豆糨: dòujiàng)은 한국의 두유와 비슷하다. 콩을 갈아서 끓인 콩죽으로 소금 또는 설탕을 넣어서 먹는다. 유조(油條: yóutiáo)를 적셔서 먹기도 한다.

두부뇌(豆腐腦: dòufǔnǎo)는 순두부를 주원료로 하여 각종 양념을 더하여 편하게 후루룩 마실 수 있는 음식이다.

죽

유조

소롱포(小籠包: xiǎolóngbāo)는 한국에서도 유명한 음식이 되었다. 만두(包子)를 작은(小) 바구니(籠) 속에 넣고 찐다.

소병(燒餠: shāobing)은 밀가루를 반죽하고 소를 넣어서 구운 음식이다.

유조는 밀가루 반죽을 길게 뽑아서 기름에 튀긴 것인데 흡사 한국의 꽈배기 같은 모양이며 겉은 바삭하면서 속은 쫄깃하다.

죽(粥: zhōu)은 쌀, 조, 녹두 등으로 만들며 유조, 소병, 소롱포 등과 함께 먹는 대표적인 아침 음식이다.

혼돈(餛飩: húntún)은 밀가루 피(皮) 속에 돼지고기 소를 넣은 다음 작은 만두로 만들어 물에 끓인 것이다. 한국 만두보다 크기가 작고 피가 얇아 부드럽다.

 유조(油條: yóutiáo)의 유래

남송시대, 간신 진회(秦檜)가 충신 악비(岳飛) 장군을 모함하여 죽이자 백성들은 유작회(油炸檜)를 만들어 '기름으로 진회를 튀긴다'라며 저주한 데서 유래했다.

북경의 전통 간식

중국 음식은 간식도 다양하여 지역별로 그 수를 헤아릴 수가 없다. 여행이나 출장을 가면 그 지역의 특징적인 간식을 맛볼 것을 권한다.

폭두

폭두(爆肚: bào dù)는 양이나 소의 내장을 물, 기름에 데쳐서 만드는 북경의 전통 간식이다. 가을이 제철이며 서민들 사이에서 인기가 있는 술 안주이다.

초간(炒肝: chǎo gān)은 돼지 창자가 주원료이며 소금에 돼지 창자와 간(肝)을 절여서 식초와 함께 끓인 뒤 기름에 볶아서 만든다.

두즙(豆汁: dòu zhī)은 북경의 전통 콩국이다. 봄, 가을, 겨울에 마시면 제맛이다. 녹두로 당면, 경단 등을 만들 때 흘러 나오는 즙(汁)을 발효시켜서 만든다.

관장(灌腸: guàn chang)은 전분과 홍곡(紅曲: 멥쌀을 쪄서 누룩을 섞어 발효시킨 것)을 섞어서 만든다.

강소배차(姜酥排岔: jiāng sū pái chà)는 밀가루 반죽을 기름에 튀긴 후 차가운 물에 담가서 모양을 만든다. 바삭하고 달콤한 맛으로 차(茶)와 함께 먹는다.

삼선소맥(三鮮燒麥: sān xiān shāo mài)은 일종의 만두다. 소맥(燒麥)과 포자(包子)의 차이점은 꼭지를 봉합하지 않고 석류 모양으로 만든다.

살자마화(撒子麻花: sā zǐ má huā)는 한국 꽈배기와 유사한 음식으로 설탕과 밀가루를 주원료로 하며 고소하고 달콤하다. 진한시대부터 한식(寒食) 때 즐겨 먹는 전통 음식이다.

완두황(豌豆黃: wān dòu huáng)은 흰 완두콩과 밀가루, 대추를 주원료로 하는 전통 떡이다. 청나라 시대부터 먹기 시작하였으며 주로 봄에 먹는다. 큰 콩으로 만든 조완두황아(糙豌豆黃兒: cāo wān dòu huáng ér)와 작은 콩으로 만든 세완두황아(細豌豆黃兒: xì wān dòu huáng ér)가 있다.

운두권(蕓豆卷: yún dòu juǎn)은 하루 정도 불린 강낭콩을 쪄서 으깬 후 반죽하여 만들며 부드럽고 달콤하다. 원래는 민간 음식이었으나 청나라 서태후가 궁 밖에서 파는 것을 먹어보고 그 맛에 반하여 궁중 요리에 포함시켰다.

THEME
221
과교미션

중국 음식의 명칭은 지역, 조리법, 조미료, 맛, 재료, 모양 등으로 구성되어 있다. 어향육사(魚香肉絲)는 약간 짜고 매콤한 어향(魚香)소스에 돼지고기(肉)를 실(絲)처럼 가늘게 썰어서 만들었다는 뜻이고, 탕초배골(糖醋排骨)은 달콤새콤(糖醋) 돼지갈비(排骨)라는 뜻이다. 그런데 어떤 음식은 이름만 보고는 도대체 무슨 음식인지 알 수가 없는 경우가 있다. 음식의 조리법이나 재료와는 상관 없이 스토리 때문에 음식 이름이 생겼기 때문이다.

과교미선

　과교미선(過橋米線: guò qiáo mǐ xiàn)과 관련된 이야기를 소개한다. 직역하면 '다리를 건넌 쌀국수'로 번역할 수 있겠다. 청나라 시대 운남성의 남쪽에 있는 몽자시(蒙自市) 교외에 호수가 하나 있었는데 그 호수 중간에는 작은 섬이 있었다. 한 수재(秀才)가 있었는데 섬에 들어가서 공부를 하였고 그의 아내는 남편이 좋아하는 쌀국수를 만들어서 가져다 주곤 하였다. 그런데 문을 나서서 섬에 도착하면 국수가 벌써 식어 있기 일쑤였다.

　그러던 어느 날 아내는 닭 국물을 들고 가게 되었는데, 국물 위에 닭 기름이 두껍게 덮여 있는 것을 발견하게 되었다. 그녀는 먼저 닭과 돼지 다리뼈를 고아서 맑은 국물을 내고 닭 기름으로 덮었다. 국수는 집에서 삶아서 가고 섬에 도착한 다음에 조미료와 국수를 아직도 뜨거운 국물에 넣었더니 향이 신선하고 국수가 매끈했다. 이렇게 조리법이 알려지게 되었고 국수 이름은 과교미선(過橋米線)이 되었다.

구불리포자, 궁보계정

구불리포자(狗不理包子: gǒu bù lǐ bāo zǐ)를 직역하면 '개 무시 포자'가 된다. 여기에도 재미있는 이야기가 있다. 청나라 도광제(道光帝) 시절, 천진에 고귀우(高貴友)라는 사람이 태어났는데 그의 아버지는 40세가 되어서 얻은 아들이 무탈하게 잘 자라라는 의미에서 구자(狗子: 개똥이)라는 애칭을 지었다. 개똥이는 14세부터 포자가게에서 일하였으며 성실하고 솜씨가 좋아 자신의 가게도 열게 되었다. 음식 맛이 좋고 모양도 특별해서 가게는 날로 번성하였고 손님이 나날이 늘어나 사람들을 반기고 얘기할 시간이 없을 정도가 되었다. 이런 날이 계속되자 사람들은 "개똥이(狗)가 포자를 팔더니 사람 무시한다(不理)"고 욕하게 되었다. 이때부터 구불리포자(狗不理包子)라는 이름이 붙었다. 구불리포자는 일종의 소롱포(小籠包: xiǎo lóng bāo)와 비슷한 형식으로 포자 속에 특

유의 간장소스를 이용한 육즙이 들어 있어서 발효된 포자 피의 담백한 맛과 육즙의 맛을 동시에 느낄 수 있다.

구불리포자

궁보계정

　궁보계정(宮保鷄丁: gōng bǎo jī dīng)은 청나라 광서제(光緖帝) 시대에 사천성 총독을 지낸 정보정(丁寶楨, 1820~1886)이 만든 요리이다. 그는 평소 닭고기와 땅콩, 매운 음식을 즐겼다. 사천성 총독에 부임했을 때에도 닭고기(鷄)를 네모나게(丁) 썰고 여기에 매운 고추와 땅콩을 넣은 음식을 즐겨 하였기에 널리 퍼지게 되었다. 훗날 그가 죽자 조정에서는 궁보(宮保)에 해당하는 태보(太保)의 벼슬을 추증하였는데 이때부터 요리 이름이 궁보계정이 되었다.

단단면, 동파육

단단면(担担面: dān dān miàn)은 사천성 음식이다. 요리라고 하기보다는 간식이 맞겠다. 청나라 도광제(道光帝) 시절에 사천성 자공시(自貢市)에서 좌판을 하던 진포포(陳包包)가 시작한 것으로 알려져 있다. 성도(成都)에서는 짐꾼들이 어깨에 편단(扁担: 길다란 나무 막대기)을 메고 길거리에서 소리내어 팔았기 때문에 이름을 단단면이라고 불렀다. 지역과 취향에 따라 매콤하게 또는 달콤하게도 하는데 재료는 밀가루 국수, 숙주나물, 돼지고기, 닭국물, 콩, 마늘, 고추기름 등이며 땅콩, 설탕을 쓰기도 한다.

단단면

동파육

동파육(東坡肉: dōng pō ròu)은 북송시대의 소식(蘇軾: 蘇東坡)과 관련이 있다. 1077년 서주(徐州)에 부임했을 때 큰 홍수가 났고 백성들과 함께 70여 일 동안 밤을 새우면서 홍수를 막아내고 성을 지켜냈다. 백성들은 기뻐하며 그에게 돼지고기를 선물하였고 이를 받은 소동파는 고기를 삶아서 백성들과 나누었는데 이를 회증육(回贈肉: huí zèng ròu)이라 하였고 서주의 명물이 되었다. 그 후 1089년에는 항주(杭州)로 부임하였는데 다음해에 절강성 일대에 큰 비가 내렸다. 그는 백성들과 함께 서호(西湖)에 제방을 쌓고 다리를 만들면서 홍수를 이겨냈다. 백성들은 또 돼지고기를 선물하였고 소동파는 이번에도 홍소육(紅燒肉: hóng shāo ròu)을 만들어서 나누어 주었다. 먹은 사람들이 맛을 칭찬하면서 동파육(東坡肉: dōng pō ròu)이라고 하였다. 돼지껍질과 비계를 양념과 함께 쪄낸 이 음식은 싸고도 맛 좋은 대표적 서민음식이다.

마파두부, 만한전석

마파두부(麻婆豆腐: má pó dòu fǔ)에는 청나라 동치제(同治帝) 시절의 스토리가 있다. 성도(成都) 만복교(萬福橋) 주변에 진흥성반포(陳興盛飯鋪)라는 식당이 있었는데 가난한 노동자들이 자주 들르는 가게였고 주인은 진춘부(陳春富)였다. 그런데 진춘부가 일찍 죽어서 아내가 가게를 맡게 되었고 얼굴에 얽은 마마자국이 있어 사람들은 진마파(陳麻婆: 마마 자국이 있는 진노파)라 불렀다.

그녀가 삶은 두부 요리는 색, 향, 맛이 다 좋았기 때문에 사람들은 진마파두부(陳麻婆豆腐)라고 하였다.

마파두부

　만한전석(滿漢全席: mǎn hàn quán xí)은 요리 이름이라기 보다는 궁중연회 음식을 일컫는 용어이다. 이 연회 요리가 언제 시작되었는지 구체적인 사료는 없는 상태이지만 청나라 시대에 만들어진 것은 확실하다. 일설에는 강희제(康熙帝)의 60세 생일을 기념하는 연회가 그 시작이라고 하며 만주족과 한족의 융합을 도모하기 위하여 두 민족의 요리가 합쳐진 연회 요리로 발달하게 되었다고 한다. 총 108종류로 구성되는데 북쪽 요리가 54종, 남쪽 요리가 54종이라고 하며 북쪽 요리는 북경 12종, 산동 30종, 만주족 요리 12종으로 구성되고 남쪽 요리는 강소 및 절강 30종, 복건 12종, 광동 12종이다. 108가지의 요리를 하루에 두 번씩 사흘에 걸쳐서 나누어 먹었다고 하니 한 번에 18가지씩 여섯 번 먹는 셈이 된다. 메뉴는 조류, 육지 동물, 해산물, 채소, 곡류 등이 망라된 산해진미이다.

만두

남만(南蠻) 정벌을 떠난 제갈량은 맹획을 칠종칠금(七縱七擒)하여 제압한 후 귀국길에 올랐다. 군대가 노수(瀘水: 금사강)에 이르자 광풍이 불고 물결이 거세게 일어났다. 제갈량이 말하기를 "일찍이 마대(馬岱)의 군사 1,000여 명이 여기에 빠져 죽었고 남만정벌 때 수많은 남쪽 사람들이 또 죽었으니 그 원혼들이다"라고 하였다. 맹획과 토착민들은 49명의 사람 머리와 검은소, 흰양을 잡아서 제사 지내면 물결이 잔잔해질 것이라고 하였다. 하지만 제갈량은 또 다시 사람을 죽일 수는 없다고 말하며 밀가루를 반죽해서 사람의 머리 모양을 만들고 소와 양을 잡은 다음 그 고기를 속에 넣게 하였다. 음식을 차리고

'만두(饅頭)' 49개를 바치면서 제사 지내니 바람과 물결이 부드러워져 무사할 수 있었다. 이때의 '饅頭'가 원래는 '瞞頭'(머리를 속이다) 혹은 '蠻頭'(오랑캐의 머리)라는 얘기도 있다. 만두는 속에 아무것도 들어가지 않은 찐빵인데 씹을수록 고소하다. 이야기처럼 속에 소(素)를 넣은 것은 지금의 교자(餃子) 혹은 포자(包子)이다.

불도장, 취두부, 패왕별희

불도장(佛跳墻: fó tiào qiáng)의 명칭에 관한 이야기이다. 청나라 도광제(道光帝) 시절 복건성 복주의 한 관리가 포정사(布政使)를 대접하였는데 닭, 오리, 양 허벅지, 돼지족발, 갈비, 거위간 등으로 만든 요리였다. 포정사는 맛있게 먹고 귀가한 후에 정춘발(鄭春發)이라는 주방장을 시켜 원래의 요리를 기초로 하되 고기는 줄이고 해산물을 많이 넣어 맛을 더 풍부하게 했다. 나중에 주방장을 그만둔 정춘발은 복주(福州)에서 음식점을 열었고 문인들이 모인 연회자리에 요리를 내 놓았다. 다들 호평이었고 어떤 문인은 시(詩)까지 지어서 칭찬

하였는데, "스님이 이 소문을 들으면 참선을 그만두고 담장을 넘어서 오겠네(佛聞棄禪跳墻來)"라고 하였다. 이때부터 요리 이름이 불도장이 되었다.

취두부(臭豆腐: chòu dòu fu)는 썩은 두부로 그 냄새가 아주 고약하다. 명나라를 건국한 주원장(朱元璋)은 어린 시절을 아주 불우하게 보냈다. 하루는 배가 너무 고파서 사람

불도장

들이 버린 썩은 두부를 주워서 기름에 구워서 먹었다. 맛이 얼마나 좋았던지 마음에 깊이 새기게 되었다. 나중에 군대의 지휘자가 되어 안휘성을 차지하고는 전군이 취두부를 먹으며 이를 경축하였다.

패왕별희(霸王別姬: bà wáng bié jī)는 강소성 서주시(徐州市) 일대에서 유명한 요리이다. 이 지역이 초패왕(楚霸王) 항우(項羽)가 도읍을 정했던 팽성(彭城)이라는 사실을 생각해 보면 요리 이름이 자연스러울 수 있다. 요리는 자라와 닭으로 만들어지는데 자라는 항우(項羽), 닭은 우희(虞姬)에 비유한 것이다. 닭(鷄: jī)과 희(姬: jī)의 발음이 유사하기도 하여 특이한 이름이 부여되었다.

취두부

THEME 227

북경고압, 쇄양육

한국인이 좋아하는 중국요리

중국 여행 시 당황스러운 일 중의 하나는 음식이다. 한국에서 먹던 중국음식은 찾기도 힘들다. 간체자로 쓰여진 음식들은 도대체 무슨 뜻인지도 잘 모르겠고 어렵게 주문한 음식은 예상하던 것과는 다르게 짜거나 이상한 맛인 경우가 많다. 몇 가지 요리를 숙지하고 있으면 큰 낭패를 당하지 않을 수 있다.

북경고압(베이징 카오야), 쇄양육

북경고압(베이징 카오야)

북경고압(北京烤鴨: běi jīng kǎo yā)이 현재 모습으로 발전한 것은 명나라가 수도를 남경으로 정했던 시기이다. 영락제 때 수도를 북경으로 옮기고 나서는 황실과 함께 올라와 궁중음식이 되었다. 청나라 말에는 유명한 음식점인 전취덕(全聚德: quán jù dé)이 생겼고 'Peking Duck'이란 이름으로 국제적인 요리가 되었다. 요리에 쓰이는 오리는 전압(塡鴨: tián yā)이라고 하는 특수 사육법으로 기른다. 새끼 때부터 운동을 시키지 않고 먹이만 가득 먹여 살을

쇄양육

찌우게 하고 기름진 살은 연하게 하는 방법이다. 요리 방법은 적당히 살찐 오리를 잡아 겉에 설탕을 바른다. 그늘에 말린 다음 몸속에 공기를 주입시켜 부풀리고 불 위에 올려 놓고는 양념을 바르면서 천천히 구워내면 북경 오리 구이의 특별한 맛을 낼 수 있다. 보통은 요리사가 손님 앞에서 구워진 오리를 먹기 좋은 크기로 잘라 주며, 얇게 부친 밀가루 전병, 파, 오이, 특별 소스가 함께 제공된다. 먹는 방법은 밀가루 전병에 소스를 바르고 고기와 파를 얹은 다음 전병을 말아서 먹는다.

쇄양육(涮羊肉: shuàn yáng ròu)은 양고기를 끓는 물에 살짝 데쳐서 소스에 찍어 먹는다. 육수가 담백하므로 소스에 의해서 맛이 달라진다. 재료는 양고기, 배추, 당면, 새우, 생선 등이며 소스는 마장(麻醬), 고추기름, 참기름, 간장, 식초, 양파, 마늘 등으로 사천식 화과(火鍋) 요리와 흡사하다. 동래순(東來順: dōng lái shùn)은 1903년에 개업한 노포이며 곳곳에 체인점을 운영한다.

대갑해, 양주초반

대갑해(大閘蟹: dà zhá xiè)는 강소성 소주시의 양징호(陽澄湖)가 원산지이다. 등딱지는 밝고 푸르스름하고, 배는 광택이 나면서 하얗고, 다리는 금빛이 나면서 집게 발에 누런 털이 있다. 몸이 무겁고 단단한 것이 특징이며 육질은 부드럽다. 게는 강과 호수의 진흙탕에서 자라기 때문에 껍질과 체내에는 이물질이 많다. 찌거나 삶기 전에 깨끗하게 씻은 다음 맑은 물에 1시간 정도 담가 놓아 이물질을 토해내기를 기다려 요리한다. 조미료를 넣지않고 그대로 쪄서 먹는데 고유의 색, 향, 맛이 유지되어 본래의 맛과 육질을 느낄 수 있기

게(蟹)

양주볶음밥

때문이다. 비린내가 있으므로 찌거나 삶은 다음 따뜻할 때 먹는다. 9월에는 암케의 알과 살이 꽉 들어차므로 암케를 먹고, 10월에는 수케의 살이 찌므로 수케를 먹는다. 암케는 배 딱지가 둥글고 수케는 뾰족하다.

양주초반(楊州炒飯: yáng zhōu chǎo fàn)은 '양주볶음밥'이란 뜻이다. 한국의 중국집에서 먹던 볶음밥과 비슷한 맛을 내며, 중국 음식이 입맛에 맞지 않을 때 어느 지역에서라도 주문이 가능한 몇 안 되는 음식이다. 계란, 돼지고기, 새우, 표고버섯, 파, 죽순, 채소 등을 밥과 함께 볶아서 만든다.

어시, 점심

어시(魚翅: yú chì)는 상어지느러미 요리다. 부드럽고, 매끄럽고, 찰기가 있으면서도 포동포동하여 입맛을 자극한다. 지역별로 다양하고 특색있는 조리법이 있는데 광동식, 조주(潮州)식, 사천식, 북경식, 양주(揚州)식, 호남식 등이 있다. 광동식은 걸쭉한 스프를 만드는데 깨끗하고 매끄러운 탕 맛이 특징이다.

대표적 종류 몇 가지를 살펴 보면 사과어시(砂鍋魚翅: shā guō yú chì)는 표고버섯, 유채, 생강, 닭 육수 등과 함께 조리하는데 상어지느러미를 끓이고 찌고 삶아서 완성한다. 홍소어시(紅燒魚翅: hóng shāo yú chì)는 적당한 크기로 뜯어서 데친 다음 간장, 술, 돼지기름 등으로 조리한 탕에 넣고 걸쭉해질 때까지

어시(샥스핀)

점심(딤섬)

졸여서 완성한다. 요주어시(瑤柱魚翅: yáo zhù yú chì)는 살짝 데치고 닭 육수로 맛을 낸 상어지느러미를 돼지간, 닭, 오리고기와 함께 끓여서 완성한다.

점심(点心: diǎn xīn, 딤섬)은 고대 농경사회에서 농군들이 하루의 고된 농사일을 마치고 차와 함께 간단하게 즐길 수 있는 먹거리로 만든 것이다. 200여 종류가 있으며 다양한 맛과 모양을 맛볼 수 있다. 속 재료는 새우, 게살, 상어지느러미 등의 고급 해산물을 비롯하여 쇠고기, 닭고기 등의 육류와 감자, 당근, 버섯 등의 채소, 단팥이나 밤처럼 달콤한 앙금류 등을 사용한다. 모양과 조리법에 따라 이름이 다양한데, 모양에 따라 포(包: bāo), 교(餃: jiǎo), 매(賣: mài)로 나누며 조리방법에 따라 증(蒸: zheng, 찜), 자(煮: zhǔ, 삶기), 작(炸: zhá, 볶음), 고(烤: kǎo, 굽기), 전(煎: jiān, 부침)으로 나눈다. 포(包: bāo)는 감싼 형태의 점심을 총체적으로 일컫는다. 교(餃: jiǎo)는 껍질이 얇고 작으며 끝 마무리를 서로 맞물려 다문 점심이다. 매(賣: mài)는 포와 교의 복합형인데 꽃봉오리 형태나 갖은 재료로 장식한다. 분(粉: fěn)은 얇은 쌀가루 전병에 갖가지 소를 넣어 만든 점심이다.

화과, 어향육사

화과(火鍋: huǒ guō, 훠궈)는 원래 북방에서 유래한 음식이다. 오래 전부터 몽골과 신강 등의 북방 유목민족들은 양고기를 탕에 익혀 먹었고 이것이 남쪽으로 내려와서 화과가 되었다.

칭기즈칸 요리라고도 하는데 병사들이 전쟁 동안 제대로 된 요리를 해 먹지 못하자 철모를 뒤집어 물을 끓이고는 육포, 채소 등 손에 잡히는 재료를 모두 넣어 익혀 먹은 데서 유래했다고 한다. 북경식, 사천식 등이 있지만 매운 사천고추를 쓰는 소스 때문에 사천요리로 분류하였다. 끓는 물에 얇게 썬 고

화과(훠궈)

어향육사

기와 채소를 살짝 익혀 먹는다. 진한 육수에 양고기, 쇠고기 등 고기류와 새우, 주꾸미 등의 각종 해물을 넣고 청경채, 배추, 시금치 등의 채소를 살짝 익혀 소스에 찍어 먹는 음식이다. 화과에 쓰이는 냄비 중간에 칸막이가 있어 백탕(白湯)과 홍탕(紅湯)을 한꺼번에 담아 내는 원앙과(鴛鴦鍋: yuān yāng guō)와 보통의 냄비 두 종류가 있다.

어향육사(魚香肉絲: yú xiāng ròu sī)는 돼지고기를 실처럼 가늘게 썬 재료에 어향소스를 쓴 요리라는 뜻이다. 재료는 돼지고기 살코기, 죽순, 목이버섯, 파와 고추, 식초, 간장, 설탕 등을 쓰며 전분을 넣고 볶아낸다. 짭자름하고 매콤한 맛이 나기 때문에 쌀밥만 있으면 한끼를 넉넉하게 해결할 수 있다.

회과육, 수자우육

회과육(제육볶음)

회과육(回鍋肉: huí guō ròu)은 '솥(鍋)으로 돌아온(回) 고기(肉)'라는 뜻이다. 제사 지낸 돼지고기를 다시 솥이나 냄비에 넣고 볶아 먹으면서 붙여진 이름이다. 삼겹살에 메주, 마늘 싹, 대파, 매운 고추, 마늘, 생강, 식초, 설탕 등을 섞어서 볶아낸 요리로 '삼겹살 두루치기' 혹은 '제육볶음'을 연상시킨다.

수자우육(水煮牛肉: shuǐ zhǔ niú ròu)은 '물에 끓인 소고기'라는 뜻이다. 연한 소고기를 매운 국물에 삶아서 요리하며 얼얼한 국물에서 소고기와 채소를 건져 먹는 맛이 일품이다. 얇은 소고기, 배추, 청경채, 숙주나물 등이 주재료이며 대파, 마늘, 생강, 화초(花椒: huā jiāo), 두판장(豆瓣醬: dòu bàn jiàng), 녹말가루, 고추기름 등이 매운 맛을 내기 위해 필요하다.

한국식 중국요리

한국의 중국집에 가서 차림표를 보면 한자로 표기되어 있지 않아서 그 의미를 명확하게 모르는 경우가 많고 설령 한자로 되어 있어도 그 뜻을 몰라서 답답한 때도 있다. 또 어떤 경우에는 요리 이름에 한자와 우리말이 섞여 있어서 더욱 혼란스러운 경우도 많다. 이러한 의문에 답하는 의미에서 몇몇 요리를 정리했다.

계사면(鷄絲面: jī sī miàn, 기스면)은 안휘성 요리(徽菜)이다. 닭고기로 만든 육수에 가는 면과 닭고기를 얇고 잘게 실처럼 찢어서 먹는다. 즉, 닭고기(鷄)를

난자완스

유산슬

실(絲)처럼 요리해서 먹는다는 뜻이다. 중국어 발음대로 '지쓰미앤'으로 하든지 한국식 발음인 '계사면'으로 해야 되는데 '기스면'으로 통용되는 것은 아마도 한국에 있는 중국 식당의 요리사들이 주로 산동 지역 출신이기 때문이라고 생각한다. 실제 산동성에서는 j 발음을 'g'로 한다.

건소하인(乾燒蝦仁: gān shāo xiā rén, 깐소새우)의 건소는 튀긴 재료를 소스와 함께 약한 불로 끓이는 조리법이고 하인(蝦仁)은 껍질과 머리를 떼어낸 신선한 새우다. 건팽계(乾烹鷄: gān pēng jī, 깐풍기)는 국물 없이 마르게 볶은(乾烹) 닭고기(鷄) 요리이다.

남전환자(南煎丸子: nán jiān wán zǐ, 난자완스)의 의미는 사전에 의하면 '돼지 고기 완자를 기름에 튀긴 남방식 음식'이라고 정의되어 있다. 소고기나 돼지고기로 완자를 만들어서 채소와 함께 기름에 튀긴 음식이다.

랄초계(辣椒鷄: là jiāo jī, 라조기)는 중국에서 랄자계(辣子鷄)로 표기되기도 하며 사천성, 호남성뿐만 아니라 중국 전역에서 인기있는 요리라고 할 수 있다.

닭고기를 튀긴 후 죽순, 버섯 등의 야채를 고추, 마늘 등으로 볶아 내어서 매콤한 맛이 난다. 계(鷄) 발음을 'gi'로 하는 것은 역시 산동식 발음이다.

면포하(面包蝦, miàn bāo xiā, 멘보샤)는 중국음식점에서 면보사로 표시하는 곳도 많다. 밀가루 빵(面) 사이에 새우살(蝦)을 넣고 튀긴 요리이다.

발사지과(拔絲地瓜: bá sī dì guā, 빠스띠과)는 산동성 요리인데 한국의 고구마 맛탕과 같다. 발사(拔絲)는 실을 뽑는다는 뜻인데 설탕이 실처럼 나온다.

양장피(兩張皮: liǎng zhāng pí, 양장피)는 원래 산서성 요리이다. 각종 채소와 해산물을 넣고 겨자로 비벼서 먹는다. 전분으로 만든 피(皮) 두장(兩張)을 겹쳐서 만들었다고 하여 양장피라고 한다.

유림계(油淋鷄: yóu lín jī, 유린기)는 녹말을 입혀 튀긴 닭고기에 파, 마늘, 고추, 식초, 간장 소스가 더해진 요리이다.

양장피

팔보채

유삼사(溜三絲: liū sān sī, 유산슬)는 세 가지(三) 재료를 실(絲)처럼 가늘게 썰어 놓고 녹말가루를 입혔다(溜)는 뜻이고 세 가지 재료는 고기, 해산물, 채소이다.

육니작장면(肉泥炸醬面: ròu ní zhá jiàng miàn, 유니짜장면)은 돼지고기, 채소를 갈아서 잘게(泥)하여 춘장(醬)과 함께 볶아(炸) 국수에 비벼 먹는다.

전가복(全家福: quán jiā fú, 전가복)은 오징어, 해삼 등의 해산물과 닭고기, 돼지고기 등의 육류 그리고 버섯 등의 각종 채소를 넣어서 볶은 요리이다. 가족들이 함께 모여서 행복하게 먹는다는 의미에서 유래된 명칭이다.

팔보채(八寶菜: bā bǎo cài, 팔보채)는 안휘성 요리(徽菜)로 8가지의 진귀한 재료가 들어간 요리인데 해삼, 전복, 오징어, 새우, 홍합 등의 해산물과 죽순, 청경채, 표고 버섯 등을 넣고 고추기름에 볶아서 요리한다.

음식 주문 및 식사

THEME
233

중국의 식사 자리는 그 자체가 생활의 큰 부분이며 인간관계를 맺고 비즈니스를 발전시키는 매우 중요한 이벤트이다. 미팅이 이루어질 때 단품으로 끝나는 식사는 거의 없고, 차례대로 나오는 식사를 기다리며 대화와 상담을 이어간다. 음식 주문은 물론 서열과 중요도에 따른 좌석배치, 식사예절 등 세심하게 배려할 사항이 많다.

중국음식은 1인 1품이 아니라 요리를 시켜놓고 여럿이 나누어 먹는 형식이

다. 그래서 어느 정도의 양을 시켜야 할지, 또 어떤 음식을 어떻게 주문할지 고민된다.

중국음식은 보통 차(茶), 미리 만들어 놓은 냉채(冷菜), 채소로 만든 소채(蔬菜), 열을 가해 조리한 열채(熱菜), 탕(湯), 주식(主食), 과일 등의 후식(後食)과 술과 음료수로 구성된다. 8명이라면 8가지 요리를 기준으로 하여 요리 종류를 조절하되 짝수로 주문하는 것이 좋다. 냉채 및 소채 3~5개, 볶음류

3~5개, 탕 1개 정도면 푸짐할 것 같고 생선 요리를 꼭 포함한다. 주빈이 술과 몇 가지를 고르도록 권하고 손님들도 한 가지씩 선택하게 하는 것이 좋다. 사람 수에 따라 음식의 수와 양을 적절히 조절한다.

한 가지 주의할 사항은 중국 식당에는 찬 물이 없다는 사실이다. 시원한 물을 마시고 싶을 때에는 광천수(鑛泉水)를 별도로 주문해야 한다. 중국인들은 찬 물을 마시면 소화기관이 긴장한다고 생각하기 때문에 더운 여름에도 따뜻한 물이나 차를 마신다.

주식은 보통 쌀밥, 볶음밥, 국수, 만두, 빵이다. 탕까지 다 먹은 후에 별도로 주문하면 된다. 후식은 과일이나 과자류 등이 올라오기도 한다. 음식이 서비스되는 순서는 '차 - 술과 음료 - 냉채 및 소채 - 열채 - 탕 - 주식 - 후식'의 순이다. 냉채가 올라오고 난 다음 호스트나 연장자가 건배를 제의하면서 식사가 시작된다. 생선요리는 요리의 거의 마지막에 나오기 때문에 식사가 끝나감을 알린다. 중국인은 물고기를 귀하게 여기는데 농경민족 특히 내륙에서는 비, 물, 물고기가 귀한 존재이다. 어(魚: yú)의 발음이 여(餘: yú)와 같아서 물고기를 여유롭고 풍요로운 상징으로 받아들인다. 특히 잉어를 뜻하는 리(鯉)는 리(利)와 발음이 같아서 인기있는 물고기이다.

식사를 다하고 나면 한국의 경우 카운터에서 계산하는 것이 일반적이지만 중국은 웬만한 식당이면 식탁에서 계산할 수 있다. 종업원에게 결장(結帳: jié zhàng) 혹은 매단(買單: mǎi dān)이라고 하면 계산서를 가져다 준다. 영수증이 필요한 경우에는 발표(發票: fā piào)를 요청하면 된다. 한국은 남는 음식이 있을 때 집으로 가지고 가는 것이 어색하지만 중국은 전혀 그렇지 않고 포장해서 가지고 가는 타포(打包: dǎ bāo) 문화가 아주 일반화되어 있다.

좌석 배치

중국인은 보통 식사 인원을 정할 때 짝수로 한다. 초청하는 쪽이 세 명이면 손님도 세 명, 상대방이 네 명이면 이쪽도 네 명인 식으로 정하고, 서로 짝이 맞지 않더라도 가급적이면 전체 인원을 짝수로 맞추려고 한다.

좌석 배치는 중국인들도 주장이 엇갈리는 등 여러 방식이 있으나 필자의 경험상 가장 자연스럽고 문제가 없었던 방식을 소개하고자 한다. 출입문에서 가장 먼 쪽에서 문을 바라보는 정중앙 자리가 상석이다. 그날의 식사를 주관하는 초청자(主人)가 앉는데 주인의 오른쪽은 주빈(主賓)으로서 손님 중에서

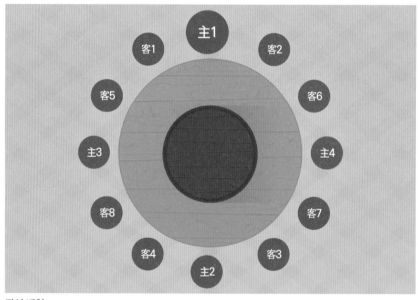

좌석 배치

최고 상급자 혹은 최고 연장자가 앉고 왼쪽은 부주빈이 앉도록 한다. 고급 식당에서는 주인의 유리잔에만 냅킨을 꽂아 놓거나 다른 색깔의 잔 혹은 다른 모양의 냅킨으로 주인 자리를 명확하게 표시해 준다.

주인의 맞은편, 즉 문을 등지고 있는 사람은 초청자 측에서 두 번째 사람이다. 이렇게 앉는 이유는 손님 중 세 번째와 네 번째 서열의 손님을 배려하는 점도 있고, 주인의 지시를 받거나 눈치를 살피기에 좋은 위치이며, 식당과 커뮤니케이션을 하기에도 좋은 자리이기 때문이다. 주인과 손님이 마주 보거나 손님을 상석에 앉히면 오히려 결례다.

여러 사람이 참석하는 식사를 주관하는 사람은 미리 식당에 가서 좌석을 확인하는 것이 좋다. 직장의 상사는 물론이고 손님들의 자리를 미리 숙지했다가 안내하는 것이 예의이다.

식사 예절

 여러 명이 식사할 때는 주로 원탁(圓卓)을 사용하는데 음식이 올려진 원판이 돌아갈 때 자신의 접시 위에 음식을 덜어 먹는다. 이때 주의할 점은 공용 젓가락이나 국자를 사용해야 하며 식사 인원을 감안해서 적절한 양을 덜도록 해야 한다. 한식의 찌개 등과 달리 여러 명이 한 그릇에 각자의 숟가락을 넣는 것은 삼가야 할 사항이다.

 음식이 나오면 주빈 앞에 놓아 먼저 먹도록 배려하고 원판을 시계 방향으로 돌려주는 것이 예의이다. 자신이 먹고 싶은 것이 있다고 원판을 급하게 돌

리면 안 된다. 다른 사람이 음식을 덜고 있을 때 원판을 돌려서도 안 된다. 주인이 음식을 덜어서 주는 경우도 많고 고급 식당에서는 직원들이 서비스해 주기도 한다.

스푼은 탕을 먹을 때만 사용하며 먹은 뒤에는 스푼을 뒤집어 놓는다. 밥이나 국수는 젓가락을 사용한다. 주의할 점은 음식을 덜어 먹는 젓가락이 별도로 있다는 사실이다. 자신이 사용하는 젓가락과 바뀌지 않도록 해야 한다.

식사 자리에는 몇 가지 미신이 있다. 술이나 차를 담은 주전자의 입이 사람을 향하지 않도록 주의한다. 주전자의 입이 사람을 향하면 그 사람이 구설수에 휘말릴 수 있다는 미신이 있기 때문이다. 또 계란 두 개를 요리해서 같이 내놓으면 안 된다. 달걀 두 개를 뜻하는 이단(二蛋)은 얼간이, 바보라는 뜻이 있기 때문이다. 생선을 먹을 때는 뒤집어 먹지 않도록 한다. 생선을 뒤집는 것은 배반의 의미 혹은 배가 뒤집어진다는 의미이므로 주의해야 한다. 나온 음식을 의무적으로 비울 필요는 없다. 비워지면 아직 양이 차지 않아 음식을 더 원한다는 뜻이 되기 때문이다.

상대방이나 종업원이 술을 따라 줄 때는 잔을 들고서 술을 받지 않는다. 술이 빈 사람에게 계속 첨잔해 주는 것이 예의이며 가득 따라준다. 상대에게 잔을 돌리거나 자작하지 않는다. 건배할 때 아랫사람은 상대방 잔보다 낮게 하여 부딪힌다. 상대가 건배를 제의하면 비우는 것이 예의이나 요즈음은 주량이 따르지 못하면 흉내를 내어도 된다. 연회가 끝나갈 때는 술을 다 비우지 않고 마지막에 다같이 건배할 때 비운다.

8대 명주

THEME
236

술을 배놓고 중국문화를 말할 수는 없을 것이다. 중국인은 술을 많이 마시기보다는 즐겨 마시는 사람이 많은 것 같다. 백주는 중국술의 대명사이지만 요즈음은 그 자리를 맥주와 포도주가 빠르게 차지하고 있다.

제2회 전국평주회(全國評酒會)에서 선정한 8대 명주에 3회 때 새로이 진입한 검남춘(劍南春)과 양하대곡(洋河大曲)을 추가하여 10종류의 명주를 소개한다.

모태주(茅台酒)는 스카치위스키, 꼬냑과 함께 세계 3대 명주에 꼽히며 중국을 대표하는 '국주(國酒)'이다. 귀주성 모태진(茅台鎭)은 귀주고원의 제일 낮은 분지에 위치하는데 고온다습한 기후는 술을 발효시키고 숙성하는 데 유리하며 특유의 향기를 내는 미생물 형성에 작용한다. 100가지가 넘는 향기가 마신

모태주

분주

후에도 오래 남는다. 진시황과 양귀비도 애음했으며 닉슨의 방중 때 모택동이 건배주로 사용했다.

분주(汾酒)는 산서성 분양현(汾陽縣)에서 생산되는 증류주이다. 수수, 쌀 등의 곡류를 원료로 만든다. 1,500여 년의 역사를 자랑하며 술의 빛깔이 맑다. 청향형(淸香型) 백주의 대표적인 종류로서 독특한 맛으로 유명하다.

노주노교특곡

노주노교특곡(蘆州老窖特曲)은 사천성 노주(蘆州)에서 생산되며 400여 년의 역사를 지녔다. 수수를 주원료로 하며 중국의 백주 가운데서도 가장 오랫동안 발효시키는 술로 유명하다. 긴 발효 기간 때문에 색깔이 맑고 짙은 향기가 난다.

서봉주

서봉주(西鳳酒)는 섬서성 봉상현(鳳翔縣)에서 생산되며 상나라 시대에 시작되었고 당송에서도 사랑받은 술로서 3,000년의 역사를 가지고 있다. 소동파도 이 술을 칭찬하였다. 진하지만 과하지 않으며 청향(淸香)과 농향(濃香)이 잘 어울린다.

오량액

고정공주

전흥대곡

동주

오량액(五粮液)은 사천성 의빈(宜賓)에서 생산된다. 수수, 옥수수, 밀, 쌀, 찹쌀의 다섯 가지 곡물과 소량의 약재로 빚은 증류주이다. 맑고 투명하며 향기가 오래 간다. 당나라 시절, 두보(杜甫)가 이 술을 마시고 시를 지었으며 미국 대통령 카터가 중국을 방문했을 때 등소평이 대접한 술이기도 하다.

고정공주(古井貢酒)는 안휘성의 술이다. 조조가 안휘성 고정(古井)의 물을 사용하여 만든 이 술을 황제에게 바치고 칭찬을 받았다고 하여 고정공주라는 이름이 붙었다. 수수, 밀, 완두로 만든 누룩을 사용해 발효시킨다.

전흥대곡(全興大曲)은 사천성 성도(成都)가 산지이다. 청나라 건륭제 시절에 이미 양조장이 생겨났다. 수수, 옥수수, 밀, 쌀, 찹쌀을 주재료로 사용하며 농향형(濃香型) 백주이다. 향이 진하고 맛은 깨끗하며 마신 후에는 단맛이 남는다.

동주(董酒)는 귀주성 준의시(遵義市) 교외에서 생산되며 수수를 주원료로 하고 산속의 맑은 물을 사용하며 130여 종의 유명 약재를 첨가하여 만든다. 맑고 깨끗하며 옅은 한약 냄새가 난다. 그 특유의 향기로 인하여 동향형(董香型)으로 인정받았다.

검남춘

양하대곡

　검남춘(劍南春)은 사천성 면죽시(綿竹市)가 생산지이고 찹쌀, 옥수수 등이 원료이다. 당나라의 이백(李白)이 즐겨 마셨던 검남소춘(劍南烧春)이 전신이다. 맛이 부드러우며 맛과 향기가 잘 어우러진 것이 특징인 농향형 백주이다.

　양하대곡(洋河大曲)은 강소성에서 생산되는 증류주이며 수수를 양조한뒤 오랫동안 항아리에서 숙성시킨다. 맛이 부드러우며 색깔이 맑고 향기가 짙으면서도 뒷맛이 깨끗하다.

　🔍 모태주(茅台酒)는 왜 중국의 국주(國酒)가 되었는가?

　1949년 10월 1일, 중국공산당은 꿈에 그리던 중화인민공화국을 수립하기에 이른다. 개국을 축하하는 연회에 어떤 술을 내어 놓을지 결정하기 위해 연회 실무자들은 주은래(周恩來)에게 의견을 물었다. 주은래는 주저함 없이 모태(茅台, 마오타이)를 골랐다. 모태주야말로 대장정 기간에 알코올 대신에 그들의 상처를 치료해 주었던 '혁명의 술'이었기 때문이다. 이후 국가적 연회에는 모태주가 등장하게 되었으며 국주(國酒)의 명성을 얻었다.

명주(名酒) 이야기

중국의 명주(名酒)에 대해서는 여러 이야기가 존재한다. 4대 명주, 6대 명주, 8대 명주, 10대 명주 등등 얘기하는 사람마다 술 종류가 다르기도 하여 술자리에서 다투는 상황을 여러 번 보았다. 다소 장황하더라도 확실한 지식을 가지는 것이 좋겠다.

중국에서는 지금까지 다섯 번의 전국평주회(全國評酒會)가 있었다.

제1회는 1952년 북경에서 개최되었으며 4대 명주가 선정되었다. 모태주(茅台酒), 분주(汾酒), 노주대곡(蘆洲大曲), 서봉주(西鳳酒)였다.

제2회는 1963년 북경에서 개최되었으며 8대 명주를 선정하였다. 모태주, 분주, 노주노교특곡(蘆洲老窖特曲), 서봉주, 오량액(五粮液), 고정공주(古井貢酒), 전흥대곡(全興大曲), 동주(董酒)였다.

제3회는 1979년 대련에서 개최되었으며 8대 명주를 발표하였다. 모태주, 분주, 노주노교특곡, 오량액, 고정공주, 동주, 검남춘(劍南春), 양하대곡(洋河大曲)이 선정되었다.

제4회는 1984년 태원에서 개최되었으며 13대 명주가 선정되었다. 서봉주, 전흥대곡, 쌍구대곡(雙溝大曲), 특제황학루주(特制黃鶴樓酒), 랑주(郎酒) 5개를 덧붙였다.

제5회는 1989년 합비에서 개최되었으며 17대 명주를 발표하였다. 무릉주(武陵酒), 보풍주(寶豊酒), 송하양액(松河粮液), 타패곡주(沱牌曲酒) 4개를 덧붙였다.

위에서 본 것처럼 처음에는 4대 명주로 시작했으나 경쟁이 치열해지면서 우열을 가리기 어려워 나중에는 17대 명주까지 나오게 되었다. 6대 명주, 10대 명주는 발표된 바가 없지만 그 시비의 출발은 제3회 평주회이다. 즉, 제2회의 8대 명주에서 서봉주와 전흥대곡을 탈락시키고 검남춘과 양하대곡을 넣은 것이다. 어떤 사람은 두 번의 평주회에서 계속 선정된 술이야 말로 진정한 명주라며 6대 명주(모태주, 분주, 노주노교특곡, 오량액, 고정공주, 동주)를 주장하고, 또 어떤 사람은 제2회와 제3회 평주회에서 선정된 명주를 더하여 10대 명주를 주장하면서 4대, 6대, 8대, 10대, 13대, 17대 명주로 복잡해졌다.

중국의 와인

경제 성장과 더불어 와인이 풍요로운 삶의 상징으로 인식되기 시작하였고 알코올 도수가 높은 백주 대신에 포도주를 선호하는 현상이 두드러지고 있다. 2017년 중국의 와인 생산량은 100억 리터에 달하고 있으며 수입량은 7억 리터를 넘어서고 있다. 유명한 중국산 와인 몇 가지를 알아본다.

장유(張裕, Changyu)는 1892년 설립된 장유양주공사(張裕釀酒公司)에서 생산된 것이 효시이다. 최적의 와인 산지인 산동성의 포도로 생산한다. 8년 이상 특별 숙성된 레드 와인이 최고급으로 꼽힌다.

와인 저장소

장성(長城, Great Wall)은 1988년 설립된 중량화하장성포도주유한공사(中粮華夏長城葡萄酒有限公司)에서 생산하고 있으며 프랑스 종인 카베르네 소비뇽(Cabernet Sauvignon)으로 생산된 제품은 향과 맛이 깊고 여운이 오래 남아 장성 와인 중 최고급이다.

　　왕조(王朝, Dynasty)는 1980년에 설립된 중국-프랑스 합작기업으로서 다양한 카베르네 품종을 사용하며 프랑스 보르도의 전통 기술로 빚는다. 보석의 붉은색을 띠고 맑고 투명하며 풍부한 향을 지니고 있다. 맛이 순수하고 부드러우며 뒷맛이 길다. 좋은 온도는 16~18도이고 튀긴 음식과 최고의 조합이며 과일향과 참나무 향이 짙다.

　　위용간홍(威龍干紅, Weilong)은 1998년 연태(煙台)에서 생산되기 시작했으며 풍부한 과일향과 오크향이 조합을 이루어 부드럽다. 뒷맛이 오래 남는다.

　　통화와인(通化, Tonghua)은 1937년에 설립되었고 1949년 마오타이와 함께 국경절 행사에서 사용되었다. 색이 투명하고 과일향과 와인향이 겹친다. 순수하고 진하며 신맛이 적당하여 마신 후 상쾌하고 편안한 느낌을 준다.

　　운남홍(雲南紅, Yunnan Red)은 1997년에 생산되었다. 운남은 해발이 높고 햇빛이 잘 들며 밤과 낮의 기후 차이가 작다. 또한 겨울에는 혹한이 없고 여름에는 혹서가 없어서 품질이 우수하다. 신맛과 과일 맛이 나며 부드럽고 순하다. 마신 후에 입술이 향기롭고 뒷맛이 오래 남는다.

　　최근 북위 38도에 위치해 있는 신강(新疆), 감숙(甘肅), 영하(寧夏) 등에서도 좋은 와인을 생산하기 시작했다. 특히 영하는 해발 1,100m의 높이여서 와인을 만들기에 가장 적합한 지역으로 꼽히며, 200개가 넘는 와이너리에서 연간 1억 3천만 병을 생산하기도 한다.

차의 종류

중국인은 차 마시는 것을 좋아한다. 중국차는 한국, 일본뿐만 아니라 유럽에도 넓게 퍼졌다. 홍차에 열광한 영국인들은 무역수지를 맞추려고 중국에 아편을 팔았으며 그 결과로 아편전쟁이 일어났다. 차는 갈증 해소와 소화에 좋으며 대화의 매개체가 될 수 있고 선물하기에도 적합한 물건이다.

중국 차의 종류는 매우 다양하여 우려낸 찻물이나 찻잎의 색상 등으로 분류할 때 녹차, 백차, 청차, 홍차, 황차, 흑차의 여섯 종류로 분류할 수 있다.

녹차(綠茶)는 3,000년의 역사를 가진 미발효차(未醱酵茶)로서 생산량이 가장

녹차

많다. 안휘, 절강, 강서 등지에서 재배되며 대표적인 차로는 서호용정(西湖龍井), 황산모봉(黃山毛峰), 신양모첨(信陽毛尖), 동정벽라춘(洞庭碧螺春) 등이 있다.

백차(白茶)는 약발효차(弱醱酵茶)이다. 새싹 잎에 흰 솜털이 있는 찻잎을 쓰기 때문에 얻어진 이름이다. 주된 생산지는 복건성의 건양(建陽), 복정(福鼎)이며 대표적 차는 백목단(白牡丹), 백호은침(白毫銀針) 등이다.

청차(靑茶)는 녹차와 홍차 중간의 반발효차(半醱酵茶)이다. 홍차의 진하고 깊은 향기와 녹차의 깔끔한 맛을 동시에 느낄 수 있다. 오룡차가 유명해지면서 청차를 오룡차라 부르기도 한다. 동정오룡차(凍頂烏龍茶), 안계철관음(安溪鐵觀音), 무이대홍포(武夷大紅袍)가 유명하다.

홍차

홍차(紅茶)는 세계적으로 가장 생산량이 많으며 중국에서 유럽과 미국으로 팔린 대부분의 차가 홍차이다. 대표적 발효차(醱酵茶)이며 찻물이 붉고 향은 진하면서 풍부하다. 소종홍차(小種紅茶), 공부홍차(工夫紅茶), 홍쇄차(紅碎茶)로 나눌 수 있으며 기문공부(祈門工夫)는 해외에서도 유명하다.

황차(黃茶)는 녹차를 볶던 중 발견한 것으로 찻잎이 황색으로 변하는 것에 기인하여 새로운 품종을 개발한 약발효차이다. 대표적인 차는 군산은침(君山銀針), 몽정황아(夢頂黃芽), 곽산황아(霍山黃芽) 등이다.

흑차(黑茶)는 습기와 건조 과정을 거치면 찻잎이 흑갈색으로 변하는 것에 착안하여 가공과정에서 찻잎을 검게 만든 후발효차이다. 수증기로 찐 찻잎이 자연적으로 산화되고 비, 바람, 햇볕에 온도와 습도가 달라지면서 화학반응이 생긴다. 보이차(普洱茶), 육보차(六堡茶), 사천변차(四川邊茶) 등이 있다.

이외에도 꽃을 가공해서 차로 마실 수도 있는데 이를 화차(花茶)라고 한다. 우리에게 친숙한 화차는 모리화차(茉莉花茶), 국화차(菊花茶)가 있다.

🔍 모양에 따른 차의 명칭

차는 가공된 모양으로 구분했을 때 산차(散茶)와 긴압차(緊壓茶)가 있다. 산차는 찻잎을 흩어놓은 것이며, 긴압차는 고온의 수증기를 더한 후 압축한 형태이다. 모양에 따라 병차(餠茶: 떡 모양), 전차(磚茶: 벽돌 모양), 타차(沱茶: 새둥지 모양), 긴차(緊茶: 버섯 모양) 등이 있다. 둥글게 뭉쳐 놓았다는 의미로 단차(團茶)라는 말을 쓰며 둥글게 큰 모양이 사람머리와 같다고 하여 인두차(人頭茶)라고도 한다.

10대 명차

1959년에 개최된 '중국 10대 명차 평가비교회'에서 발표한 명차를 대상으로 살펴본다. 녹차가 6개로 많고, 청차 2개, 홍차 1개, 황차 1개이다.

서호용정(西湖龍井)은 항주 서호 부근의 우물인 용정 일대에서 생산되는 녹차이다. 청명절 이전에 잎을 딴 명전용정(明前龍井)이 최상급이며 생산량도 적고 귀하다. 잎 모양에 따라서 연심(蓮心), 기창(旗槍), 작설(雀舌) 등이 있다.

동정벽라춘(洞庭碧螺春)은 강소성 소주의 동정산(洞庭山)에서 생산되는 녹차이다. 찻잎이 가늘고 나선모양으로 말려 있으며 어린 상태의 찻잎을 춘분과 곡우 사이에 따서 만든다. 특히 청명 전에 동정산에서 나는 찻잎으로 만든 차를 최고 등급으로 친다. 빛깔이 뛰어나고 특히 향기가 아주 진하다.

황산모봉(黃山毛峰)은 황산의 고지대에서 생산되는 녹차이다. 청명 전후에 수확한 특급과 새싹 잎의 수에 따라 1, 2, 3급으로 구분한다. 은백색 털이 찻잎을 감싸고 있고 잎이 봉우리를 닮았다는 의미에서 모봉(毛峰)이라고 한다.

여산운무(廬山雲霧)는 강서성 구강(九江) 지역에서 생산되는 녹차다. 기후에 따라 다른 차에 비해 늦게 수확하며 곡우부터 입하 전까지 수확한다.

육안과편(六安瓜片)은 안휘성 육안(六安), 금채(金寨), 곽산(霍山)에서 생산된 녹차다. 봄에 수확하며 잎의 모양이 참외형이어서 붙여진 이름이다. 찻잎이 참외씨를 닮아서 과편(瓜片)이라고 부른다.

신양모첨(信陽毛尖)은 하남성 신양(信陽)의 녹차다. 잎이 가늘면서 단단하며 진한 녹색이다. 은백색 털이 있고 단맛이 돌며 그윽한 향기가 난다.

안계철관음(安溪鐵觀音)은 복건성 안계현(安溪縣) 일대에서 생산되는 청차의 일종이다. 해발 1,600m에서 자라난다. 차 맛이 아주 좋지만 생명력이 강하지 않아 재배하기에는 어려운 품종이다. 관음보살을 신봉하던 노인이 발견하여 관음이 붙었고 찻잎이 철처럼 강하다고 하여 철관음이라는 이름이 붙었다.

무이암차(武夷岩茶)는 복건성 무이산(武夷山) 일대에서 생산되며 청차의 특급차이다. 연평균 온도 18도 정도의 낮은 환경에서 성장하며 그 중에서 대홍포(大紅袍)가 가장 유명하다. 수선(水仙)이라는 제품은 18세기에 유럽으로 전래된 후 '모든 병을 치료하는 영약'이란 찬사를 받았다.

기문공부(祁門工夫)는 안휘성 기문현(祁門縣) 등에서 재배되는 홍차다. 청명을 전후해서 수확한 잎으로 만든다. 선명한 홍색으로 향이 진하고 뒷맛이 오래 간다. 외국에서 더 유명하며 최상등품으로 평가받는다.

군산은침(君山銀針)은 호남성 동정호(洞庭湖) 안에 있는 군산이라는 섬에서 생산되는 황차다. 차를 우리면 잎이 모두 수직으로 서는 모양이어서 보기에도 아름답고 맛도 뛰어나다. 당나라 문성공주(文城公主)가 티베트로 시집가면서 가져갔다.

보이차

보이차가 생산되는 지역은 운남성에서 소수민족들이 많이 살고 있는 서쌍판납(西雙版納) 지역의 사모(思茅) 지역이다. 보이(普洱)는 명청(明清) 시대에 이 지역을 관장하던 행정 소재지의 지명이며 최근 사모시(思茅市)가 보이시(普洱市)로 개명되기도 하였다. 명청에 이르러 차마고도를 통하여 내륙과 티베트, 동남아시아, 유럽 등으로 전파되었다. 보이차는 대표적인 흑차(黑茶)이며 후발효차(後醱酵茶)이다. 차를 만드는 방법으로 분류해 보면 생차(生茶)와 숙차(熟茶)로 구분된다. 생차는 자연 상태로 오랫동안 숙성한 것이고 숙차는 물을 뿌려 인공적으로 단기간에 숙성시킨 것이다.

좋은 보이차는 20년 이상이 필요하다고 하는데, 시중에 있는 대부분의 숙차는 찻잎을 두껍게 쌓아 고온다습한 환경에서 40일 정도의 단기간에 속성으로 완성한 차다.

자사호

차를 마시는 도구인 차구(茶具)는 각 1개씩의 차호(茶壺)와 차반(茶盤), 4개의 차완(茶碗)을 한 세트로 본다. 하북성 한단(邯鄲) 자주(磁州)의 도기, 강서 경덕진의 자기, 강소 의흥(宜興)의 자사호(紫沙壺)가 명품 차구로 이름이 높다.

자사호는 차를 우려내기 위한 주전자이다. 도자기로 유명한 강소성 의흥에서 만들어지며 자사원석(紫沙原石)은 철(鐵)이 많이 포함되어 있고 입자가 미세하다. 광석을 채취해 1년 정도 풍화를 기다렸다가 분쇄하여 체로 치는 공정을 거친 것을 자사(紫沙)라 하고 이를 물과 섞은 것을 자니(紫泥)라 한다.

자사호는 통기성이 좋아 차의 향기를 잡아주며 보온이 잘 되고 오래 두어도 맛이 변하지 않는다. 안팎에 유약을 바르지 않고 소박한 모양을 가지고 있고 오래 사용하면 윤이 나면서 아름답다. 차향(茶香)이 잘 스며들기 때문에 하나의 자사호는 한 종류의 차만 우려내는 것을 원칙으로 삼아야 한다.

차마고도

차마고도(茶馬古道)는 차와 말을 교역하던 중국 남서부의 고도(古道)이다. 원래는 유목민들이 가축을 몰고 다니던 좁고 위험한 길인데, 차를 팔고 말을 사오는 마방(馬幫)들의 이동로가 된 것이다. 차마고도, 실크로드를 통하여 중국의 차가 서남아시아를 넘어 아라비아까지 전파되는 등 실크로드와 함께 손꼽히는 교역로가 되었다.

한나라 시대에 이미 길이 열렸고 당나라를 거치면서 번성하였다. 마방들은 차와 말뿐만 아니라 소금, 비단, 모피, 약재, 버섯, 보석류 등을 거래했고 이를

통하여 문화가 교류되었다. 티베트 불교가 사천, 운남으로 전래된 것도 이 길
을 통해서였다.

　당태종은 토번(吐蕃: 티베트)과 전쟁을 치른 후 화의를 맺고 송찬간포(松贊干
布)에게 문성공주(文成公主)를 시집보내게 된다. 문성공주는 이때 채소 씨앗과
함께 차를 가지고 갔는데 이것이 티베트에 차가 보급된 역사이다. 티베트로
가는 길은 청해성, 운남성, 사천성에서 출발하는 코스가 있으며 티베트의 수
도인 라싸에 도착하면 티베트 전역으로 통할 수 있고 히말라야 산맥을 넘어
네팔, 인도, 서남아시아 등으로 이어진다. 운남에서 티베트로 가는 길이 가장
아름다운데 길이가 3,800㎞에 달하고 고도 4,000m의 험준한 산길이 이어진
다. 설산(雪山)과 금사강(金沙江), 란찬강(瀾滄江), 노강(怒江)의 협곡이 어우러지
는 아름다운 길로 유명하다.

삶의 다양한 모습

사람이 살아가는 데는 먹는 것 외에도 옷, 주택이 필요하다. 또한 일을 위해서는 휴식이 필요한데 명절을 쇠면서 축제의 시간을 가지기도 하고 다양한 오락을 통하여 재충전의 시간을 가지기도 한다. 수천 년의 역사를 지녀온 중의약과 의협(義俠)의 문화 속에서 발달해 온 무술은 중국 문화의 독특성을 잘 보여준다. 상징과 미신을 통해서 중국인이 가진 정신세계의 한 단면을 살짝 엿볼 수도 있다.

중국 의복의 역사

THEME 243

중국의 전통복장은 한복(漢服), 화복(華服), 한장(漢裝)으로 불린다. 복식(服飾)은 주나라에 이르러 정형화되기 시작했다. 진한에 이르러 종아리까지 내려오는 긴 옷인 포복(袍服)이 나타나고 있으며 두건의 색상으로 신분을 표시하기도 하였다. 위진남북조시대에는 북방의 영향을 받아 짧은 옷과 바지가 중원으로 전해졌고 불교의 영향으로 복장에 연꽃이나 인동초 문양이 등장하였다.

당나라 때는 화려한 양식의 복식이 유행했는데 관직의 고하에 따라 색상을 달리하기도 하였다. 송나라는 방직업이 발달하면서 견직물과 다양한 색채의 옷이 등장하였다. 원나라는 몽골의 영향으로 모자와 삿갓을 즐겨 썼다고 하며

여성 전통복장

남성 전통복장

명나라 때는 다시 당나라 시절의 복식을 계승하기에 이른다.

기포(旗袍: 치파오)

청나라가 건국되면서 복식은 커다란 변화를 보일 수밖에 없었는데 만주족과 한족의 복식을 접목하는 방식을 택하였으니 이렇게 해서 탄생한 것이 장포(長袍)와 마괘(馬褂)이다. 장포는 중국의 남성들이 입는 긴 두루마기 형태의 복장이며 마괘는 저고리 위에 덧입는 방한복의 일종이다. 남성 정장이라고 할 수 있는 당장(唐裝)은 마괘에다가 중국의 전통적인 요소를 가미해 만들어진 것이다. 화려한 색깔과 독특한 고급스러움이 정장으로서 손색이 없다.

아편전쟁의 결과 상해 등의 무역항이 개방되면서 서양식 복장이 유입되었으며 신해혁명 이후에는 중산복(中山服)이 출현하게 되었다. 손문이 고안한 중산복은 장식이 없고 실용성이 강조된 단순한 옷이다. 중화민국 시기에 공무원들의 관원복(官員服)으로 지정되면서 널리 대중화되었다. 기포(旗袍: 치파오)는 만주 기인(旗人)들이 입던 몸에 딱 맞는 원피스 형태의 여성복으로 치마에 옆트임을 주어 여성미를 강조한 것이 특징이다. 1920년대 중화민국 시절부터 여성용 예복으로 꾸준히 사랑받고 있다.

 대입 시험날에 엄마들이 치파오를 입는다?

중국의 수능 시험인 고고(高考) 날에 수험생의 엄마들이 치파오를 입으면 수험생이 정답을 잘 체크한다는 속설이 있다. 치마의 옆트임을 체크(∨) 모양과 연상시킨 것이다.

전족

　중국 여성들에게 엄청난 고통을 안겨준 전족(纏足)은 당나라 말기, 송을 거쳐 명청시대에 크게 유행한 악습(惡習)이며 여성 종속성의 상징이다. 그 유래는 궁중의 무희들이 춤을 출 때 발 움직임을 경쾌하게 만들기 위하여 발을 헝겊 등으로 동여매고 아슬아슬한 동작으로 춤을 추게 하였고 이것이 황제와 귀족들에게 성적인 만족을 주었다고 한다. 점차 귀족들에게 퍼졌고 명청시대에는 평민층까지 광범위하게 확산되었다. 당나라 때 서역의 춤에서 유래했다는 설도 있고 오대십국(五代十國)의 하나인 남당(南唐)의 이욱(李煜)이 궁녀의 발

을 비단으로 감싸고 춤추게 한 데서 유래했다는 이야기도 있다.

여아가 3~6세가 되면 발을 천으로 감고 조그만 구두를 신겨서 후천적 기형으로 만들어 버렸는데 성인이 된 후에도 발이 10㎝ 정도의 크기밖에 안 되었다. 정상적으로 자라지 못한 발은 뼈가 굽고 근육이 오그라들어 흉측한 모양이 되었으며 허리가 튀어나오고 등이 휘는 등 신체적 고통이 심하였다.

하지만 남성 위주의 고대 사회에서는 발끝으로 종종거리며 걷는 여성의 모습을 육감적이라 하였고 아무리 가난하여도 발 큰 여자를 집으로 들이는 것은 가문의 수치라고 하면서 작은 발을 선호하였다. 여성을 안방에 가두고 남성의 성 욕구를 채우려는 목적에서 시작되었으며 전족을 하지 않은 여성들은 미인에 끼지 못했고 결혼도 하기 힘들었다. 심지어 주희(朱熹), 소동파(蘇東坡)는 전족을 예찬하기도 했다.

명나라 때 가장 유행하였으나 청나라 말기 '태평천국의 난' 때 전족 폐지를 내세웠으며 1894년에 서태후가 금지령을 내리면서 쇠퇴하기 시작했다. 1911년 신해혁명을 거치며 중화민국시대에 와서 여성운동으로 전족 해방이 강조되었고 현재는 소멸되었다.

🔍 **전족을 예찬한 표현들**

전족은 세 가지 귀한 아름다움이 있다고 하였는데 지방이 있어 윤기가 흐르는 것(肥), 부드러워서 살집이 좋은 것(軟), 모양이 아름다운 것(秀)이 그것이다. 그 생긴 모양에 따라서 춘순(春筍: 봄에 올라오는 죽순), 금련(金蓮: 연꽃)이라고도 하였다.

북경사합원

사합원(四合院)은 4개의 건물이 중앙의 정원을 'ㅁ'자 형태로 둘러싸는 형태이다. 남북 축선 위에 대칭되게 방과 정원이 배치되며 외벽은 담장으로 둘러싸인 구조로 대가족의 공동생활이 가능하고 외부와는 단절된다.

북쪽에 있는 건물은 정방(正房)으로 주인이 사용한다. 동서쪽에는 상방(廂房)이 각각 있는데 아들 가족이 거주한다. 대문쪽에 있는 도좌방(倒座房)은 손님방, 하인방, 창고로 사용되며 현대에는 응접실의 기능을 한다. 대문을 열고 들어가면 외부의 시선을 차단하는 영벽(影壁)이 있는데 외부세계와 가족의 생활공간을 구분하며 집의 얼굴 역할을 한다. 따라서 다양한 무늬로 치장하기도 한다. 수화문(垂花門)을 통과하면 내부 정원으로 들어갈 수 있고 이 정원을 중

심으로 정방, 상방이 배치되어 있다. 후조방(後罩房)은 정방보다도 더 안쪽에 위치하는데 주인의 딸들이 기거하는 방이다.

지역별 전통가옥

중국은 지역마다 자연환경과 민족의 특성이 반영된 다양한 형태의 주택이 발달하였다. 남방과 북방의 전통적 주택 양식을 표현하는 말은 남창북봉(南敞北封)인데 남방의 주택은 트여 있고 북방은 폐쇄되어 있다는 말이다. 즉, 남방의 주택들은 습하고 무더운 환경에 적응하기 위해 창문을 넓게 하고 바람이 잘 통하는 개방적인 형태로 만들었고 북방은 추위를 피하기 위해 밀폐형으로 만들었다.

몽골포(蒙古包: 멍구빠오)는 몽골족이 거주하는 곳으로 나무와 양모를 사용하여 원형으로 만든다. 유목민족의 가옥답게 설치와 분해가 쉽고 간단하여 이동이 용이하다. 큰 것은 20명 정도의 인원도 수용 가능하다. 크기에 맞춰 원을 그린 뒤 2.5m 정도의 나뭇가지를 서로 엇갈리게 엮은 합납(哈納)을 그 원에 맞추어 빙 둘러 세운다. 그 위에 오니(烏尼)라는 나무 막대기를 얹은 다음 같이 묶어 기본구조를 만들고 그 위에 양털 모직물을 덮은 뒤 털실로 고정한다.

멍구빠오

동굴집

서북 지역의 요동(窯洞: 동굴집)은 황토 고원 지대 사람들의 주거지로 감숙성, 산서성, 섬서성, 하남성에 주로 분포한다. 형태는 크게 세 가지로 나눌 수 있다. 하나는 천연의 토벽(土壁) 안에 횡 방향으로 동굴을 파고 안에 벽돌을 쌓아 올린 형태이다. 높이 3m, 너비 3m, 가장 깊은 곳은 20m 정도이다. 다른 형태는 평지의 흙을 들어내고 네 벽에 굴을 파는 방식이다. 또 하나는 흙이나 벽돌을 사용하여 방을 만들고 지붕을 흙으로 덮는 방식이다. 대장정 시기 중국 공산당은 이런 토굴집에서 전투를 지휘하였다.

토루

복건성 남부 일대에는 객가(客家)들의 토루(土樓)주택이 많다. 토루를 만든 객가인(客家人)은 서진시대 이후의 전란을 피해 남쪽으로 이동을 시작한 한족의 일부이다. 사회가 불안정하고 도적이 들끓었기 때문에 수백 명의 일족이 모여 살면서 방어하기 위해 보루식(堡壘式) 주택을 지은 것이다. 토루의 규모는 보통 2~6층으로 이루어 지는데 1층에는 창을 내지 않고 2층 이상에 작은 창 몇 개를 낸다. 군사 방어의 목적이 선명하게 드러난다. 대표적 토루는 복건성 영정현(永定縣) 고두향(高頭鄉)에 있는 승계루(承啓樓)인데 직경이 73m, 복도의 총 길이가 229m이며 총 400개의 방이 있다. 모두 네 겹으로 둘러싸여 있으며 제일 바깥쪽은 4층으로, 1층은 주방, 2층은 물품을 보관하는 창고, 3~4층은 침실이며 외벽은 1~2m 정도에 달한다. 두 번째와 세 번째 둘레는 단층이며 제일 안쪽은 조상의 위패를 모시는 조당(祖堂)이다.

수상가옥

강남의 수상가옥은 한 면 또는 여러 면이 물과 접해 있고 수로를 이동 및 물자수송에 이용하는 등 일상생활이 물과 밀접한 관련이 있다. 습기가 많고 무더운 기후의 영향으로 벽이 높고 공간이 넓게 트였으며 천정의 두께도 북방보다 얇다. 조수를 피하기 위해 벽의 밑 부분과 바닥은 벽돌과 돌을 사용하며 건물의 외벽은 햇빛을 반사시켜 기온을 낮추기 위해 흰색을 사용하고 기와는 짙은 푸른색을 쓴다.

대나무집

운남 지역의 죽루(竹樓: 대나무집)은 태족(傣族)의 전통 주택이다. 천정은 'ㅅ'자 구조이고 밑은 정방형을 이룬다. 둥근 나무로 기둥을 세우고 바닥과 벽을 모두 대나무로 엮은 건물이다. 난간식 건축양식이고 상하층 구조이며 아래층은 빈 공간으로 두고 가축을 기르거나 물건을 쌓아두는 데 사용한다. 사람들은 더위, 홍수, 벌레를 피해 위층에 산다.

혼례

서주(西周)시대부터 혼인 절차에 대하여 엄격한 규정이 있었고 한(漢)에 이르러 육례(六禮)라는 절차가 형성되었다. 수천 년간 전통적 풍속으로 자리잡았으나 현대에 와서는 간편한 서구적 형태의 결혼을 하는 것이 일반적이다.

육례는 납채(納采), 문명(問名), 납길(納吉), 납징(納徵), 청기(請期), 친영(親迎)의 여섯 단계이다. 납채는 신랑측이 중매인을 보내 혼인의사를 전달하는 것이고, 문명은 홍첩(紅帖)을 가지고 가서 신부의 생년월일시를 물어 적어오는 것이다. 납길은 신랑과 신부의 사주팔자로 궁합을 묻는 것이며, 납징은 혼인의

징표로서 신랑 측이 예물을 보내는 것으로 정식 구혼이라고 할 수 있다. 청기는 신랑 측이 혼인 날짜를 정해 신부 측에 보내고 동의를 구하는 것이며, 친영은 신부 집에서 혼례를 치르고 신부를 데려오는 절차이다.

현대에 와서는 당사자들의 결정권이 확대되었고 서구적인 형태의 결혼을 하는 것이 일반적이다. 결혼 가능 연령은 남자 만 22세, 여자 만 20세이다. 이 연령 이상이면 부모 동의 없이도 미혼증명서와 건강진단서를 발부 받아서 혼인등기소에 가서 혼인신고서를 제출한 후 결혼증명서를 발부 받으면 된다.

결혼식은 통상 혼인신고를 한 후에 친지, 친구, 동료들을 초청해 잔치를 한다. 호텔, 예식장, 식당에서 결혼식을 올리는 경우가 많다. 결혼식 당일 신랑이 신부의 집에 가서 신부와 친구들을 데리고 오는 친영 절차는 현대에도 남아 있다. 신랑은 고급 승용차를 여러 대 동원하여 차량 행진을 하면서 체면(面子)을 차린다. 피로연을 겸하여 결혼식을 하는 것이 일반적인데 이날의 술은 희주(囍酒), 사탕은 희탕(囍糖), 과일은 희과(囍果), 담배는 희연(囍煙)이라고 한다. "희탕 언제 먹을 수 있나?"라는 말은 한국의 "국수 언제 먹느냐?"와 같은 말이다.

🔍 시대별 혼수품 목록

신혼필수품을 의미하는 삼대건(三大件)은 시대별로 변했다. 70년대는 시계, 자전거, 재봉틀이었고, 80~90년대는 컬러TV, 냉장고, 세탁기, 에어컨, 캠코더, 컴퓨터 등 가전제품이었고 2000년대 이후는 과장된 표현이지만 아파트, 승용차, 회원권이다.

THEME 248

장례

전통적 장례는 엄격한 절차가 있었으니 송종(送終), 보상(報喪), 입렴(入殮), 수포(守鋪), 입관(入棺) 및 각관(擱棺), 거상(居喪), 조언(弔唁), 접삼(接三), 출빈(出殯), 낙장(落葬)이다. 송종은 임종을 지키는 것이고, 보상은 상을 알리는 것이며, 입렴은 시신을 청결히 하고 수의를 입히는 것이다. 수포와 수령(守靈)은 입관 전후에 고인 곁을 지키는 것이고, 입관은 관 속에 모시는 것이며, 각관은 관을 며칠간 모시는 것이다. 거상은 상을 치르는 것인데 화려한 의복과 화장을 하지 말아야 한다. 조언은 조문하는 것이며, 접삼은 임종 3일 후 영혼이 돌아온

다고 하여 제사를 지내고 승려 혹은 도사를 불러 염불로 혼을 전송한다. 출빈은 관을 묘지로 옮기는 것이고 낙장은 관을 묻는 것이다.

이러한 전통 장례는 현대에 와서 대폭 간소화 되었다. 1956년 모택동을 비롯한 지도자들이 화장(火葬)을 제창한 이래 화장이 보편화 되었다. 최근에는 빈의관(殯儀館)이라는 장례식장에서 장례, 화장, 납골 절차를 대행하는 것이 일반적이다. 사람이 사망하면, 공안국 파출소에 연락하고 사망신고서를 제출한다. 유족들은 빈의관에 연락해서 운구차를 불러 고인을 모신다. 친지, 친구들에게 부고를 내고 빈의관 측과 장례 절차와 조문 시기 등을 협의한다. 장례식까지는 보통 3일 정도가 소요되는데 첫날은 고인을 냉동실에 모시고, 둘째 날은 장례식에 필요한 준비를 하며, 셋째 날에 장례식을 거행한다.

유족들은 검은색의 옷을 입고 상주는 왼쪽 팔에 '효(孝)'자가 새겨진 띠를 찬다. 장례식은 개회선언과 애가(哀歌) 연주가 있은 후 상주가 헌화하고 제문을 읽고 관을 향하여 3번 절하고 내빈에게 1번 절한다. 조문객들은 관 안에 있는 고인과 인사를 하고 작별한다.

장례식 후에는 화장에 들어가며 유골은 함에 넣어져 납골당에 안치된다. 초대받은 조문객은 검은색 계통의 옷을 입으며 조의금은 통상 100, 300, 500, 700의 홀수 단위로 한다. 상사(喪事)가 오래 가는 것을 피한다는 의미에서 구(九: 久)가 들어가는 금액은 피한다. 헌돈으로 준비하여 흰 봉투에 넣으며 봉투의 앞에는 전의(奠儀)라 쓰고 뒷면 오른쪽 하단에 이름을 적는다. 조화(弔花)를 식장에 보내는 것은 무방하다.

춘절, 윈소절

수천 년의 역사를 가진 중국인들은 그들의 삶 속에서 다양한 명절을 가져왔다. 주로 농경사회의 전통에서 유래한 것으로 한 해의 시작, 농사 중의 휴식, 추수 무렵의 축제 등과 관련이 있다. 현대에 들어와서는 건군과 건국, 부녀자, 노동자, 청년, 아동 등을 기념하고 축하하는 날을 기념일로 정하고 있다.

중국의 명절, 기념일 그리고 휴무일을 정리해 보면 다음과 같다.

중국의 명절과 기념일, 휴무일

구분	날짜	법정 휴무일	비고
원 단	양력 1월 1일	1일	통상 3일 휴무
춘 절	음력 1월 1일	3일	통상 7~10일 휴무
부녀절	양력 3월 8일	–	세계 여성의 날, 직장여성 오전 근무
청명절	양력 4월 5일 전후	1일	춘분 후 15일
노동절	양력 5월 1일	1일	노동자 휴무
청년절	양력 5월 4일	–	5.4운동 기념일
단오절	음력 5월 5일	1일	통상 3일 휴무
아동절	양력 6월 1일	–	세계 아동의 날
건당절	양력 7월 1일	–	중국공산당 창당일
건군절	양력 8월 1일	–	인민해방군 창군일
중추절	음력 8월 15일	1일	통상 3일 휴무
국경절	양력 10월 1일	3일	통상 7일 휴무

음력 1월 1일은 최대 명절인 춘절(春節)이다. 소년(小年)이라고 하는 음력 12월 23일(북방) 혹은 12월 24일(남방)에 청소를 하고 부엌신에게 제사를 지내면서 명절이 시작된다. 이어서 낡은 연화(年畵)와 춘련(春聯)을 떼어내고 새 것을 붙이며 송구영신(送舊迎新)의 의미를 담아 길상(吉祥)을 빌기도 하는데 연화의 소재는 집을 지키는 수호신, 닭, 물고기 같은 동물이나 소설과 연극 속의 영웅적 인물이다.

춘련은 붉은 종이에 검은색 혹은 금색으로 축복의 의미를 담은 문구를 쓰거나 복이 오라는 뜻으로 복(福)자를 거꾸로 붙인다(倒 dǎo는 到 dào를 의미). 선달 그믐날 밤(除夕)에는 가족들이 모여 앉아 잠을 자지 않고 연야반(年夜飯)을 먹고 교자(餃子)를 빚으면서 밤을 지새우는데 한 해를 지킨다는 의미로 수세(守歲)라 한다. TV에서는 연중 가장 화려한 오락 프로그램인 〈춘절만회(春節晚會)〉가 방영된다. 자시(子時)가 되면, 집 밖에서는 폭죽소리가 요란하게 들리는

춘절 폭죽놀이

데 이를 방변포(放鞭炮)라 한다. 액(厄)을 막고 새해에는 모든 것이 무탈하게 순리대로 풀릴 것을 기원하는 의미이다.

자시에는 교자(餃子)를 먹는데 자시가 교차되는 교자(交子)의 의미를 담고 있으며 그 모양이 고대 은 화폐와 비슷하여 이를 먹으면서 돈을 많이 벌기를 기원하는 풍습이다. 남쪽에서는 새해 아침에 연고(年糕)와 탕원(湯圓)을 먹는다. 연고(年糕)는 연고(年高)와 발음이 같아 '새해에도 발전하라'는 의미이다.

새해 첫날이 되면 세배(歲拜)를 하면서 새해를 축하하고 모든 일이 잘되고 건강할 것을 서로에게 축원한다. 이때 어른들은 아이들에게 붉은색 봉투인 홍포(紅包)에 돈을 담은 압세전(壓歲錢)을 건넨다. 보통은 일주일 이상을 춘절 기간으로 설정하여 사자춤, 용춤, 뱃놀이를 즐기고 부근의 사원(寺院)에서는 묘회(廟會)가 열려 공예품, 특산물, 먹거리를 사고 팔면서 명절을 즐긴다.

춘절을 보내기 위하여 수억 명이 이동하는데 며칠이 걸려도 기차, 버스, 자

춘절 풍습

원소절

가용을 이용하여 고향으로 이동하며, 어렵게 온 고향인 만큼 한 달씩 체류하면서 새로운 직장을 구하기 위한 정보도 교환하게 된다. 도회지의 공장에서는 직원들이 돌아오지 않아 새로이 직공들을 구해야 하는 경우도 많다.

원소절(元宵節)은 정월대보름이다. 원(元)은 으뜸이고 소(宵)는 밤을 뜻하니 '으뜸 가는 밤'이라는 뜻이다. 중국인들은 정월 대보름을 연등(燃燈)을 환하게 밝힌다는 의미에서 등절(燈節)이라고 한다. 이 날은 새알인 원소(元宵)를 먹는 풍습이 있다. 원소는 탕원(湯圓)이라고 하는데 찹쌀 반죽 안에 팥, 땅콩, 설탕을 넣고 삶거나 쪄서 먹는다.

청명절, 한식, 단오절

청명(淸明)은 춘분 이후 15일째 되는 날이며 양력으로는 4월 5일 전후에 해당한다. 이름이 그러하듯 이날은 날씨가 좋고 새싹이 돋아나는 날이어서 성묘를 하고 벌초도 하면서 교외 나들이를 하기에 좋은 날이다. 술과 음식, 종잇돈(紙錢)을 준비해 가서 조상에게 음식을 바치고 종잇돈을 태운다. 푸른 풀을 밟는다는 의미로 '답청(踏靑)'이라고 하였다.

한식(寒食)은 동지(冬至) 후 105일째 되는 날이다. 양력으로는 4월 5일이거나 하루 뒤인 4월 6일이며 청명절(淸明節) 당일 혹은 하루 뒷날이다.

청명절

단오절 용선시합

한식은 춘추전국시대 개자추(介子推)의 충성을 기념하고 위로하기 위한 날이다. 진(晉)의 신하였던 개자추는 내란이 일어나자 공자 중이(重耳)를 모시고 타국으로 가서 고생하며 모셨다. 하루는 고기가 먹고 싶다는 중이의 말을 듣고 자신의 허벅지를 잘라서 먹이기도 했다.

훗날 중이는 귀국해 진의 문공(文公)이 되어 신하들에게 상과 벼슬을 내렸으나, 개자추를 그만 잊어버리고 말았다. 이에 상심한 개자추는 모친과 함께 면산(綿山)에 들어가 은거하게 되었다. 문공은 어느 날 개자추가 없어진 것을 알고 찾았으나 면산에 들어가 버린 후였다. 이를 부끄럽게 생각한 문공은 개자추를 찾아 나섰지만 산세가 험하여 찾지 못하였고 불을 지르면 나올 수밖에 없을 것이라는 얘기를 듣고 면산에 불을 놓았으나 개자추는 끝끝내 나오지 않았다. 불이 꺼진 뒤에야 버드나무 아래에서 모친과 함께 불타 죽은 개자추를 발견한 문공은 탄식하였고, 이날을 기리기 위하여 매년 이날만큼은 불을 사용한 음식을 먹지 못하게 하였다.

단오(端午)는 음력 5월 5일이며 단오는 초닷새라는 의미이다. 이날은 대나무 잎에 찹쌀을 싼 종자(粽子)를 먹고 용모양의 뱃머리를 한 용선(龍船)을 타고 뱃놀이 경기를 하는데 전국시대 초나라 굴원(屈原)의 고사에서 연유한다.

굴원은 초나라 회왕(懷王) 시절의 충신이다. 진(秦)나라에 대항하기 위해서는 초나라의 정치를 개혁하고 제, 연, 조, 위, 한과 함께 6국이 연합해야 한다고 주장하였으나, 회왕과 그 뒤를 이은 경양왕(頃襄王)은 그의 의견을 받아들이지 않았고 오히려 변방으로 쫓아내고 말았다.

마침내 초나라가 진나라에 패했다는 소식을 들은 굴원은 분을 참지 못하고 멱라강(汨羅江: 호남성 湘江의 지류)에 뛰어들어 죽었다. 이날이 바로 BC 278년 음력 5월 5일이었다. 소식을 들은 백성들은 급히 배를 몰면서 그의 시체를 찾았으나 찾을 수 없었다. 백성들은 물고기가 그의 시체를 훼손하지 말라며 대나무 광주리에 있는 쌀을 강에다 뿌렸다.

종자

중추절

중추절(仲秋節)은 음력 8월 15일이다. 한국에서는 최고의 명절인 중추절이 중국에서는 그렇지 못했다가 2008년부터 법정공휴일로 시행되어 춘절 다음의 중요한 명절로 자리잡았다. 가을의 한가운데 있는 8월 15일을 중추라고 부르고, 가족이 한 자리에 모인다는 의미에서 단원절(團圓節)이라고도 한다.

중추절에는 상아분월(嫦娥奔月: 상아가 달에 올라가다)의 전설이 있다. 그 옛날 하늘에 10개의 해가 출현하여 사람들이 못 살 지경이 되었다. 이때 후예(后羿)라는 명사수(名射手)가 곤륜산(崑崙山)에 올라 9개의 해는 쏘아서 떨어뜨리고 1개의 해만 남겨 놓고는 매일 정해진 시간에 뜨고 정해진 시간에 질 것을 엄명한 뒤 하산하였다. 후예는 무예도 출중해서 사람들이 존경하며 따랐으며 제자들이 많았는데 봉몽(逢蒙)이라는 음험한 사람도 있었다.

후예의 아내인 상아(嫦娥)는 용모가 아름답고 성격도 착하여 주변의 가난한 사람들을 도우니 백성들이 다 좋아하였다. 그러던 어느 날 곤륜산에 사는 서왕모(西王母)가 후예에게 신비한 약(藥)을 보내왔는데 이 약을 먹으면 죽지도 않을 뿐만 아니라 하늘로 올라가 신선이 된다는 것이었다. 상아를 떠나고 싶지 않았던 후예는 약을 먹지 않고 상아에게 주면서 잘 보관하라고 하였다. 하지만 이를 알게 된 봉몽(逢蒙)은 어떻게 약을 수중에 넣을까 하고 기회를 보고 있었는데 8월 15일이 되자 후예가 제자들을 데리고 외출하였다. 봉몽은 약을 내 놓으라고 상아를 협박하였고, 견디지 못한 상아는 스스로 약을 삼키고 말

월병

앗다. 그러자 몸이 공중으로 솟으면서 훨훨 날더니 달에 이르렀다. 평소 상아를 좋아하고 아꼈던 백성들은 그녀가 좋아했던 음식을 차려 놓고 그리워했으며 이것이 중추절의 풍습이 되었다.

이 날은 둥근 달을 보며 월병(月餠)을 먹는 날이다. 월병은 당나라 시기 서역에서 유래하여 처음에는 호병(胡餠)이라고 하였는데 현종이 호병이라는 말을 싫어하자 양귀비가 그러면 월병이 어떠냐고 제안하여 월병이라 하였다.

월병은 그 종류와 제작 방법이 아주 다양하며 맛도 가지각색이다. 가격도 종류에 따라서 천차만별이다. 근래에는 뇌물을 전달하는 수단으로 변질되어 월병 속에 현금이나 금붙이 등을 넣어서 전달하는 경우가 많았는데 부정부패 척결 차원에서 단속이 심해지면서 보기 힘들어졌다.

THEME 252

기념일

원단(元旦)은 양력 1월 1일로 한 해의 시작을 기념하는 날이다. 원(元)은 으뜸을 뜻하고 단(旦)은 아침을 뜻하니 '으뜸가는 아침'이라는 뜻이다.

부녀절(婦女節)은 세계 여성의 날이다. 1908년 3월 8일 미국 시카고의 여성 노동자들이 근로조건 개선과 참정권을 요구하면서 시위에 나선 것을 기념하는 날이다. 이날은 여성 노동자들이 오전에만 일하고 오후는 쉰다. 남편과 아이들이 어머니에게 장미꽃과 선물을 주면서 감사를 표시하는 날이기도 하다.

부녀절

국경절

　노동절(勞動節)은 세계 노동자의 날이다. 1886년 5월 1일 미국 시카고 등지의 노동자들은 하루 8시간 근로를 주장하며 총파업을 벌였고 결국 승리했다. 중국에서는 1999년부터 휴무일을 3일로 하고 앞뒤 주말과 더불어 7일을 쉴 수 있도록 했으나 2008년부터 청명절, 단오절을 휴무일로 지정하면서 1일로 조정되었다.

　청년절(靑年節)은 1919년 5월 4일 일어난 5·4운동을 기념하는 날이다. 이날 북경에서는 3,000명의 대학생들이 천안문에 모여 정부의 매국적인 대일 외교를 비판하고, 패전국 독일이 산동성에서 누리고 있던 권한을 전승국 일본에게 넘긴다고 하는 파리강화회의 결정을 거부하면서 '국권 쟁취'를 외쳤다. 민중의 정치의식이 크게 높아졌으며 중국 현대사의 시작이 되었다. 청년의 날에는 성인식 등이 열리고 학생들은 오전 수업만 한다.

　아동절(兒童節)은 매년 6월 1일 국제 어린이날을 기념하는 '어린이 날'이다.

만 13세 이하의 어린이들은 하루를 쉬는데 부모들도 같이 쉬는 것이 점점 늘어나는 추세이다. 동물원, 놀이동산에 가거나 소년궁, 아동문화센터에 가기도 하며 선물을 받고 맛있는 음식을 먹을 수 있는 날이다.

건당절(建黨節)은 매년 7월 1일 중국공산당의 창당을 기념하는 날이다. 1921년 7월 23일, 중국공산당은 상해에서 제1차 전국대표대회를 개최하였다. 훗날 1941년에 공산당 중앙위원회는 7월 1일을 중국공산당의 창당기념일로 결정하였다.

건군절(建軍節)은 1927년 8월 1일 강서성의 남창에서 남창기의(南昌起義)가 일어난 날이다. 주은래, 하룡, 주덕 등이 봉기하였는데 중국공산당이 독립적으로 혁명을 시작하였음을 의미하는 날이다. 이들은 다음해 4월 정강산(井岡山)으로 와서 모택동 부대와 합류하여 중국공농혁명홍군제4군(中國工農革命紅軍第4軍)이 되었다. 중국공산당은 1933년부터 이 날을 건군의 날로 삼고 있으며 열병식과 군사 행진이 벌어진다.

국경절(國慶節)은 중화인민공화국의 건국을 기념하는 날이다. 1949년 10월 1일 천안문 광장에서는 중화인민공화국의 중앙인민정부 수립식이 있었고 12월 3일에 가서 이날을 건국기념일로 하는 것으로 결정하였다. 건국 60주년과 70주년에는 각국 정상들을 초청하여 대규모 군대 열병식을 하면서 중국의 국위를 선전하기도 하였다. 국경절은 공식적으로 3일간 휴무이기는 하나 정부에서는 통상 앞뒤로 주말을 더해 일주일 이상의 연휴가 이어지도록 하고 있어서 관광객이 넘쳐나고 소비가 진작되는 큰 명절이 되었다.

의서와 의약서

중의(中醫)와 중약(中藥)은 중국인의 자부심이다. 오랜 세월 축적되고 검증되어 서구의 시각으로 설명할 수 없는 부분이 많다.

『황제내경(黃帝內經: 內經)』은 가장 오래된 의학서로 황제와 신하 기백(岐伯) 등의 의술에 관한 대화를 기록한 것이다. 실제로는 전국시대부터 진한까지의 의술 내용을 모아놓고, 책의 권위를 높이기 위해 황제의 이름을 빌린 것으로 추론한다. 책 전반부 소문(素問)은 음양오행에 근거한 병리학을 다루고 후반부 영추(靈樞)는 침구와 경락 등의 물리치료 요법을 기술하고 있다.

『황제팔십일난경(黃帝八十一難經: 難經)』은 전국시대의 명의인 편작(扁鵲)이 지었다고 전해지지만 확실하지는 않다. 내경의 소문과 영추의 기초 위에서 맥진(脈診), 경락(經絡), 장부(臟腑), 질병(疾病), 수혈(腧血: 經穴), 침법(鍼法)에 관한 81개의 병증을 문답식으로 다루고 있다.

『상한잡병론(傷寒雜病論)』은 동한(東漢)의 장중경(張仲景: 본명은 張機)이 지은 책이다. 맥을 짚고 처방을 하여 약재를 쓰는 것을 잘 정리하였고 임상(臨床)에서도 실용적이어서, 장중경은 의학을 진일보시킨 의성(醫聖)으로 추앙되고 있다.

『침구갑을경(鍼灸甲乙經)』은 진(晉)의 황보밀(皇甫謐, 214~282)에 의해 집필되었다. 현존하는 침구(鍼灸)와 경혈(經穴) 의서 중에서 가장 오래된 문헌이다.

『신농본초경(神農本草經)』은 최고(最古)의 약물학 전문서이다. 약물을 식물, 동물, 광물로 나누고 약물의 성능과 효과를 설명하고 치료법을 기술하고 있다.

『본초강목(本草綱目)』은 명나라 시대 이시진(李時珍, 1518~1593)이 엮은 약학서인데 30년에 걸쳐 저술되었으며 52권으로 구성되어 있다. 약용으로 쓰이는 1,892종의 약재와 11,096가지의 처방이 집대성되어 있는 역작이다.

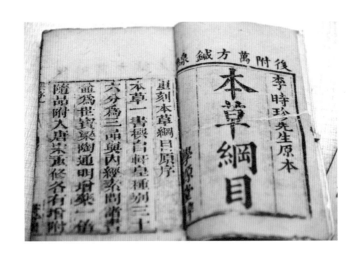

약방

북경에 있는 동인당(同仁堂)은 가장 잘 알려진 약방이다. 청나라 강희제 시절인 1669년에 낙현양(樂顯揚)이 설립하였으니 300년이 넘는 전통을 자랑한다. 동인당은 질 좋은 최고의 약재를 쓰는 것으로 신용을 쌓아왔다. 1997년에는 상해의 증권거래소에 상장되었으며 해외에도 분점과 합작회사를 설립하는 등 다국적기업으로 변신하고 있다. 건강 약품, 의약 기구, 화장품 등도 취급하고 있으며 2001년에는 북경동인당 숭문중의병원(崇文中醫病院)을 설립하여 중의(中醫)와 중약(中藥)의 결합을 시도하고 있다.

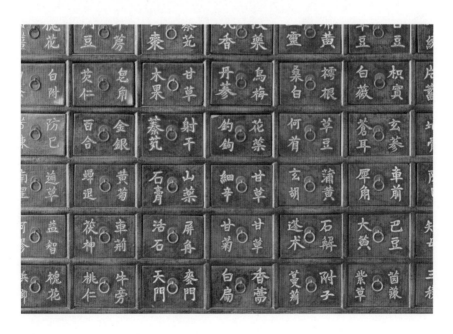

굉제당(宏濟堂)은 1907년에 동인당 낙씨 가문의 후손인 낙경우(樂鏡宇)가 산동성 제남(濟南)에 설립한 약국이다. 동인당과 마찬가지로 약품의 질량에 최우선의 가치를 두고 있으며 동인당에 없는 약품도 만들 정도가 되었다.

호경여당(胡慶余堂)은 청나라 말기 유명한 상인인 호설암(胡雪岩)이 1874년에 설립한 약방으로 절강성 항주(杭州)의 오산(吳山) 기슭에 있다. 송나라 황실의 제약 전통을 이어 받았다고 하며 "남쪽에는 경여당(慶余堂)이 있고 북쪽에는 동인당(同仁堂)이 있다"는 말이 있을 정도로 권위가 있다.

채지림(采芝林)은 청나라 가경제(嘉慶帝) 말년에 설립되었으니 200년의 역사를 자랑한다. 광주시에 위치하며 1956년부터 정부와 민간이 공동으로 경영하는 방식을 취해왔고 1996년에는 전국적인 약국 체인점을 오픈하였다.

중약

중국의 전통 약품은 화학 성분이 아닌 자연의 동식물에서 얻은 재료를 많이 쓰는 것이 특징이다. 약방에서 자주 쓰는 전통적인 약과 약품 몇 가지를 알아보자.

호골고(虎骨膏)의 주요 성분은 사향(麝香), 박하뇌(薄荷腦), 표범뼈(豹骨), 호랑이뼈(虎骨) 등이며 진통, 소염, 관절염, 신경통, 근육통, 타박상 등에 효과가 있다.

우황청심환(牛黃淸心丸)의 성분은 우황(牛黃), 사향(麝香), 서각(犀角), 영양각(羚羊角), 주사(朱砂), 황금(黃芩), 당귀, 맥문동(麥門冬), 백작약(白芍藥), 천궁(川芎), 감초 등이며 중풍, 고혈압, 동맥경화, 심장마비, 신경쇠약 등에 좋다.

동충하초(冬蟲夏草)는 겨울에는 곤충의 몸에 살면서 양분을 흡수하여 곤충을 죽게한 후, 여름이 되면 죽은 곤충의 몸에서 버섯을 만든다는 뜻에서 붙여진 이름이다. 청장고원(靑藏高原)등의 고산지대에서 생존한다. 진정작용, 지혈, 혈압 안정, 노화 예방, 면역력 증강, 폐암, 림프암, 간암에 쓰인다.

웅담(熊膽)은 흑곰과 갈색곰의 담낭을 가리킨다. 길림성의 백두산(白頭山: 長白山) 지역이 웅담의 주요 산지이다. 곰 한 마리에서 일년 동안 1~2.5㎏의 담즙을 얻을 수 있다고 한다. 해열, 해독, 지사, 소아병, 치질 등에 효과가 있다.

설연(雪蓮)은 신강 지역 유목민들이 성결과 사랑의 상징으로 여기는 식물이다. 성인초(聖人草), 고산장미(高山玫瑰)라고도 불리우며 천산(天山)에서 생산되며 질도 좋다. 혈액순환을 촉진하고 생리 조절과 신장의 기를 보충한다.

　사향(麝香)은 사향노루 수컷의 배꼽과 음경 사이에 있는 선낭(腺囊: 麝囊)에서 분비되는 향즙을 건조시킨 것으로 의식불명, 경련발작, 뇌졸증, 타박상에 쓰이며 항균, 진통 작용이 있어 화농성 질환에 효과적이다. 임신 중인 사람이나 고혈압 환자는 사용하면 안 된다.

　인삼(人蔘)은 깊은 산의 숲속에서 자라난다. 뿌리를 주로 약용으로 사용하며 그 형태가 사람의 형태를 하고 있어서 인삼이라고 한다. 불로장생의 영약으로 알려져 있으며 원기 회복을 돕고 심장의 수축력을 증강시키며 혈류의 흐름을 원활하게 한다.

양생과 기공

양생(養生)의 의미는 건강을 유지하는 것이라고 할 수 있는데 심신 수양, 음식 섭취, 신체 운동 등 건강을 위한 모든 활동을 포함하는 개념이다. 침술(鍼術)은 침으로 인체의 일정한 혈(穴)을 자극해서 경락(經絡)의 기(氣)를 불러 일으켜 인체 신진대사를 왕성하게 하고 신체를 건강하게 한다. 병상에 있는 환자의 건강 회복에도 사용되는 중국의 독특한 양생 방법 중의 하나이다.

기(氣)를 '만물을 구성하는 근원'으로 정의할 때, 공(功)은 그를 단련하는 방법으로 정의할 수 있다. 수련 방법에 따라 정신적 수양과 신체적 단련, 앉거나

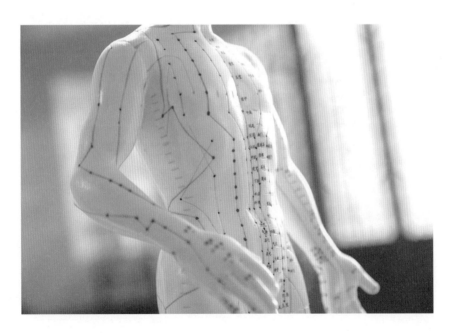

누운 자세로 하는 정적(靜的) 단련과 걷거나 뛰면서 하는 동적(動的) 단련, 무술을 통한 강한 방식과 요가, 명상, 체조 등의 부드러운 방식이 있다. 기공은 그것을 추구하는 사람에 의하여 발전 형태를 달리해 왔다. 의학(醫學)에서는 질병의 예방을 중심으로 발전했으며, 도교(道敎)에서는 체조를 통한 도인(導引)으로 확장되었고, 불교(佛敎)에서는 인도의 참선, 요가 등과 함께 해왔다. 무술에서도 내공(內功)을 키우기 위한 핵심 수련법의 하나다. 현대의학에서도 기공을 주목하고 있다. 부드럽고 유연한 동작 덕분에 심신의 이완에 탁월한 효과가 있고 스트레스와 불안을 다스려 준다고 하며 혈압을 낮추고 혈관을 확장시키며 노폐물을 걸러내고 질병에 대한 저항력을 키운다고 한다.

중국 무술의 종류

중국의 무술은 싸움의 수단이라기보다는 심신 수련의 방법이었다. 중국인들은 소림권, 태극권, 팔괘장 등으로 신체와 정신을 단련해 왔다. 수천 년 동안 생활 속에 같이해 온 무술은 오늘날에도 생생히 살아 있다.

무기를 쓰지 않고 맨손으로 하는 무술을 권법(拳法)이라고 하며 외가권(外家拳)과 내가권(內家拳)으로 나눈다. 외가권은 경권(硬拳)으로 움직임이 직선적이고 격렬하며 골격, 근육 등 외면적인 힘을 단련한다. 소림권(少林拳)이 대표적이다. 내가권은 유권(柔拳)으로 곡선, 호흡을 중시하고 감각, 정신 등 내면적인 기를 수련한다. 태극권(太極拳), 형의권(形意拳), 팔괘장(八卦掌)이 있다.

소림권은 숭산(嵩山)에 있는 소림사(少林寺)와 관련이 깊다. 소림무술의 창시자로 달마대사(達磨大師)를 꼽고 있는데 그는 인도에서 왔으며 면벽과 요가 등을 통하여 심신을 수련했으므로 이런 주장은 설득력이 있어 보인다.

태극권은 하남성 진가구(陳家溝)에 살던 진왕정(陳王廷, 1600~1680)을 창시자로 삼는데 그는 명나라의 장수였다. 명이 망하자 고향으로 돌아와 권법을 만들어 후손들에게 전수하였으니 진식태극권(陳式太極拳)이다. 그의 후손 진장흥(陳長興)에게 배운 양로선(楊露禪, 1800~1873)은 좀 더 부드럽고 간략하게 태극권을 만들었고, 이를 후손들이 발전시키니 양식태극권(楊式太極拳)이다. 이것이 모태가 되어 국가체육위원회는 1956년 배우기 쉽고 신체 단련에 좋은 8조(組) 24기(技)로 구성된 간화태극권(簡化太極拳)을 보급했다.

　형의권은 산서성(山西省)에 살던 희제가(姬際可)가 동물들이 싸우는 것을 보고 오행(五行)에 근거하여 심의육합법(心意六合法)을 창시했고 후대에 이낙능(李洛能)이 이를 더욱 간략하게 하여 형의권을 만들었다. 외면의 형(形)과 내면의 의(意)를 단련하고 간결, 투박하며 공격적인 특성을 가진다.

　팔괘장은 청나라 말기 동해천(董海川, 1797~1882)에 의하여 창시되었다. 다른 무술과 달리 주먹을 쥐지 않고 손바닥(掌)을 이용하는 것이 특징이며 8개의 장법(掌法)이 있고 각 장법마다 8가지 변화를 이루어 64가지로 변화한다. 팔괘장은 자연스러운 호흡과 몸짓을 중시하면서 틈을 노려 상대의 허를 찌른다.

곽원갑과 황비홍

곽원갑

곽원갑(霍元甲, 1868~1910)은 천진 정해현 (靜海縣)에서 태어났다. 선천적으로 신체가 허약하여 부친은 그에게 무술을 가르치지 않았다. 하지만 혼자서 몰래 연습하였으며 23세가 되어서야 정식으로 무술을 배우기 시작했다. 대대로 내려오던 비종권(祕宗拳) 을 전수받았는데, 이 권법은 가볍고 민첩한 동작이 많고 보법(步法)이 복잡하며 상하 중심이동이 신속하다.

상단(商團)의 호위대와 약국의 수위를 보기도 했으나 지역의 무술 고수들을 물리치면서 명성을 쌓았고 창주(滄州) 십대무술명인(十大武術名人) 중 한 명이 되었다. 서양 장사들과의 무술 경기에서 승리하면서 세상에 알려졌다. 1909 년에 상해로 와서 정무체조회(精武體操會)의 무술사범이 되었고 1910년 6월에는 정무체육회를 설립하여 무예를 대중화하는 데 결정적인 역할을 하던 중, 9월에 일본 독살설 등 많은 의문점을 남기고 42세에 세상을 떠났다.

영화와 드라마로 잘 알려진 〈정무문(精武門)〉은 현존하였던 정무체육회를 배경으로 제작된 것인데 이소룡(李小龍), 이연걸(李連杰), 견자단(甄子丹) 등이 주연으로 나왔으며 2006년에는 〈무인 곽원갑〉이 개봉되기도 하였다.

황비홍

황비홍(黃飛鴻, 1856~1925)은 무술인이자 의사이며 항일운동가이다. 광동성 남해현(南海縣)에서 태어나 부친으로부터 홍가권(洪家拳: 洪拳)을 전수 받았으며 임복성(林福成)이라는 사람에게서 철선권(鐵線拳)과 비타(飛砣)를 배웠다.

황비홍이 유명해진 것은 그의 가공할 발차기 기술이었다. 어떤 영국인이 셰퍼드 개를 데리고 와서 무술인들과 대결하게 했는데 사람들이 많이 다치고 더 이상 나서는 자가 없게 되었다. 이때 황비홍이 나서서 개와 대결하였는데 발차기 한방으로 즉사시켰다.

항일운동에도 참여하여 유영복(劉永福)이 이끄는 흑기군(黑旗軍)에 가담해 무술교관을 하였고, 청일전쟁 때는 대만에서 일본군에 맞서 싸우기도 하였다. 그는 의사이기도 했는데 26세에 광주에 보지림(寶芝林)이라는 병원을 세우고 환자를 치료하는 등 가난하고 힘없는 민중들을 위한 일을 많이 하였다.

그는 사람됨이 매우 진지하면서도 소탈했다고 한다. 항상 약자 편에 서서 불의를 보면 참지 않았으며 상인들을 보호하는 일에 앞장섰다. 불산시(佛山市)에는 그를 기리는 '불산황비홍기념관(佛山黃飛鴻紀念館)'이 있는데, 사진과 기록화, 사료, 무기 등이 전시되어 있다. 또한 그의 일대기를 다룬 영화, 드라마, 소설 등이 계속해서 제작되고 있어 그에 대한 중국 민중들의 사랑을 짐작할 수 있다.

마장, 카드놀이

    고단한 삶 속에서도 놀면서 즐기는 것은 인간의 본성이다. 중국에는 특히 여럿이 모여서 노는 문화가 많다. 기차 여행 중의 카드놀이, 골목길의 장기판, 아파트 광장의 단체무용 등 다양한 놀이 문화를 볼 수 있다.

    중국인의 오락 중에서는 뭐니 뭐니 해도 마장(麻將)이 가장 인기가 있다. 날씨가 좋을 때는 아파트 단지 내 공원 한쪽에서 마장을 하는 모습을 흔하게 볼 수 있으며 특히 춘절이나 중추절에는 가족들이 둘러앉아 다같이 게임을 즐긴다. 마장은 4명이 함께하는 테이블 게임이다. 운이 많이 작용하는 게임이기

마장

때문에 도박성이 강해서 공식적으로 장려되지 않다가 1998년이 되어서야 중국체육총국에서 공식 체육 종목으로 지정하였다.

마장은 기본적으로 136개의 패(牌)를 가지고 즐기는 경기이다. 만자(萬子), 통자(筒子), 색자(索子) 3종류가 있으며 각 종류별로 1~9까지 있다. 이에 더하여 동(東), 서(西), 남(南), 북(北), 백(百), 발(發), 중(中)의 패가 있다. 주사위로 순서를 정한 뒤 돌아가며 패를 선택하거나 버리면서 조합을 완성한다.

카드놀이

카드놀이 또한 아주 흔하게 볼 수 있다. 마장의 경우 마장 패는 물론 테이블, 의자가 있어야 하고 4명이 모여서 하는 경기인 데 반하여 카드놀이는 장소와 인원수에 구애받지 않는다. 기차 칸, 공항, 공원 등에서 많이 관찰된다. 카드의 중국식 표현은 독특하다. 카드는 박극(撲克: pū kè)이라 한다. 스페이드(Spade)는 흑도(黑桃: hēi táo)이며 다이아몬드(Diamond)는 방편(方片: fāng piàn), 하트(Heart)는 홍도(紅桃: hóng táo), 클로버(Clover)는 매화(梅花: méi huā)다. 잭(Jack)은 정구(丁溝: dīnggōu), 퀸(Queen)은 권(圈: quān), 킹(King)은 개(凱, kǎi), 에이스(Ace)는 첨(尖: jiān), 블랙잭(Black Joker)은 소왕(小王: xiǎowáng), 컬러조커(Color Joker)는 대왕(大王: dà wáng)이다.

장기

중국에서는 장기를 상기(象棋)라 한다. 현재의 모습과 비슷하게 정돈된 것은 위진남북조시대 북주(北周)의 무제(武帝, 재위 561~578) 때라고 하며 명청시대에 가장 유행하였다. 나이 지긋한 어른들이 골목에 모여 게임을 즐기는 모습은 심심찮게 볼 수 있다.

중국과 한국 장기는 차이점이 있어서 헷갈리지만 조금만 배우면 쉽게 게임을 할 수 있다. 먼저 눈에 띄는 것은 장기판의 아군과 적군 사이에 경계를 이루는 하천이 있다는 점이다. 이를 초하(楚河), 한계(漢界)라고 한다. 한국은 청

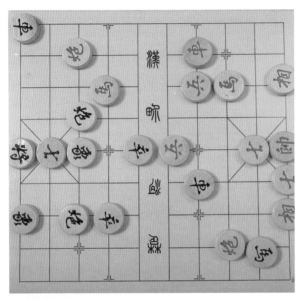

색(靑色) 초(楚)와 홍색(紅色) 한(漢)인데 중국은 흑색(黑色) 장(將)과 홍색(紅色) 수(帥)로 구분된다.

장수(將帥: 한국은 楚漢)를 보면 한국은 처음 위치가 궁(宮)의 가운데인데 중국은 제일 아랫줄에 두고 시작하며 사선(斜線)으로는 움직이

중국의 장기판

지 못한다. 호위하는 기물 없이 일직선으로 마주보게 되면 패배한다. 차(車)도 궁 안에서 사선으로 움직일 수 없다. 포(炮)는 한국보다 훨씬 자유롭다. 포가 포를 잡을 수도 있고 서로 넘어갈 수도 있다. 다만 장군을 부르거나 상대를 잡을 때는 다리가 필요하다.

말(馬)은 길이 한국과 같다. 상(象)은 한국과 다르게 움직이는데 공격보다는 수비에 특화되어 있다. 경계선을 넘어 상대방 진영으로 들어갈 수 없으며 밭 전자(田字)로 움직인다. 졸(卒)과 병(兵)은 경계선을 넘을 때까지 전진하는 것만 가능하며 후퇴는 물론 옆으로도 움직이지 못한다. 상대 진영에 들어서면 좌우 이동이 가능해지지만 여전히 후퇴는 불가하다. 사(士)가 궁 안에만 있는 것은 동일하나 4개의 사선(斜線)만 이동할 수 있다.

뉴앙가

뉴앙가(扭秧歌: niǔ yāng gē)는 중국의 북부 지역 특히 섬북(陝北) 지방에서 모내기를 하면서 부르던 노래와 춤을 말한다. 중국의 도시와 농촌 어디를 가나 광장이나 공원에서 볼 수 있으며 중노년층 남녀가 모여서 같은 복장을 하고 빙글빙글 돌면서 춤을 춘다.

부채와 수건 등을 쥐고 흔들면서 징, 북, 나팔 등의 소리에 맞추어 노래를 부르고 춤을 춘다. 시작할 때와 마지막의 큰 마당에서는 여러 명이 함께 돌면서 집체무(集體舞)를 추고 중간의 작은 마당에서는 두 세 사람이 역할을 나누어서 간단한 춤과 연기를 한다. 스토리는 민간전설이나 역사상의 인물 등이다.

노래와 춤에서 귀족적인 색채는 없고 일반 민중들의 춤과 노래이며 가장 보편적인 서민 공연 혹은 오락이라고 할 수 있다. 마을의 대소사가 있을 때 함께 모여 악기 소리에 맞추어 화합을 다지는 모습을 주변에서 흔하게 볼 수 있다.

광장무

광장무(廣場舞: guǎng cháng wǔ)는 주로 40대 이상의 중년들, 특히 여성들이 광장이나 공원에 모여서 음악에 맞추어 집단으로 추는 무용 혹은 동작을 말한다.

1949년 건국 이후 1960년대 문화대혁명을 거치면서 집단주의가 자연스럽게 형성된 세대를 중심으로 시작되었고, 건강과 사교를 동시에 추구한다는 인식이 퍼지면서 대중화되었다. 이들은 통일된 복장을 하고 정해진 시간과 장소에 모여서 활동하는데 적게는 수십 명에서 많게는 수백 명 단위로 한다.

정해진 음악과 리듬에 따라서 동작을 하는데 가벼운 춤 동작도 있지만 때로는 격렬한 에어로빅이 가미되는 오락과 운동을 겸하는 활동이다. 기초적인 스텝은 4x4로 구성된 16보(步) 동작이다. 밤 늦게까지 이어지는 음악 때문에

주민들과의 마찰이 빈번하다. 주차장, 농구장, 놀이터 등에서 광장무를 추기 때문에 청소년들과의 세대갈등까지 생기고 있다. 시끄러운 음악 때문에 공부에 지장이 있다는 불만도 제기되고 있다.

색깔

중국에는 유난히 상징과 미신이 많은 것 같다. 유물론에 입각한 사회주의 체제 속에서도 없어지지 않고 여전히 위력을 발휘한다. 글자의 발음으로 의미를 부여하는 해음(諧音)에 의한 호불호는 유별나다.

홍색(紅色)은 중국인이 가장 좋아하는 색이다. 길상(吉祥)과 축복의 의미를 가지며 부, 명예, 인기, 권력을 얻는다고 생각한다. 자금성의 담장은 홍색이며, 망홍(網紅)은 인터넷의 인기스타를 의미하고, 새뱃돈은 홍포(紅包)라고 불리는 붉은색 봉투에 담아준다. 공산당의 상징 색깔을 홍색으로 한 것은 혁명(革命)의 의미도 있지만 중국인들이 전통적으로 선호하는 색깔을 선택한 것이다. 한편 붉은색은 사악한 것을 물리친다고 믿는다. 춘련(春聯)을 붉은색으로 하고, 붉은 실을 손목이나 발목에 묶고 있으면 병이 오지 않으며, 그 해의 띠를 가진 사람들이 일년 내내 홍색 내의나 허리띠를 걸치면 병에 걸리지 않고 사고도 나지 않으며 행운이 따른다고 믿는다.

황색(黃色)은 예전에는 존귀함을 상징하는 매우 고귀한 색이었으며 황제의 상징 색깔이기도 하였다. 자금성(紫禁城)의 황금색 기와는 황제가 거주하는 곳만 쓸

수 있었다. 하지만 현대에 와서는 저질이나 형편없는 물품을 상징하는 색으로 인식되고 있으며 일이나 계약이 잘못되거나 사람과의 관계가 깨졌을 때도 황료(黃了: 황 되었다)라는 표현을 쓴다. 선정적인 문학은 황색문학(黃色文學), 선정적 영화는 황색편(黃色片)이라 하며 문란한 문화를 단속하는 것은 타황(打黃)이다. 그래도 여전히 권위, 돈을 상징하는 색깔이기도 하다.

중국인은 녹색(綠色)을 별로 좋아하지 않았다. 푸르지도 않고 노랗지도 않은 어중간한 색이라는 인식이 강하다. 그러나 최근에는 녹색식품(綠色食品) 등 건강과 환경보호를 상징하는 색깔로 변화하고 있다.

백색(白色)은 죽음과 관련이 있는 색으로 인식되고 있으며 헛수고를 한다는 부정적인 의미도 가지고 있다. 괜히 바쁘다라는 표현은 백망(白忙), 괜히 보았다는 백간(白看) 등이다. 흰색 봉투는 장례식에 쓰이는 것이므로 특별한 주의

가 필요하다. 혼례 등 좋은 일이 있을 때는 흰 봉투에 돈을 담아줘서는 안되며 축사를 할 때도 흰색 종이 대신에 붉은색 종이를 준비하는 것이 좋다.

흑색(黑色)은 불법, 비밀, 어두운 세계를 상징하는 색이다. 암흑, 사망, 위험, 공포 등을 연상시킨다. 조직폭력배는 흑사회(黑社會), 검은 돈은 흑전(黑錢), 불법 택시는 흑차(黑車), 호적이 없는 사람은 흑인(黑人)이라고 하며 최근 SNS에서 랍흑(拉黑: 라헤이)이라는 표현은 '차단하다'의 의미로 쓰인다.

중국에서는 녹색 모자(綠帽子)를 쓰지 않는다?

그 이유는 녹색모자를 쓰고 다니면 "나의 아내는 바람을 피웠습니다"라는 의미가 되어 남들의 웃음거리가 되기 때문이다. 어느 바람난 아내가 남편이 먼 길을 떠날 때는 녹색모자를 쓰도록 하였는데 그것은 이웃에 사는 자신의 정부(情夫)에게 남편이 먼 길을 떠나니 안심하고 와도 된다는 것을 알리는 표식 역할을 한 것이었다.

숫자

중국의 숫자와 관련한 상징, 믿음, 미신은 대부분이 그 숫자의 발음으로 다른 글자를 연상하는 해음(諧音)과 밀접하게 관련되어 있다.

일(一, yī, yào)은 단독으로는 의미가 없으나 168(要流發: 손조롭게 발전하다), 198(要久發: 오래도록 번창하다)처럼 다른 숫자와 결합하여 큰 의미를 가진다.

이(二, èr)는 중국인이 비교적 좋아하는 숫자이며 기본적으로 홀수보다 짝수를 좋아한다. 경사스러운 행사에서는 짝수를 많이 사용하는데 그 이유는 좋은 일은 한 번으로 끝날 것이 아니라 쌍으로 계속 이어지기를 바라는 마음에서 유래했다. 선물이나 축의금은 짝수로 하는 것이 관습이다.

삼(三: sān)은 '흩어지다, 헤어지다, 해체되다'라는 뜻의 산(散: sàn)과 발음이 비슷하여 사람들이 꺼리기도 하나 광동화에서는 '생존', '승진'을 상징하여 좋아하는 숫자이기도 하다.

사(四: sì)는 한국과 같이 죽을 사(死)를 연상시킨다 하여 중국인이 가장 꺼리는 숫자이다. 차 번호, 휴대폰 번호는 물론이고 빌딩에서도 4층 대신에 F층으로 표시하며 4월, 4일, 14일(要死: yào sǐ), 24일(兒死: ér sǐ)은 결혼식 같은 행사를 하지 않는다. 또 부모에게 용돈을 드릴 때에도 40위안, 400위안은 금물이다.

육(六: liù)은 중국인이 팔 다음으로 좋아하는 숫자이다. 유(流: liú) 혹은 이(利: lì)와 그 발음이 비슷하기 때문인데 '순조롭다', '이롭다'의 의미를 가지고 있다. '최고다, 대박이다'라는 표현을 666으로 하기도 한다.

칠(七: qī)은 서양이나 한국과 달리 환영받지 못하는 숫자이다. 발음이 기(氣: qī)와 같아서 생기(生氣: shēng qì)를 연상하며 사람이 죽은 후에 매 7일마다 제사를 지내고 7×7인 49제를 연상하므로 싫어하였다. 그러나 최근에는 숫자 7에 '이륙하다(起飛: qǐ fēi)'의 의미를 부여하기도 하고 행운의 숫자라며 반기는 등 문화가 변하고 있다.

팔(八: bā)은 중국인이 가장 좋아하는 숫자이다. 이는 '부자가 되다, 돈을 벌다'라는 의미를 가진 발(發: fā)과 비슷한 발음이기 때문이다. 좋은 차 번호와 휴대폰 번호는 당연히 8이 많이 들어가는 것이며 88888 차 번호판, 8888-8888 전화번호는 수억 원에 거래되기도 한다. 2008년 북경올림픽 개막 시간은 2008년 8월 8일 저녁 8시 정각이었다. 알리바바의 전자상거래 도메인은 www.1688.com인데 일로발발(一路發發)을 연상한다. 축의금이나 상금으로는 888위안, 8888위안 등을 선호한다. 심지어 주식을 살 때에도 18주, 88

주, 888주 등으로 산다.

구(九: jiǔ)는 한자의 오랠 구(久: jiǔ)와 발음이 비슷해서 좋은 일이 오래 지속되기를 바라는 의미로 많이 쓰인다. 특히 98은 장수 등을 기원하는 숫자로 많이 사용된다. 긴 세월을 의미할 때는 999일이라는 표현을 하며 연인에게 장미꽃을 선물할 때는 9송이나 99송이를 선물한다.

기타 좋지 않은 의미로 쓰이는 숫자와 관련하여 엘리베이터 안의 층 표시를 보면 13층과 14층은 표시되어 있지 않은 경우가 많다. 이것은 그대로 발음하면 yāo sān과 yāo sì가 되어 要散(yào sàn: 헤어지다), 要死(yào sǐ: 죽다)의 부정적 의미를 연상시키기 때문이다. 38(sān bā)는 수다스럽고 남의 일에 간섭하기 좋아하는 여자라는 뜻이며, 74(qīsì)는 氣死(qì sǐ: 화나다) 혹은 妻死(qī sì: 아내가 죽다)를 연상한다. 250(èr bǎi wǔ)은 바보, 얼간이, 푼수의 의미이므로 경조금을 내거나 가격을 제시할 때 특히 주의해야 한다.

반면에 520의 발음 'wǔ èr líng'은 我愛你(wǒ ài nǐ)와 발음이 비슷하여 연인들끼리 자주 사용한다. 1314를 붙여 쓰면 'yī sān yī sì'가 되어 'yī shēng yī sǐ(一生一死)'를 연상시켜 '영원토록'이라는 의미가 된다. 1314 520(yī sān yī sì wǔ èr líng)은 '너를 영원히 사랑한다'(一生一死 我愛你: yī shēng yī sǐ wǒ ài nǐ)는 의미가 되는 것이다. 588도 좋아하는 숫자이다. 아발발(我發發: 我发发: wǒ fā fā)은 '나는 부자가 되겠다'는 의미가 되기 때문이다.

음식

물고기를 먹을 때는 뒤집어 먹지 않아야 한다. 이는 배가 뒤집어지는 불길함을 상징하며 배신을 뜻하므로 절대로 뒤집어 먹으면 안 된다. 밥그릇에 젓가락을 꽂아 놓는 것도 제사상을 연상하는 것이므로 금기 사항이다.

생선은 뒤집어 먹지 않는다

제사상에 콩이 들어 있는 음식은
안 되지만 두부는 괜찮다

일부 지방은 제사를 지낼 때 닭고기와 콩은 사용하지 않는다. 계(鷄: jī)와 기(飢: jī)의 발음이 같아서 배가 고프다는 의미이기 때문이다. 콩은 두(豆: dòu)와 투(鬪, dòu)의 발음이 같아서 집안에 싸움이 끊이지 않을 것이라고 연상하는 것이다. 다만 두부는 사용하는데 이는 두부의 부(腐: fu)와 부(富: fù)의 발음이 같기 때문이다.

파(蔥)는 결혼 연회석상에서 사용하지 않는 채소 중 하나이다. 파는 총(蔥: cōng)으로 발음되는데 '충돌하다'는 의미의 충(冲: chōng)자와 발음이 유사하여 새 인생을 출발하는 신혼부부에게 좋지 않은 느낌을 주기 때문이다.

그리고 한 개의 배를 여러 사람이 나누어 먹지 않는다. '배를 나누다'라는

파(蔥)는 충돌하다는 뜻의 충(沖)과
발음이 같다

배(梨)는 떠난다는 뜻의 리(離)를
연상시킨다

분리(分梨: fēn lí)가 헤어진다는 분리(分離: fēn lí)와 발음이 같기 때문이다. 또 먹는 배(梨: lí)는 떠날 리(離: lí)를 연상시켜 선물하지 않는다.

사과는 평과(苹果: píng guo)라 하며 평평안안(平平安安: píng píng ān ān), 즉 '편안하다'라는 뜻이 있어 선물로 자주 쓰인다. 유사한 것으로 병에 들어있는 선물은 두 개로 하는 것이 좋다. 병(瓶: píng)의 발음이 평(平: píng)과 같으며 평안하라는 평평안안(平平安安)에 두 개의 평이 있기 때문이다.

수험생들에게는 아침에 막대기 모양의 유조(油條: 요우티아오)와 동그란 달걀 2개를 먹이는데 이는 100점을 연상시킨다.

12간지, 선물 등

중국인은 자신의 띠가 돌아온 해를 좋아하지 않는다. 뭔가 충돌하는 해라는 뜻이 내포되어 있기 때문이다. 그 해에는 붉은색 내의를 입고 붉은색 실을 손목과 발목에 차거나 빨간 넥타이를 매는 사람을 많이 볼 수 있다.

양(羊)띠는 중국에서 가장 대접받지 못하는 간지이다. 이는 양띠들이 일생 동안 팔자가 사납다는 믿음에서 비롯되는데 특히 겨울에 태어난 양띠들은 먹을 풀이 없고 운이 따르지 않는다고 여긴다. 양띠 해 출생을 피하기 위해 제왕절개를 하거나 출산 촉진제를 주입해서 말띠 해에 조기출산 하기도 한다.

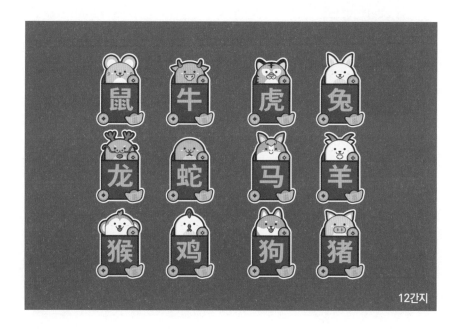

12간지

심지어 말띠 해에는 결혼을 피하기도 하는데 1년 뒤 양띠 해의 출산을 막기 위한 것이다. 하지만 말띠는 마도성공(馬到成功)이란 말이 있을 정도로 성공과 출세로 가는 행운을 지닌 띠로 여겨진다. 또한 원숭이(猿) 띠는 매우 영리하다고 해서 선호한다.

춘절(春節)이 되면 거꾸로 쓰여진 '복(福)'자를 쉽게 볼 수 있다. 그것은 복이 도착한다는 의미인 복도(福到: fú dào)의 발음이, 복도(福倒: fú dǎo)와 유사하기 때문이다. 복(福)자를 거꾸로 세워서 복이 쏟아지듯이 들어오라는 의미이다.

또 차량에 도마뱀 표식을 붙이는 경우가 많다. 이는 도마뱀의 발음에서 연유한다. 도마뱀은 벽호(壁虎)로 쓰고 bì hǔ이라고 발음한다. 그런데 '화를 피하다'라는 단어는 피화(避禍)이며 발음은 bì huò이다. 즉, 화를 피하고 안전운행을 비는 것이다.

중국에서 괘종시계는 선물로서 금해야 한다

괘종(掛鍾: guàzhōng)시계, 우산(雨傘: yǔ sǎn) 혹은 양산(陽傘: yáng sǎn)은 선물하지 않는다. 그 발음들이 끝날 종(終: zhōng), 흩어질 산(散: sàn)을 연상시키기 때문이다.

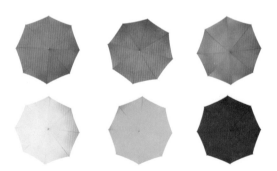

자연과 여행

중국은 서고동저(西高東低)의 나라이다. 서쪽 파미르 고원에서 출발한 산지는 동쪽으로 오면서 서서히 낮아져 황해에 이른다. 유유히 흐르는 장강과 황하를 따라 오천 년의 문화가 꽃피었으며 우뚝 솟은 오악(五嶽)은 그 위용을 자랑한다.

중국은 지역별로 문화가 다르고 말도 다르다. 지대물박(地大物博)의 구석구석을 다 보는 것은 불가능하지만 나누어서 하나씩 구경하는 재미가 있다. 중국의 현재를 보려면 상해로, 천 년의 역사를 보려면 북경으로, 삼천 년의 역사를 보려면 서안으로 가라는 얘기가 있다. 또한 하얼빈에서는 눈과 얼음 속에서 빙등절(氷燈節) 풍경을 구경하고 남쪽의 운남에서는 사탕수수를 먹으며 소수민족의 공연을 볼 수도 있다.

THEME 267

지형

　중국은 서고동저(西高東低)의 지형이다. 서쪽에서 동쪽으로 오면서 3단계로 차례차례 낮아지는 지형으로 강과 하천은 대부분 서에서 동으로 흐른다.

　제1단계는 해발 4,000m 이상으로 청장고원(靑藏高原)이 대표적인데 장강(長江)과 황하(黃河)가 여기에서 발원한다. 북쪽은 기련산맥(祁連山脈)과 곤륜산맥(崑崙山脈)이, 남쪽은 히말라야산맥이 경계를 이룬다. 서쪽에는 중앙아시아와 접하는 파미르고원이 있다. '세계의 지붕'으로 불리는 가장 험준한 산악지형이다.

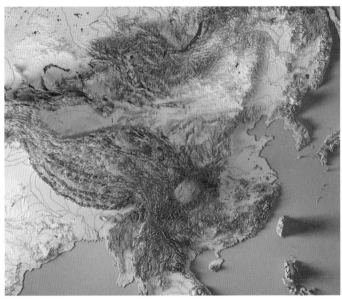

중국 지형도

제2단계는 해발 1,000~2,000m의 고원과 분지가 있는 지역이다. 고원(高原)으로는 내몽골(內蒙古), 황토(黃土), 운귀(雲貴)고원이 있으며, 분지(盆地)로는 준갈얼(准噶尔), 토노번(吐鲁番), 탑리목(塔里木), 사천(四川)분지가 있다. 3단계와 인접하여 동쪽 경계가 되는 산맥은 대흥안령(大興安嶺), 태행(太行)산맥이다. 봄철이면 우리에게 황사 피해를 주는 고원들이 분포한 지역이다.

제3단계는 해발 500m 이하의 지역으로 넓은 평원과 구릉으로 이루어져 있다. 동북(東北), 화북(華北), 장강중하유(長江中下游), 주강삼각주(珠江三角洲) 평원이 그것이다. 비옥한 땅과 해안이 위치해 있어서 교통이 편리하다. 경제가 가장 발달한 지역이며 중국 인구의 대부분이 이곳에서 살고 있다.

중국의 산맥

하천

　장강(長江)은 전체 길이가 6,363㎞이며 나일강과 아마존강에 이어 세계에서 세 번째로 긴 강이다. 청해성(青海省)에서 발원하여 상해 앞바다로 흘러들 때까지 청해, 사천, 서장, 운남, 중경, 호북, 호남, 강서, 안휘, 강소, 상해의 8개 성, 2개 직할시, 1개 자치구를 거친다. 상류의 백제성(白帝城)에서 의창(宜昌)에 이르는 구간은 삼협(三峽)이 있어 경치가 빼어나며 하류에는 기름진 장강삼각주(長江三角洲)가 위치해 있다. 삼협댐이 건설된 후 홍수와 가뭄 조절에 기여하고 있다.

황하

황하(黃河)는 전체 길이가 5,464㎞이며 중국에서 두 번째로 긴 강이다. 청장고원(靑藏高原)에서 발원하여 청해, 사천, 감숙, 영하, 내몽골, 산서, 섬서, 하남, 산동의 7개 성, 2개 자치구를 통과하여 발해만으로 흐른다. 서부의 발원 지역은 4,000m 이상의 고산지대이고, 중부는 토사의 유실이 심한 황토지형이며, 하류인 동부 지역은 수로가 지면보다도 높은 충적평원을 이룬다. 황토고원을 거치면서 실려온 진흙은 땅을 비옥하게 만들었고 고대문명의 하나인 황하문명을 탄생시켰다.

흑룡강(黑龍江)은 러시아, 몽골, 중국의 3국을 흐르는 강으로 전체 길이는 4,440㎞이며 장강, 황하에 이어 세 번째로 긴 강이다. 발원지는 몽골의 북부와 대흥안령 지역이며 중하류 지역은 산림과 평원지대이다. 러시아의 하바롭스크까지는 동쪽 혹은 동남쪽으로 흐르다가 북쪽 러시아 땅을 통과해 오오츠크해로 흘러든다.

남쪽의 주강(珠江)은 총 길이가 2,320㎞이며 운귀(雲貴)고원의 마웅산(馬雄山)에서 발원하여 운남, 귀주, 광서, 광동, 호남, 강서를 지나 베트남 북부를 흐르는 중국 남부에서 가장 큰 강이다. 특히 유량(流量)이 풍부하여 3,300억㎥나 되는데, 이는 장강 다음으로 많은 것이며 황하의 7배에 달하는 수치이다. 하류의 주강삼각주(珠江三角洲)는 중국 개혁개방의 상징이다.

회하(淮河)는 길이가 1,000㎞이며 하남성 동백현(桐柏縣)에서 발원한다. 하남, 호북, 안휘, 강소성을 통과하며 황하와 장강 사이에 위치한다. 이 지역은 고대의 하(夏)나라와 상(商)나라가 발흥한 중원(中原)으로 문화적으로 중요한 지역이며 진령산맥과 회하를 연결하는 선은 중국을 북방과 남방으로 가르는 경계선이다.

호수

청해호(靑海湖)는 면적이 4,626㎢에 달하는 중국 최대의 염호(鹽湖)인데 세계 1위인 이스라엘의 사해(死海)에 이어 2위이다. 청장고원의 동북부에 위치하며 백만 년 전 지면이 침하되면서 형성되었다. 동쪽은 일월산(日月山), 서쪽은 상피산(橡皮山), 남쪽은 청해남산(靑海南山), 북쪽은 대통산(大通山)이 둘러싸고 있다. 몽골에서는 '쿠쿠누얼'이라고 부르는데 '푸른 바다'라는 뜻이다.

파양호(鄱陽湖)는 강서성에 있으며 평균수위 면적이 3,150㎢에 달한다. 중국 내에서는 청해호에 이어 두 번째로 큰 호수이며 최대의 담수호(淡水湖)이다. 물

청해호

파양호

은 감강(贛江), 수하(修河) 등에서 들어와 석종산(石鐘山)에서 양자강으로 나간다. 물이 많이 불어나는 계절에는 양자강의 수위를 조절하는 역할을 한다.

동정호(洞庭湖)는 호남성에 있다. 면적은 2,579㎢에 달하며 담수호로는 중국에서 두 번째로 큰 호수이다. 엄밀하게는 호수가 아니라 장강의 한 줄기라고 할 수 있는데, 물이 들어오고 나가는 형태가 호수처럼 보이는 것이다. 춘추전국시대부터 역사의 무대이기도 하다. 호숫가에 악양루(岳陽樓)가 있으며 수려한 경관 때문에 수많은 시인과 화가들이 즐겨 찾는 곳이다. 호수 안의 군산(君山)이라는 섬에서 만들어지는 군산은침(君山銀針)은 중국 10대 명차(名茶)이다.

흥개호(興凱湖)는 흑룡강성에 있으며 러시아와 국경을 이룬다. 북쪽 1/3은 중국령이며 남쪽 2/3는 러시아 영토이다. 남북으로 100㎞, 동서로는 60㎞이고 면적이 4,380㎢에 이르는 담수호이다. 양국의 호수 면적을 합치면 청해호에 이어 두 번째로 큰 호수이며 담수호로는 최대의 호수가 된다. 물은 남서쪽에서 흘러들어 북쪽의 오소리강(烏蘇里江)으로 통한다.

오악과 황산

중국의 명산은 오악(五嶽)을 지나칠 수 없다. 동악은 태산(泰山), 서악은 화산 (華山), 남악은 형산(衡山), 북악은 항산(恒山)이며 중악은 숭산(嵩山)이다. 중국인들은 각각에 대하여 "태산은 웅장하고(雄), 화산은 험하며(險), 형산은 빼어나고(秀), 항산은 기이한데(奇), 숭산은 오묘하다(奧)"라고 묘사한다.

태산은 산동성 태안시(泰安市)에 있으며 옥황정(玉皇頂)의 고도는 1,533m이다. 오악의 우두머리(五嶽之首)로 칭해진다. 진시황이 이곳에서 봉선(封禪)의식을 행한 이래 13명의 황제가 친히 산에 올랐고 24명의 황제들은 관리를 파견해 72차례의 제사를 올렸다.

화산은 섬서성 위남시(渭南市)에 있으며 서안에서 120㎞ 거리이다. 주봉인 남봉(南峰)은 해발 2,155m로 오악 중에서 제일 높다. 봉우리들이 꽃과 같다고 하여 화산(華山)이라는 이름이 붙었다고 한다. 도교(道敎)의 성지로도 유명하다.

형산은 호남성 중부에 위치하고 최고봉인 축융봉(祝融峰)은 1,300m이다. 도교와 불교의 성지로 유명하며 민간에서는 화신(火神) 축융(祝融)을 산신으로 숭배한다.

항산은 산서성 혼원현(渾原縣)에 있으며 주봉인 천봉령(天峰嶺)은 2,017m이다. 산서 북부의 고원과 하북의 평원 중간에 위치하는 험준한 산세여서 옛날부터 많은 전투가 벌어진 곳이다. 자형관(紫荊關), 안문관(雁門關) 등의 관문과 전쟁 유적들이 전해 온다.

황산

숭산은 하남성 등봉시(登封市)에 있으며 태실산(太室山)과 소실산(少室山)으로 구성된다. 가장 높은 봉우리는 소실산의 연천봉(連天峰)인데 해발 1,512m에 달한다. 불교, 도교의 색채가 진하며 산기슭에는 무술 소림권(少林拳)으로 유명한 소림사(少林寺)가 있다.

황산은 "오악을 보았으면 산을 볼 필요가 없고, 황산을 보았으면 오악을 볼 필요가 없다(五嶽歸來不看山, 黃山歸來不看嶽)"라는 말이 있을 정도로 오악을 능가하는 명산이다. 안휘성 황산시(黃山市)에 있으며 삼대 주봉인 연화봉(蓮花峰), 광명정(光明頂), 천도봉(天都峰)은 높이가 1,800m에 이른다. '천하제일기산(天下第一奇山)'으로도 불린다. 소나무 사이로 떠오르는 해를 보면서 혹은 비래석(飛來石)을 만지면서 소원을 빌면 이루어진다고 한다.

THEME 271 북경

화북 지역은 한국의 수도권이라 할 수 있다. 북경(서울), 천진(인천), 하북성(경기도)과 산서성, 내몽골자치구를 포함하는 지역이다. 그 중에서 북경은 수도로서 정치, 경제, 문화, 외교의 중심지이며 중국의 1,000년 역사를 볼 수 있는 유구한 도시이다.

북경(천단)

북해공원

북경

북경의 고적으로는 자금성, 경산공원, 북해공원, 천안문, 천단, 원명원과 이화원, 만리장성, 명십삼릉 등이 있고 자연 명승지로는 경치가 빼어난 용경협(龍慶峽)이 있다. 만리장성은 관광객들이 많이 가는 팔달령(八達嶺) 외에도 사마대(司馬臺), 금산령(金山嶺), 모전욕(慕田峪) 등이 있어 각각의 장성마다 또 다른 느낌을 받을 수 있다.

문화예술구로 유명한 대산자(大山子) 798에 들러서 미술 작품을 구경한다든지, 남라고항(南鑼鼓巷)에서 뒷골목인 호동(胡同: 후통)을 관광하는 것도 좋다. 노사차관(老舍茶館), 호광회관(湖廣會館)에서 경극 공연을 관람하거나 조양극장(朝陽劇場)에서 서커스를 보는 것도 좋고 대책란(大冊欄), 왕부정(王府井), 서단(西單), 홍교시장(虹橋市場)에서 쇼핑하는 것도 흥미롭다.

먹거리로는 전문대가(前門大街)에 있는 도일처(都一處)의 만두, 노북경작장면(老北京炸醬面)의 짜장면, 전취덕(全聚德)의 고압(烤鴨: 카오야), 해저로(海底撈)의 화과(火鍋: 훠궈)를 추천하고 싶다.

THEME 272

천진, 승덕

천진(天津)은 북경, 상해, 중경과 더불어 중국의 4대 직할시이다. 1860년 제 2차 아편전쟁에서 영국과 프랑스 군대에 패한 청나라 정부는 천진을 개항할 수밖에 없었으며 이때부터 근대적 도시 발전이 시작되었다.

천진에는 화려한 명승고적은 없으나 개항에 따른 서양 조계지와 교회 유적 은 볼만하다. 조계지에 있었던 관계로 이탈리아식 건물이 많은 이탈리아 풍 경구, 서개(西開)천주교당, 망해루(望海樓)교당이 유명하다. 구불리포자(狗不理 包子)는 천진의 유명한 먹거리이다.

천진

승덕

　하북성의 성도(省都)는 석가장(石家庄)이지만 대표적 관광지는 승덕(承德)이라고 할 수 있다. 피서산장(避暑山庄)은 청나라 황제들의 여름 휴양지이기도 하였지만 몽골의 남하를 견제하는 국방적 의미도 있었다. 연암 박지원이 건륭제의 칠순을 축하하기 위한 사절단의 일원으로 다녀온 뒤 쓴 『열하일기(熱河日記)』의 열하가 바로 승덕에 있다. 산장의 규모는 564만㎡이며 성벽의 길이가 10㎞에 이르는 광활한 지역으로 궁정구(宮庭區), 원림구(園林區), 후원(後園)으로 조성되어 있다. 산장 밖에는 외팔묘(外八廟)가 있는데 티베트불교 사원들이다. 작은 포달랍궁의 정취를 느낄 수 있으며 천수관음보살 등을 볼 수 있다. 승덕에 들어서면 멀리 경추봉(磬錘峰)이 눈에 들어 오는데 그 모양이 방망이와 흡사하여 봉추산(棒錘山)이라 불리기도 한다. 승덕을 보고 북경으로 돌아오는 길에 금산령(金山嶺) 장성을 들른다면 일석이조의 여행이 될 수 있다.

내몽골, 평요, 대동

내몽골자치구(內蒙古自治區)는 면적이 118만㎢로 중국 전체의 약 12%에 달한다. 성도는 '푸른 도시'라는 뜻을 가진 호화호특(呼和浩特: 후허하오터)이다. 독립국인 몽골공화국과 중국의 내몽골자치구가 있으며 칭기즈칸(成吉思汗: 청지스한)의 영화가 남아있는 곳이다.

관광지로는 대소사(大召寺), 오탑사(五塔寺) 등의 불교 유적이 있으나 그 외의 명승 고적은 드물다. 내몽골의 진가는 초원(草原) 여행이다. 말이나 차를 타고 몇 시간을 달려도 끝나지 않는 푸른 초원과 하늘을 보고 있으면 세계를 정복하던 몽골족의 기상과 자유로움을 만끽할 수 있을 것이다. 몽골포(蒙古包: 멍구빠오)를 숙소로 정하고 고양퇴(烤羊腿: 카오양투이)를 먹고 밤 하늘의 별을 헤는 것은 다른 지역에서는 경험할 수 없는 낭만이다.

산서성(山西省)의 유명한 관광지로는 평요(平遙)와 대동(大同)을 들 수 있다. 평요는 명청시대의 건물과 고성이 그대로 남아 있는 몇 안 되는 도시이다. 고성 위에 올라가면 도시 전체를 내려다볼 수 있다. 높은 건물이 없기 때문에 고색 창연한 고대 도시를 멀리까지 볼 수 있다. 인력거를 타고 돌아보면 더욱 실감이 날 것이다. 명청가(明淸街)를 거닐면서 옷 가게, 기념품 가게를 구경하고 쇼핑을 하다 보면, 수백 년 전으로 돌아가 옛날 사람이 된 듯한 색다른 기분이 들 것이다. 숙소는 현대식 호텔보다는 상인과 나그네들이 묵었던 운치 있는 객잔(客棧)을 골라서 숙박하는 것을 추천한다. 아주 기억에 남는 경험이

평요

될 것이다.

진중시(晉中市) 기현(祁縣)에 있는 교가대원(喬家大院)도 추천하고 싶은 곳이다. 콩국 장사로 큰 돈을 번 교치용(喬致庸)의 대저택으로 방이 313개나 있고 위에서 보면 희(囍) 자가 있는 형태이다. 장예모 감독, 공리 주연의 영화 〈홍등(紅燈: 大紅燈籠高高挂)〉을 촬영한 곳으로 유명하다.

대동(大同)은 선비족이 세운 북위(北魏)의 수도였다. 전성기 시절에 건립된 운강석굴(雲崗石窟)에서 그 자취를 알 수 있다. 대동의 서쪽에 위치해 있고 동서 길이가 1,000m에 이르며 제19동의 대불은 높이가 17m이다. 석굴을 보고 난 다음에는 현공사(懸空寺)에 들를 것을 추천한다. 절벽에 구멍을 파서 기둥을 박은 다음 그 위에 절을 건설했는데 1,500년 전인 491년에 건축되었다. 산서는 도삭면(刀削面)이 유명한데 수제비 비슷한 칼국수 맛을 느낄 수 있다.

심양, 대련, 단동

동북삼성(東北三省)은 요령, 길림, 흑룡강의 3성이다. 고구려의 옛 땅이고 항일 독립군의 근거지이며 안중근 의사가 거사한 곳으로 한국인에게는 각별한 지역이다.

심양(沈陽)은 상주인구가 2022년 말 기준으로 915만 명에 달하고 있는 동북

대련

지역 최대의 도시이다. 후금을 세운 노이합적(奴爾哈赤: 누르하치)은 이곳을 수도로 삼았으며 당시 황궁이었던 심양 고궁(故宮)이 남아 있고 6만㎢의 면적으로 비교적 넓다. 노이합적 무덤인 동릉(東陵: 福陵)과 황태극(皇太極: 홍타이지) 무덤인 북릉(北陵: 昭陵)을 산책하면서 정묘호란, 병자호란의 치욕을 생각해 보자.

대련(大連)은 남진하려는 러시아와 만주를 차지하려는 일본이 충돌한 곳이다. 유럽풍의 건물이 많은 것도 그 영향이다. 최고권력자를 꿈꾸던 박희래(薄熙來: 뽀시라이)가 대련 시장을 역임하면서 깨끗한 도시로 탈바꿈 시킨 바 있다. 광장 주변의 건축물들을 감상하고 성해공원(星海公園)을 산책하거나 여름이라면 부가장(付家庄) 해수욕장에서 수영을 즐기는 것도 좋다. 가까운 거리에 있는 여순에는 안중근 의사가 순국한 여순감옥소(旅順監獄所)가 있으므로 꼭 들르기를 추천한다.

단동(丹東)은 압록강을 사이에 두고 북한을 마주하는 도시이다. 강 건너 북한을 바라볼 수 있는 지역으로 한국인에게는 감회가 남다르다. 북한의 최고지도자가 중국을 방문할 때는 주로 기차를 타고 오기 때문에 단동은 그때마다 주목받는 곳이다. 압록강 철교를 둘러본 뒤 유람선을 타고 강 위를 지나면서 북한을 가까이에서 바라보면 분단의 아픔이 더욱 절절하게 다가올 것이다.

심양 소릉

장춘, 길림, 연길

장춘(長春)은 길림성의 성도이다. 일본 관동군은 1931년 9월 18일 만주사변을 일으켜 만주를 장악하였고 1932~1945년에는 만주국(滿洲國)을 세워 운영하였는데 그 수도를 장춘에 두고 신경(新京)이라고 하였다.

위만황궁박물관(僞滿皇宮博物館), 위만주국무원(僞滿洲國務院)에 가면 만주국 시절의 마지막 황제 부의(溥儀)가 집무하고 기거하던 모습과 당시의 정부청사를 볼 수 있으며, 장영세기성(長影世紀城)에서는 영화촬영 세트를 경험할 수 있다. 남호공원(南湖公園)을 산책하는 것도 기분 좋은 경험이다.

장춘

연길

길림(吉林)은 송화강(松花江)이 흐르는 도시이다. 공업 도시여서 볼거리가 많지는 않지만 송화 강변, 강남(江南)공원, 북산(北山)공원을 산책하거나 용담산(龍潭山)공원에 가서 고구려 성터의 흔적을 볼 수도 있다. 운석(隕石)박물관에는 세계 최대의 운석이 있다.

연길(延吉)은 길림성에 속해 있는 연변조선족자치주(延邊朝鮮族自治州)의 주도(州都)이다. 자치주는 성급인 자치구(自治區)보다는 규모가 작지만 시와 현으로 구성된다. 연변조선족자치주는 연길(延吉), 도문(圖們), 돈화(敦化), 화룡(和龍), 용정(龍井), 훈춘(琿春)의 6개 시와 왕청(汪淸), 안도(安圖) 2개 현으로 이루어져 있다. 조선민족박물관에는 조선족의 역사와 문화가 자세하게 소개되어 있으며 서시장(西市場)에서 북한 물건을 구경하는 것도 재미있을 것이다.

THEME 276

용정, 도문, 백두산

　용정(龍井)은 우리에게는 각별한 의미가 있는 곳이다. 가곡 〈선구자〉에 나오는 일송정(一松亭), 해란강(海蘭江), 비암산(琵岩山)이 실재하는 곳이 바로 용정이다. 들러 보아야 할 곳은 윤동주를 비롯해 많은 애국지사들을 길러낸 대성중학교(大成中學校), 일송정(一松亭), 용정(龍井) 등이다.

　도문(圖們)은 두만강을 사이에 두고 북한을 가까이에서 볼 수 있는 곳이다. 강변을 따라가다 보면 강폭이 좁은 곳이 있어서 북한 사람들의 모습을 생생하게 볼 수 있으며 도문대교(圖們大橋)의 중간까지 가면 중국과 북한의 경계에

용정

백두산

설 수도 있다. 단동과는 또 다른 느낌을 받을 수 있는 곳이 도문이다.

백두산(白頭山)은 두말할 필요 없는 우리 민족의 성산(聖山)이다. 백두산을 오르는 일반적인 방법은 북파(北坡)코스와 서파(西坡)코스로 나누어 볼 수 있다. 북파 코스는 자동차를 타고 천문봉(天文峰) 가까이까지 올라가서 천문봉에서 천지를 내려다 보는 코스이고, 서파 코스는 주차장에서 4~50분 정도를 계단으로 올라가서 천지를 좀 더 가까이에서 바라볼 수 있는 코스이다.

천지에 올라도 천지를 온전하게 보면서 사진을 촬영할 수 있는 행운은 아무에게나 오는 것은 아니다. 몇 번을 올라도 구름이 잔뜩 일어 못 보는 사람이 있는가 하면 첫 번째 등산에 쾌청한 날씨를 만날 수도 있다. 산기슭에 있는 온천에서 온천욕을 즐기고 삶은 계란을 사먹어 보면 젊어지는 것을 실감할 수 있을 것이다.

하얼빈

흑룡강성은 중국 영토의 최북단이다. 성도인 하얼빈(哈爾濱)은 '그물을 말리는 곳'이란 의미의 만주어에서 유래했다고 한다. 1909년 10월 26일 안중근 의사가 이등박문(伊藤博文, 이토 히로부미)을 권총으로 사살한 곳인 하얼빈역(哈爾濱驛)에 가면 저격한 장소(安重根擊斃伊藤博文事件發生地, 1909.10.26)에 표지판이 설치되어 있고 의거를 기념하기 위한 안중근의사기념관(安重根義士紀念館)까지 건립되어 있다. 인접한 중앙대가(中央大街)는 러시아 풍이 많이 묻어나는 곳이다. 1898년 러시아가 시베리아 횡단철도를 블라디보스톡까지 연장하는

하얼빈 빙등절의 모습

동청철도(東淸鐵道)를 건설하면서 도시건설이 시작되었으며 1918년에는 내전에서 패한 백군들이 피난 오면서 러시아인이 더욱 많아졌다. '성소피아성당(聖索菲亞教堂)'의 초록 돔과 붉은 벽돌이 아름답다.

　매년 설 및 정월대보름 기간에는 빙등절(冰燈節)과 빙설절(冰雪節)이 열린다. 빙등절은 얼음 조각과 조명이 조화를 이루어 환상적인 분위기를 연출한다. 빙설절은 송화강 건너에 있는 태양도(太陽島)에서 열리며 눈으로 조각을 해 놓는다. 두 곳 모두 잊지 못할 추억을 줄 것이다. 동상에 걸릴 수 있으므로 두꺼운 신발, 양말, 핫팩을 준비해야 한다.

　하얼빈 외곽에 있는 731부대 유적지(侵華日軍第七三一部隊遺址)를 둘러보기 바란다. 일본군 731부대가 세균무기 개발을 위하여 인간 생체실험이라는 만행을 자행한 곳이다. 희생자 중에는 한족, 만주족, 몽골족, 한민족이 포함되어 있었다. 시베리아 호랑이들을 한꺼번에 수십 마리 보고 싶다면 동북호림원(東北虎林園)에 가면 된다. 닭고기를 던져주면 먹기 위해서 서로 싸우는 모습을 볼 수 있다. 더불어 하얼빈맥주(哈爾濱啤酒)를 마셔볼 것을 추천한다. 요즈음은 한국에도 수입되고 있지만 현지에서 알싸한 느낌의 하얼빈맥주를 맛보는 것은 짜릿한 경험이다.

개봉, 낙양

화중(華中) 지역은 하남성(河南省), 호북성(湖北省), 호남성(湖南省)을 아우르는 지역이다. 하남성은 고대 중국의 중심으로 상(商)나라의 도읍이었던 안양(安陽)과 고도 낙양, 개봉이 있으며 중국 문명이 시작되고 발전해 온 중원이 바로 이 지역이다.

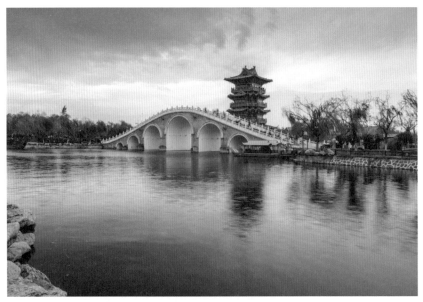

개봉

낙양-용문석굴

개봉(開封)은 북송의 수도였다. 〈청명상하도(淸明上河圖)〉에서 보듯이 당시에는 세계적인 대도시였으나 송이 임안(臨安: 항주)으로 수도를 옮기고 황하가 범람하여 토사에 뒤덮이면서 쇠퇴하고 말았다. 개봉에 가면 개봉부(開封府)와 포공사(包公祠)를 들를 것을 추천한다. 판관 포청천(包靑天: 包拯)이 작두를 두고 공평무사한 판결을 했던 모습을 볼 수 있다. 작두는 3개인데 개, 범, 용의 머리를 하고 있으며 평민, 관리, 황족을 심판할 때 사용했다고 한다. 어떠한 압력과 회유에도 굴복하지 않고 공명정대한 수사와 판결로 서민들의 절대적 지지를 받은 포증을 추모하는 곳이다. 오늘날에도 억울한 일을 당한 사람들이 찾아와 하소연하는 모습을 볼 수 있다.

낙양(洛陽) 또한 개봉과 더불어 대표적인 고도(古都)이다. 기원전 770년 주나라 평왕이 수도를 서안에서 낙양으로 옮긴 이래 동주(東周), 동한(東漢), 위(魏),

서진(西晉) 등 역대 왕조의 수도였다. 용문석굴(龍門石窟)이 있고 관우의 관림(關林)이 있으며 최초의 불교 사원인 백마사(白馬寺)가 있다.

용문석굴은 낙양 남쪽 14㎞ 지점에 있으며 그 길이가 남북으로 1,000m에 달한다. 특히 석굴 중앙에 있는 노사나대불(盧舍那大佛)은 그 높이가 17.14m인데 당 고종(高宗)의 부인이자 여황제가 되었던 측천무후를 모델로 조성한 것이라고 한다. 로사나(盧舍那)는 산스크리스트어로 '광명이 비춘다'는 뜻이라고 한다. 석굴의 건너편에는 향산(香山)이 있는데, 산 속에 향산거사(香山居士) 백거이(白居易)의 무덤과 사당이 있다.

백마사는 후한 때인 68년에 창건된 중국에서 가장 오래된 절이다. 백마사라는 이름은 인도의 두 스님이 불교 경전을 백마의 등에 싣고 왔기 때문에 붙여진 이름이며 절 앞에는 백마상 조각이 있어 이 고사를 뒷받침한다.

관림은 영웅인 관우를 모신 사당이다. 관우는 오나라의 장수인 여몽(呂蒙)에게 죽임을 당하여 목이 잘렸는데 유비의 복수를 두려워한 오나라는 그 목을 조조(曹操)에게 보냈다. 이를 받은 조조는 나무로 관우의 몸을 조각하여 목과 함께 후하게 장사 지냈다. 즉, 관림에는 관우의 목만 묻혀 있는 것이다. 앞에는 사당이 있고 뒤에는 큰 규모의 관우 묘가 조성되어 있으므로 같이 둘러보는 것이 좋다. 무덤에 림(林)이 들어가는 것은 두 군데뿐인데 문성(文聖)인 공자의 묘는 공림(孔林)이라 하고 무성(武聖)인 관우의 묘는 관림(關林)이다.

하남성에 갔으면 하남회면(河南燴面)을 맛봐야 한다. 고기 육수에 폭이 넓은 밀가루 국수, 목이버섯, 참기름 등을 추가해서 만드는 요리이다. 양육회면(羊肉燴面), 우육회면(牛肉燴面), 삼선회면(三鮮燴面) 등이 있다.

THEME 279

소림사

소림사(少林寺)는 하남성 등봉시(登封市)의 숭산(嵩山) 자락에 있다. 숭산의 일부인 소실산(少室山)의 삼림(森林) 중에 있다 하여 소림사라 하였으며 '선종(禪宗)의 본산', '공부(功夫: 쿵푸)의 발원지'가 되었다. 불교를 적극 후원했던 북위 효문제(孝文帝)는 495년 인도의 고승 발타(跋陀)를 위하여 낙양 부근에 소림사를 창건했다. 참선을 수행하는 방법으로 무술을 도입했는데 이것이 소림무술의 기원이다. 훗날 인도의 달마(達磨)는 면벽 수도를 했으며 혜가(慧可)에게 도를 전수하여 선종의 전통이 이어졌다.

소림사에는 달마와 제자 혜가(慧可)의 고사가 얽힌 입설정(立雪亭)이 있다. 신광(神光) 스님은 달마의 가르침을 염원했으나 달마는 면벽(面壁)만 할 뿐 응대하지 않았다. 신광은 눈 내리는 뜰에서 선채로 밤을 세웠고 눈은 무릎까지 쌓였다. 이를 본 달마는 "붉은 눈이 내리면 너를 제자로 받아 들이겠다"라고 하였고 신광은 왼쪽 팔을 잘라 눈을 붉게 물들였다. 그는 드디어 달마의 제자가 되었고 선종의 이조(二祖) 혜가(慧可)가 되었다. 소림사 스님들은 오른쪽 팔만 들어 합장을 대신하는데 이는 혜가 스님이 외팔이어서 그에 대한 예의로 굳어진 것이라는 이야기가 전해진다.

소림사 달마대사 조각상

소림사

소림사는 호국불교의 전통이 강한 곳이며 국가적 지원도 많이 받은 곳이다. 이세민이 왕세충(王世充), 두건덕(竇建德)과 전쟁을 벌일 때 그를 도와 당 건국에 기여하여 '막대기를 쓰는 13명의 스님이 당왕을 구하다(十三棍僧求唐王)'라는 이야기가 전하며, 명나라 가정제(嘉靖帝) 때는 연안을 침략한 왜구를 쫓아내는 공을 세워 토지를 하사받고 세금이 면제되기도 하였다. 현재 소림사 주변에는 많은 무술학교가 있는데 수천 명의 학생들이 제2의 이연걸(李連杰)을 꿈꾸며 무술을 연마하고 있다. 천불전(千佛殿)에는 〈십삼곤승구당왕(十三棍僧求唐王)〉, 〈오백나한비로도(五百羅漢毗盧圖)〉 같은 채색벽화가 있으며 탑림(塔林)에는 당나라부터 청나라까지의 스님들을 모신 탑이 240여 기 남아 있다.

무한, 장사, 장가계

무한(武漢)은 호북성의 성도이다. 수천 년의 절대 황권체제에서 벗어나 공화정으로 가는 길을 열었던 신해혁명의 발상지가 이곳 무한의 무창(武昌)이다. 황학루(黃鶴樓)는 악양루(岳陽樓), 등왕각(騰王閣)과 더불어 강남삼대명루(江南三大名樓)의 하나이다. 삼국시대 오나라 손권이 군사 목적으로 축조했다. 누각에서 보는 장강(長江)도 절경이지만 용맹한 악비(岳飛)의 동상을 감상하는 것도 좋고 당나라 시인 최호(崔顥)의 「황학루(黃鶴樓)」를 읊조려 보는 것도 멋있다. 무한에 갔으면 중국 4대 면요리인 무한열간면(武漢熱干面)을 맛보는 것

무한 황학루

장사

을 추천한다. 삶은 밀가루 국수에 국물 없이 소스를 넣고 파, 당근, 땅콩 등을 비벼서 먹는 비빔국수이다. 소스는 참깨, 땅콩, 산초 등으로 만든다.

장사(長沙)는 호남성의 성도이다. 호남성은 모택동(毛澤東), 유소기(劉少奇), 팽덕회(彭德懷) 등 공산당 초기 지도자들의 고향이며 사천요리만큼 매운 것으로 유명한 호남 요리의 본고장이기도 하다. 악록서원(嶽麓書院)은 성리학으로 유명한 서원이다. 주희(朱熹)와 왕양명(王陽明)이 이곳에서 후학을 가르쳤고, 청나라 말기 상군(湘軍)을 조직하여 태평천국의 난을 진압한 증국번(曾國藩)도 여기에서 수학하였다. 현재는 호남대학(湖南大學) 내에 있어 천년학부(千年學府)의 명성을 이어간다. 소산(韶山)에는 모택동의 생가와 기념관이 있으며 혁명정신을 강조하는 시기가 되면 관람객들이 넘쳐난다.

악양(岳陽)은 동정호(洞庭湖) 옆에 있는 도시이다. 동정호는 그 면적이 2,579㎢

에 달하는 거대한 담수호이다. 주변에 명차(名茶) 군산은침(君山銀針)의 산지인 군산이 있다. 악양루는 삼국시대 오나라의 도독(都督)이었던 노숙(魯肅)이 축조하여 병사들을 사열한 열군루(閱軍樓)이다.

장가계(張家界)는 9,516㎢의 광활한 지역으로 장가계, 천자산(天子山), 삭계욕(索溪峪), 양가계(楊家界)의 네 군데 관광 구역으로 나누어 볼 수 있다. 장가계 삼림공원 안에는 금편계(金鞭溪), 황석채(黃石寨), 원가계(袁家界)가 있고 313m 높이의 아찔한 엘리베이터를 탈 수 있다. 삭계욕은 관광열차를 타고 십리화랑(十里畵廊)을 거쳐서 들어가고 황룡동(黃龍洞), 보봉호(寶峰湖)의 절경이 있다.

장가계에 갔으면 천문산(天門山)에 들를 것을 강하게 추천한다. 장가계의 혼(魂)이라고도 불리는 명산이다. 삼국시대 오나라 손휴(孫休)시대인 263년에 큰 소리가 나면서 절벽이 무너져 흡사 문(門)처럼 생긴 천문동(天門洞)이 생겼다. 시내에서 출발하는 7,455m 코스의 케이블카를 타고 수십 번 휘감아 도는 통천대도(通天大道) 길을 지나면 천문동에 이를 수 있다. 동굴은 앞뒤가 트여 있으며 높이가 131.5m, 폭이 57m, 깊이는 60m이다. 1999년에는 미국, 러시아 등의 6개국 비행사들이 모는 비행기가 동굴을 통과한 바 있다.

장가계

THEME 281

곡부, 태산, 청도

화동 지역은 현재의 중국을 보려
면 이곳으로 가야 한다고 할 정도로
발전이 빠른 곳이다. 무역과 금융의
중심지 상해, 첨단 생산시설이 밀집
한 강소성, 알리바바의 본사가 있는
항주 등이 위치해 있다. 또 공자의
고향인 곡부가 산동성에 있고 명산
중의 명산인 황산이 안휘성에 있다.

공자가 제자들을 가르쳤다는 행단

태산

    산동성은 춘추전국시대 노(魯)나라가 있던 곳이다. 태행산(太行山)을 근거로 그 동쪽에 있다는 의미에서 산동(山東)이라는 지명이 유래하였다. 공자는 곡부(曲阜)에서 맹자는 추현(鄒縣)에서 태어나 성인의 고향으로도 유명하다.

    곡부는 노나라의 수도였으며 공자의 고향이기도 하다. 곡부에는 삼공(三孔)이 있는데 공자의 사당인 공묘(孔廟), 공자의 후손들이 대대로 거주하던 공부(孔府), 공자와 후손들의 무덤인 공림(孔林)이 그것이다. 공묘에는 공자가 제자들을 가르쳤던 행단(杏壇)과 본전인 대성전(大成殿) 등이 있다. 대성전의 돌기둥에 양각으로 조각해 놓은 용은 곧 승천할 것 같은 모습이다. 공림은 그 규모가 크고 산림이 울창하므로 산책을 해볼 것을 추천한다. 또한 공부의 전통 요리인 공부채(孔府菜)를 한번 맛볼 것을 권한다.

태산(泰山)은 그 높이가 1,545m로 그렇게 높은 산이 아님에도 불구하고 성스러운 산으로 여겨져 왔으며 오악 중에서도 으뜸이라 하여 오악독존(五嶽獨尊)이라고 대접 받았다. 넓은 평야 한가운데 우뚝 솟아 있어 그런 대우를 받는 듯하다. 진시황, 한무제, 건륭제 등 걸출한 황제들은 이곳에서 하늘에 제사 지내는 봉선(封禪)의식을 행하였다. 케이블카를 타지 않고 일천문(一天門), 중천문(中天門), 남천문(南天門) 코스를 걸어서 오르는 것은 힘은 들지만 황제들이 올라갔던 코스를 등산 해보는 좋은 체험이 될 것이다.

청도맥주

청도(靑島)는 독일의 조차지가 있던 곳으로 유럽 분위기가 진하게 나는 도시이다. 기독교당, 총독관저 등이 볼만하고 바다를 끼고 있는 노산(嶗山)은 그 풍광이 명산이라 할만하다. 삭도를 타고 산과 바다를 감상하는 멋이 있다. 청도에 갔다면 청도맥주나 노산맥주를 시음하는 것은 기본일 것이다.

유럽풍 건물이 들어선 청도

상해

　조그마한 항구였던 상해(上海)는 아편전쟁의 결과 1842년 8월 체결된 남경조약(南京條約)에 따라 개항되면서 발전하기 시작하였다. 21세기의 상해는 황포강(黃浦江)이 외탄(外灘)과 포동(浦東) 사이를 유유히 흐르고, 동방명주(東方明珠)의 밝은 불빛은 중국의 힘을 상징한다. 중국의 현대 100년을 보려면 상해로 가야 한다. 외탄은 중국이라고 믿기지 않을 정도로 유럽식 건물이 늘어선 곳이다. 화평반점(和平飯店), 상해해관(上海海關), 포동발전은행(浦東發殿銀行)을 비롯하여 포동 쪽의 동방명주(東方明珠), 금무대하(金茂大廈), 세계금융센터(環球

상해 포동

상해 예원

金融中心)는 중국굴기(中國崛起)의 상징이다. 외탄의 진면목을 보려면 유람선을 추천한다. 강바람을 맞으며 외탄과 포동의 휘황한 야경을 즐길 수 있다.

대한민국임시정부(大韓民國臨時政府) 청사는 김구 주석을 비롯한 독립투사들이 근무하던 곳이다. 윤봉길 의사의 의거로 상해를 떠나기 전까지 대한민국의 독립을 위한 사령부 역할을 하였던 곳이다. 내부에는 그 당시의 사진과 유물들이 전시되어 있어서 가슴을 뭉클하게 한다. 주변에는 젊은이들에게 인기 있는 신천지(新天地) 거리가 있으므로 연계해서 관광하기에 좋다.

노신공원(魯迅公園)은 윤봉길 의사가 도시락 폭탄으로 일본군 상해 파견군 사령관 시라카와 등 여러 명을 폭사시킨 곳이다. 의거 현장에는 윤봉길 의사의 호를 딴 매헌(梅軒)이 1994년에 건립되어 있다.

예원(豫園)은 강남 지역의 대표적인 개인 정원이다. 16세기 명나라 시기에 개인의 정원으로 건립되었고 용 모양의 담장과 여러 누각, 인공수로 등이 볼거리이다. 주변의 상가를 같이 둘러보는 것도 재미있다. 주의사항은 사람이 너무 많다는 것이다.

남경, 소주

남경(南京)은 강소성의 성도이다. 서안, 낙양, 북경과 함께 중국의 4대 고도 (四大古都)로 꼽힐 만큼 화려한 역사를 자랑한다. 육조(六朝: 동오, 동진, 송, 제, 양, 진)의 수도였을 뿐 아니라 오대십국의 남당, 주원장의 명, 태평천국, 중화민국까지 남경에 수도를 둔 나라가 10개에 이른다.

중산릉(中山陵)은 손중산, 즉 손문의 무덤이다. 능의 총면적이 8만㎡에 달하는 화려한 무덤이다. 중산릉 정상에는 청천백일기(青天白日旗)를 상징하는 하얀 벽에 푸른 기와가 인상적인 제당(祭堂)이 있으며 손문의 유해는 제당의 안

남경 중산릉

쪽에 있는 동상 아래에 안치되어 있다. 중산릉은 앞이 탁 트인 장쾌한 전망이 있는 곳이므로 꼭 들러서 한번 감상하기를 추천한다.

남경대학살기념관(南京大屠殺紀念館)은 1937년 12월부터 6주간에 자행되었던 일본군에 의한 대학살을 고발하는 곳이다. 기념관이 있는 장소는 많은 유골이 발견된 만인갱(萬人坑)이 있던 곳이다. 당시 살해 당한 민간인은 30만 명에 달하고, 강간 피해 여성은 2만 명으로 추산되고 있다. 야만적인 일본군은 100인 목베기 시합을 벌이기도 하고 어린이를 공중에 던지고 떨어지는 아이를 대검으로 찔러 죽이기도 하였다. 총살, 참수, 생매장, 화형 등 온갖 악행이 벌어진 것이다.

소주(蘇州)는 중국에서 '살기 좋은 도시' 명단에 오를 정도로 쾌적한 도시다. 곳곳에 운하와 아치형 다리가 있고 전통 가옥과 현대적 건물이 조화를 이루는 곳이다. "하늘에는 천당이 있고 땅에는 소주와 항주가 있다(上有天堂下有蘇杭)"는 말이 생긴 곳 바로 그 소주이다.

졸정원(拙政園)은 소주 동북쪽에 있으며 총면적은 41,000㎡이다. 명칭의 유래는 '정치를 성공적으로 하지 못한 사람의 정원'이라는 의미를 담고 있다. 졸정원에는 연못이 많은데 전체의 3/5을 차지한다고 하며 주요 건물들도 모두 수면에 접해있다. 유원(留園)은 소주시 고소구(姑蘇區)에 위치해 있으며 면적은 23,300㎡이다. 명칭의 유래는 '천지간에 오래 머무르는 곳(長留天地間)'이라는 뜻이다. 700m의 복도식 통로를 통해 건물들이 서로 연결된다.

호구(虎丘)는 오나라 왕 합려(闔閭)의 묘인데, 그의 장례 기간에 백호가 나타나서 생긴 이름이다. 이곳에는 검지(劍池)라는 연못이 있는데 원래는 합려의 묘가 있던 곳이다. 칼을 좋아했던 그는 3,000자루의 칼과 함께 묻혔는데, 진시황이 칼을 찾으려 묘를 파헤쳤으나 칼은 나오지 않았다고 한다.

항주, 소흥

　항주(杭州)는 절강성의 성도이며 경항대운하(京杭大運河)의 출발지이다. 1089년 항주의 지주(知州)로 부임한 소동파(蘇東坡)가 대규모 준설과 조경사업을 일으켜 서호를 아름답게 만들었으며 1138년에는 남송의 수도가 되어 최대의 번영을 누렸다. 마운(馬雲) 회장의 알리바바 그룹 본사가 있는 곳으로 스마트시티로 거듭나고 있는 도시이다.

　서호(西湖)는 총면적이 49㎢에 이르는 거대한 인공호수이다. 서시(西施)의 아름다움과 비견된다 하여 서호로 부르게 되었다고 한다. 백거이와 소동파는

항주 서호

둘 다 항주의 지방관을 지냈는데 이들이 축조한 제방을 백제(白堤), 소제(蘇堤)라 한다. 서호에는 서호십경(西湖十景)이 있으니 그 아름다움을 감상해 보자.

악왕묘(岳王廟)는 서호 부근에 있으므로 같이 들러보는 것이 좋다. 이곳은 관우와 더불어 영웅으로 추앙받는 악비(岳飛)를 기리는 곳이다. 12세기에 송나라는 여진족의 금나라에 밀려서 양자강 이남으로 내려왔는데 악비는 금나라 군대와 용감히 싸워 국토를 회복하는 등 영웅으로 떠올랐으나 화친파인 진회(秦檜)의 모함을 받아 처형당하고 말았다. 악왕묘 한편에는 진회와 그의 부인 왕씨가 무릎을 꿇고 있는 철상(鐵像)이 있는데 사람들이 침을 뱉고 지나간다.

항주에 갔으면 서호용정차(西湖龍井茶)를 마시고 소동파가 개발한 요리인 동파육(東坡肉)을 먹어 보아야 한다. 서호용정은 색은 푸르고(色綠) 향기는 진하며(香郁), 맛은 달고(味甘), 형태가 아름답다(形美)는 사절(四絶)로 유명하다. 또 중국십대명면(名麵)의 하나인 항주편천면(杭州片儿川面)을 권한다. 비계 없는 돼지고기, 갓, 죽순을 볶은 재료와 밀가루 국수를 같이 넣고 끓인다.

소흥(紹興)은 월나라의 수도가 있던 곳이며 구천(句踐)이 오나라에 대한 복수를 다짐하며 상담(嘗膽)하던 곳이다. 서시(西施), 노신(魯迅)의 고향이며 황주(黃酒) 소흥주(紹興酒)의 고장이다. 난정(蘭亭)은 서예가들의 흥미를 끄는 곳이다. 왕희지(王羲之)는 어느 봄날 난정에서 열린 시회(詩會)에서 나온 시들을 모아 서문을 썼는데 그것이 「난정집서(蘭亭集序)」였다. 글씨는 행서(行書)의 걸작으로 당 태종 이세민은 그 원본을 무덤까지 가지고 갔다고 한다. 노신고리(魯迅故里)는 대문호 노신을 기리는 박물관이다. 노신의 생가와 집안의 후원이었던 백초원(百草園), 어린시절 공부하던 삼미서옥(三味書屋) 등이 있다. 심원(沈園)은 남송시대의 원림이다. 이곳은 시인 육유(陸游)와 당완(唐婉)의 이루지 못한 사랑 이야기와 애절한 연애시가 있는 곳이다.

황산, 구화산

중국인들의 황산(黃山)에 대한 사랑과 자부심은 아주 크다. 눈이 가는 모든 곳이 절경이니 그럴 만도 할 것이다. 천하제일기산(天下第一奇山)의 별칭이 있으며 "오악을 보고 나서는 다른 산은 보지 않고, 황산을 보고 나서는 오악을 보지 않는다(五岳歸來不看山 黃山歸來不看岳)"라는 말이 있을 정도이다.

황산풍경구(黃山風景區)는 옥병(玉屛), 백운(白雲), 북해(北海), 송곡(松谷), 운곡(雲谷), 온천(溫泉), 몽환(夢幻) 풍경구로 나누어 진다. 기송(奇松), 괴석(怪石), 운해(雲海), 온천(溫泉), 동설(冬雪)을 오절(五絶)이라 하며 3대명폭(三大名瀑)은 인자폭

황산

황산

(人字瀑), 백장천(百丈泉), 구룡폭(九龍瀑)이다.

　황산을 오르는 방법은 걸어서 오르는 방법과 케이블카를 타는 방법이 있으므로 연령과 컨디션을 고려하여 선택하는 것이 좋다. 산정에서 일박을 하고 난 다음, 이튿날 새벽 일출을 보는 것은 잊지 못할 추억이 될 것이다.

　황산에서 차량으로 세 시간 거리에 있는 구화산(九華山)은 지장보살(地藏菩薩)과 연관이 깊은 불교 성지이다. 신라 출신 김교각(金喬覺) 스님은 지장보살의 현신이라고 존경받았으며 화성사(化城寺)를 창건한 것으로 전해진다. 그는 죽어서도 시신이 썩지 않았다는 등신불(等身佛)의 주인공이기도 하다.

　안휘성(安徽省)은 유명한 차(茶)의 산지이다. 10대 명차(十大名茶) 중에 황산모봉(黃山毛峰), 육안과편(六安瓜片), 기문공부(祁門工夫)가 안휘성에서 생산되고 있으므로 음미해보고 구매하는 것도 좋을 것이다.

남창, 경덕진

    남창(南昌)은 강서성(江西省)의 성도이며 중국 공산당사에서 중요한 역사적 사건이 있었던 곳이다. 1927년 8월 1일 하룡, 주덕 등의 공산당군 지도자들은 남창을 공격하여 점령하고 혁명위원회를 설치하였다. 국민당군의 역습으로 패퇴하였으나 이날의 봉기는 훗날 홍군 창군의 기반이 되었고 8월 1일은 중국인민해방군의 건군일(建軍日)이 되었다.

    등왕각(騰王閣)은 남창의 상징물이라고 할 수 있다. 황학루, 악양루와 함께 강남삼대명루(江南三大名樓)의 하나로 손꼽히고 있다. 당 고조 이연(李淵)의 아

등왕각

남창

들인 등왕(騰王) 이원영(李元嬰)이 653년에 축조했다고 하며 여러 차례에 걸쳐 중건 및 복원의 과정을 거쳤다. 9층 누각이며 높이가 57.5m에 달한다. 누각 위에서는 남창 시내와 장강의 지류인 감강(贛江)이 흘러가는 모습을 한눈에 볼 수 있다.

경덕진(景德鎭)은 부근에 질 좋은 도토(陶土)가 많아 한나라 시절부터 도자기를 만들던 고장이다. 주민의 대부분이 도자기업에 종사하고 있을 정도여서 '자도(瓷都)'라는 명성을 얻었다. 경덕진도자관(景德鎭陶瓷館), 호전고요진열관(湖田古窯陳列館)에 들르면 명품 도자기들을 많이 볼 수 있다. 시내의 전봇대, 휴지통, 벤치 등이 도자기로 꾸며진 것을 구경하는 것도 재미있다.

하문, 금문도, 무이산

하문(廈門)은 복건성의 남쪽에 있으며 바다 건너에 대만이 있는 아름다운 항구이다. 1842년 아편전쟁에 따른 남경조약에 의해 개항이 되면서 역사에 본격 등장했으며, 개혁개방으로 심천, 주해, 산두와 함께 경제특구로 지정되어 발전을 거듭하고 있는 도시이다.

고랑서(鼓浪嶼)는 하문에서 700m 떨어진 작은 섬이다. 주황색 지붕의 유럽식 건물, 바퀴 달린 차량과 자전거도 없는 골목길을 천천히 걸으며 유럽의 분위기를 느낄 수 있는 곳이다. 일광암(日光岩), 숙장화원(菽莊花園) 등이 볼거리이다.

하문

무이산

　금문도(金門島)는 대만에서는 350㎞떨어져 있지만 하문에서는 불과 8㎞ 앞에 있는 대만 소속의 섬이다. 양안(兩岸)이 긴장상태였을 때 이곳은 포탄이 떨어지는 전쟁터였다. 특히 1954년과 1958년의 금문도 포격은 규모가 컸으며 수십만 발의 포탄이 투하되었다. 이때의 포탄 탄피로 만든 식칼과 금문고량주(金門高粱酒)가 특산품이다.

　복건성 남쪽 지역에 분포한 토루(土樓)는 사각형 혹은 원형으로 거주 및 방어용 건물로 지어졌다. 토루를 지은 사람들은 객가인(客家人)인데 서진(西晉)시대 이후에 전란을 피해 남쪽으로 이동한 중원 지역 사람들이다. 이들은 수백 명의 일족이 모여 살면서 방어용 보루를 지은 것이다. 대표적 토루는 복건성 영정현(永定縣) 고두향(高頭鄉)에 있는 승계루(承啓樓)인데 직경이 73m, 복도 길이가 229m이고 400개의 방이 있다.

　무이산(武夷山)은 주희(朱熹)가 후학을 가르쳤던 무이정사(武夷精舍)가 있고 10대 명차의 하나인 무이암차(武夷岩茶)가 생산되는 곳이다. 구곡계(九曲溪), 천유봉(天遊峰), 무이궁(武夷宮) 등이 볼만한 관광지이다.

광주, 심천, 계림, 해남도

화남은 개혁개방 정책의 수혜를 가장 많이 받은 곳이다. 심천, 주해, 산두가 일찍이 경제특구로 지정되면서 어느 곳보다도 급속하게 발전한 지역이다. 광서와 해남도는 관광 자원이 아주 풍부하다.

계림

계림의 자연

　광주(廣州)는 광동성의 성도이며 화남 지역 최대의 도시이지만 볼거리가 그렇게 많은 곳은 아니다. 월수공원(月秀公園)은 86만㎡의 면적을 자랑하는 큰 공원이며 울창한 숲이 볼만하다. 공원 내에 오양석상(五羊石像), 광주박물관 등이 있다.

　심천(深圳)도 개혁개방으로 발전된 도시여서 명승고적은 없다. 다만 금수중화민속촌(錦繡中華民俗村)은 중국의 유명 관광지를 1/15 비율로 축소해 놓았고 소수민족 마을도 있는 민속촌이다. 세계지창(世界之窓)은 세계의 역사 유적을 복원해 놓은 곳으로 민속 공연도 볼만하다.

　계림(桂林)은 두말할 필요 없이 중국 제일의 경치를 자랑하는 곳이다. "계림의 산수는 천하제일이다(桂林的山水甲天下)"라는 말이 그것을 웅변한다. 경치가 빼어난 곳을 둘러보고는 유람선을 타고 이강(漓江) 유람을 한다. 계림에서 양삭(陽朔)으로 가는 뱃길에서 동양화의 배경을 많이 볼 수 있을 것이다.

해남도

해남도(海南島)는 한국의 제주도와 비슷한 곳이다. 해구(海口)에서는 오공사(五公祠)와 해서묘(海瑞墓) 등이 볼만하다. 해서는 명나라 가정제(嘉靖帝) 때 황제에게 직언을 하다가 파직된 충신이다. 훗날 그 얘기를 다룬 〈해서파관(海瑞罷官)〉이라는 경극은 문화대혁명을 일으킨 구실이 되었다. 삼아(三亞)는 중국의 대표적인 겨울 휴양지이다. 아룡만(亞龍灣)과 대동해(大東海)는 하얀 모래가 펼쳐지는 아름다운 해변으로 태평양을 바라보며 해수욕을 하는 즐거움이 있는 곳이다. 천애해각(天涯海角)은 '하늘 끝, 바다 끝'이라는 뜻이며 송나라의 대문호인 소동파(蘇東坡)가 귀양을 왔던 곳으로 유명하다. 한편 경해(瓊海)시 박오(博鰲: 보아오)에서는 매년 4월 '보아오 포럼'이 개최되어 아시아 국가 간의 교류와 협력을 통한 경제발전, 사회통합 등을 논의한다. 스위스에서 열리는 '다보스포럼'의 아시아판이라고 할 수 있다.

THEME 289

성도

서남 지역은 중국의 어느 곳보다도 관광자원이 풍부한 곳이다. 자연경관 뿐만 아니라 소수민족 문화, 풍속을 골고루 볼 수 있는 중국 최고의 여행지라고 할 수 있다.

사천성은 일찍부터 천부(天府)로 불렸는데 토양이 비옥하고 물질이 풍요롭다는 뜻이다. 성도(成都)는 삼국시대 촉한(蜀漢)의 수도답게 문화유적이 많다.

성도 망경루 공원

무후사(武候祠)는 제갈량의 사당이 있는 곳이지만 유비의 사당인 한소열묘(漢昭烈廟)와 무덤인 혜릉(惠陵)이 같이 있다. 유일하게 임금과 신하를 함께 모신 곳이다.『삼국연의』를 읽은 사람들은 이곳에서 깊은 감회를 느낄 수 있으며 제갈량의 출사표를 악비(岳飛)가 다시 쓴 것도 볼 수 있다.

두보초당(杜甫草堂)은 교외에 있다. 두보는 안록산의 난을 피해 가족과 함께 피난 와서 4년을 평화롭게 보내며 240여 수의 시를 썼다.

도강언(都江堰)은 BC 256년 진(秦)의 태수 이빙(李冰)이 축조한 수리시설이다. 민강(岷江) 중간에 인공섬을 만들고 어취(魚嘴)라는 제방으로 강을 둘로 나누어, 내강과 외강으로 흐르게 하였다. 내강은 평시에는 농사짓는 곳으로 흐르다가, 홍수 위험이 있으면 비사언(飛沙堰)이라는 홍수조절댐의 문을 열어 외강으로 흘러 보냈다. 고대의 수리시설이 오늘날에도 그대로 작동하고 있다.

사천성에서는 한국인 입맛에 맞는 단단면(担担面), 회과육(回鍋肉), 화과(火鍋)를 먹어보아야 한다.

도강언

아미산, 구채구, 황룡

아미산(峨眉山)은 성도에서 160㎞ 떨어져 있으며 정상인 만불정(萬佛頂)은 해발 3,099m나 되는 높은 산이다. 보현보살을 모시는 도량이며, 문수보살을 모시는 오대산(五台山), 관세음보살을 모시는 보타산(普陀山), 지장보살을 모시는 구화산(九華山)과 더불어 불교의 4대 성지로 손꼽히고 있다. 일출(日出), 운해(雲海), 불광(佛光: 오후에 정상에서 생기는 무지개 현상), 승등[勝燈: 인(燐)이 들어있는 광석이 밤에 발광]은 4대 절경이다.

낙산대불(樂山大佛)은 사천성 낙산시(樂山市)에 있는 거대한 불상이다. 민강

낙산대불

구채구

(岷江)에 해난사고가 빈발하자 무사고를 기원하기 위해 713년에 불상 축조를 시작하여 803년에 완성하였다. 대불의 규모는 엄청나다. 높이 71m, 머리 길이 14.7m, 머리 둘레 10m, 귀 7m, 코 5.6m, 입과 눈 3.3m, 손가락 8.3m이며 발등에 100명 이상이 앉을 수 있다.

구채구(九寨溝)는 9개의 장족(藏族: 티베트족) 마을을 뜻한다. 80년대 관광지로 부각되었으며 옥빛의 물색이 담긴 수백 개의 호수와 폭포를 자랑한다. 크게 즉사와구(則渣洼溝), 일즉구(日則溝), 수정구(樹正溝)로 나누어 관광한다. 황룡(黃龍)은 구채구에서 남쪽으로 100㎞ 떨어진 해발 1,700~5,588m의 고원지대에 있다. 석회암이 녹으면서 형성된 카르스트 지형이며 전나무로 둘러싸인 호수 중에서도 오채지(五彩池)가 최고다.

중경

중경(重慶)은 북경, 상해, 천진과 더불어 4대 직할시 중의 하나이다. 역사적
으로는 파국(巴國)이 있었던 곳으로 중일전쟁 시기에는 전시 수도로서의 역할
을 다했으며 대한민국 임시정부가 피난갔던 곳이기도 하다. 중경 사람들은
사천성의 촉(蜀)과 다른 파(巴) 출신이라는 것에 자부심이 강하다.

대한민국임시정부청사(大韓民國臨時政府舊地陳列館)는 유중구(渝中區) 칠성강
(七星崗) 연화지(蓮花池) 38호에 있다. 1944년 하반기부터 해방되기까지 임시
정부 청사가 이곳에 있었다. 임시정부 인사들의 사진과 문서들이 전시되고

장강삼협

대족석각

있으며 백범 김구 선생의 흉상과 태극기를 보면서 묵념을 하면 가슴이 뭉클
해지는 것을 느낄 것이다.

장강삼협(長江三峽)은 백제성(白帝城)부터 호북 의창시(宜昌市) 남진관(南津關)
에 이르는 193㎞의 장강 물길과 구당협(瞿塘峽), 무협(武峽), 서릉협(西陵峽)의 삼
협을 이르는 말이다. 중경(重慶)-삼협(三峽)-의창(宜昌)을 잇는 유람선 여행은
『삼국연의』의 중요한 현장을 들르는 귀중한 체험을 할 수 있다.

대족석각(大足石刻)은 중경시 대족구(大足區)에 있다. 당, 송, 명, 청을 거치면
서 조성된 석각들이 무수히 분포되어 있는데 보정산(寶頂山), 북산(北山), 남산
(南山), 석문산(石門山), 석전산(石篆山)에 집중되어 있다. 압권은 보정산의 마애
조상(摩崖造像)으로 규모가 크고 조형미가 아름답다. 대족에는 불교 외에도 유
교, 도교의 조상(造像)들도 함께 존재한다. 규모와 예술성이 있는 곳이다.

황과수, 곤명, 석림

    귀주성(貴州省)은 개발이 가장 늦은 지역이다. 낙후한 것이 역설적으로는 보존된 자연이 많다는 것일 수도 있다. 귀주성은 최근 데이터센터(Data Center)로 각광받고 있다. 동수서산(東數西算)이라 불리는 이 정책은 발전된 동부 연안에서 생성된 데이터를 낙후한 서부에서 처리한다는 의미이다.

    황과수(黃果樹) 폭포는 귀양에서 128㎞의 거리이다. 폭포의 높이는 77.8m이고 폭은 101m에 달하는 아시아 최대의 폭포이다. 황과수 지역은 황과수대폭포(黃果樹大瀑布), 천성교(天星橋), 두파당(陡坡塘)으로 구성된다.

황과수

운남성(雲南省)은 소수민족이 가장 많은 성이다. 성 인구의 30% 이상이 소수민족으로 구성되어 있으며 태족(傣族), 백족(白族), 이족(彝族), 납서족(納西族) 등의 다양한 민족문화를 볼 수 있는 곳이다. 최근에는 일대일로(一帶一路) 정책에 따라 중국의 동남아 진출 교두보로 각광받고 있다. 과교미선(過橋米線) 쌀국수를 먹고 보이차(普洱茶)를 마시면 체중조절에 도움이 될 것이다.

곤명(昆明)은 운남성의 성도이며 운귀고원(雲貴高原)의 중부에 있다. 24도의 저위도이지만 해발 1,891m의 고원지대에 있어 사계절이 온화하여 춘성(春城)이라고 불리운다. 운남민족촌(雲南民族村)은 25개 소수민족의 촌락이 만들어져 있고 민족 고유의 춤과 음악 등 다양한 전통공연이 펼쳐진다. 3~4시간 동안 유쾌하고 흥미로운 경험과 휴식을 취할 수 있는 곳이다.

석림(石林)은 곤명에서 120㎞ 떨어진 곳인 석림이족자치현(石林彝族自治縣)에 있다. 2억 7천만 년 전 지각변동에 의하여 바다 밑에 있던 땅이 솟아올라 만들어진 기기묘묘한 지형이 신기하며 세계지질공원으로 선정된 바 있다.

대리, 여강

대리(大理)는 대리백족자치주(大理白族自治州)의 주도(州都)이다. 당나라 때에는 남조국(南詔國), 송나라 때에는 대리국(大理國)의 도읍지로 번창하였으나 13세기 몽골족의 침입으로 멸망하고 말았다. 현재 고성은 명나라 때 축조된 것이라고 한다. 깨끗한 물이 담긴 호수를 보고 싶다면 이해호(洱海湖)를 둘러볼 것을 추천한다.

여강고성(麗江古城)은 납서족(納西族)의 오랜 터전이다. 1996년에 여강 지역에 7급 진도의 큰 지진이 있었는데 현대식 건물들은 피해가 컸으나 전통 가

대리

옥룡설산

옥들은 잘 보존되었고 그 참에 고성 전체를 자연 친화적, 전통 친화적으로 복원할 수 있었다. 중국의 어느 곳보다 깨끗하고 전통미가 살아있는 명소이며 맑은 물이 흐르는 개울 옆에 예쁜 카페와 주점이 많아 여행의 낭만을 흠뻑 즐길 수 있다. 동서양의 많은 배낭족들이 몇 개월씩 머무르면서 쉬어가는 모습을 흔하게 볼 수 있다.

옥룡설산(玉龍雪山)은 옥룡납서족자치현(玉龍納西族自治縣)에 있는 해발 5,596m의 산으로 가장 높은 봉우리는 선자두(扇子陡)이다. 납서족들이 만년설 옥룡이 있는 성산으로 숭배하는 산이기도 하다. 케이블카를 이용하면 해발 4,500m까지 빨리 올라갈 수 있는데 고산병을 느낄 수 있으므로 휴대용 산소통을 준비해야 한다. 견딜만 하다면 200m 위에 있는 전망대까지 가볼 것을 추천한다.

향격리랍, 서쌍판납

향격리랍(香格里拉: 샹그릴라)은 운남성 적경장족자치주(迪慶藏族自治州) 직할의 현급시(縣級市)이며 운남성, 사천성, 티베트의 경계 지역에 있다. 장족(藏族: 티베트 족)이 다수인 이곳의 티베트어 뜻은 '마음속의 해와 달'이다. 해발고도가 평균 3,450m이며 여름 기온은 15도 내외이고 하루 일교차가 30도에 달해 "일년에 사계절이 있는 것이 아니라 하루에 사계절이 있다"는 말이 있다. 영국소설가 제임스 힐튼(James Hilton)의 『잃어버린 지평선』에 나오는 지명이며 지상에 존재하는 아름다운 유토피아로 묘사되었다.

향격리랍(샹그릴라)

서쌍판납(시슈앙반나)

　서쌍판납(西雙版納: 시슈앙반나)이라는 말은 태족(傣族) 말인데, 서쌍은 십이(十二)라는 뜻이고 판납(版納)은 세금을 부과하는 단위(일정 면적의 논)이다. 즉, 12개 행정구역을 이르는 말이라고 보면 되겠다. 서쌍판납태족자치주(西雙版納傣族自治州)는 동남쪽으로는 라오스와 서남쪽은 미얀마와 접하고 있는 국경 지역이다. 13개 소수민족들이 있는데 그 중에서 태족이 제일 많은 수를 차지하고 있다. 열대 지역답게 다양한 종류의 동식물이 존재한다. 태국과 라오스의 국경, 다양한 소수민족, 열대우림의 동식물 등등 흥미진진하고 아기자기한 체험을 많이 할 수 있어 여행의 재미를 듬뿍 느낄 수 있는 곳이다. 가볼만한 곳으로는, 열대우림의 삼림을 볼 수 있는 망천수경구(望天樹景區), 종합식물원이라고 할 수 있는 맹륜식물원(勐侖植物園) 등이 있다.

납살(라싸)

 서장장족자치구(西藏藏族自治區)는 해발고도 4,000m 이상의 티베트고원(靑藏高原)에 위치한다. 납살(拉萨: 라싸)은 자치구의 성도이며 해발 3,650m의 도시이고 연평균 기온이 7.4도에 불과하다.

 티베트의 전성 시기는 7~8세기이다. 송찬간포(松贊干布: 송짠간뿌, 617~650)는 토번(吐蕃) 왕조를 세우고 수도를 납살로 정하였으며 포달랍궁(布達拉宮)을 축조하고 대소사(大昭寺: 조캉사원)도 건립하였다. 남쪽으로는 인도와 네팔을 공략하였고, 동쪽으로는 당나라를 위협할 정도였다. 토번 문자를 창제하였고

납살 포달랍궁

불경 번역에도 힘을 기울였으며 문성공주(文成公主)를 아내로 맞이하였다. 강희제 시절인 1720년 청나라에 복속되었다가 청의 멸망 이후, 2차 세계대전이 끝나고 독립을 선언하였으나 1949년 중국 군대가 진주하면서 무위로 돌아갔다. 1959년에는 대대적인 봉기를 일으켰으나 실패하였고 달라이라마는 인도에 망명정부를 수립하여 지속적으로 독립을 요구하고 있다.

포달랍궁은 해발 3,700m에 위치하고 있으며 건축면적이 13만㎡, 높이 117m, 13층 건물이다. 홍궁(紅宮)이 중앙에 있고 양쪽에 백궁(白宮)이 있다. 궁궐, 성벽, 탑전, 불전, 승려 숙소, 정원이 한데 모여있는 복합건물이다. 나포림카(羅布林卡: 노블링카)는 달라이라마 7세가 지은 별궁인데 여름 궁전으로 알려져 있다. 대소사는 1,300년 전 토번왕조의 전성기에 축조되었으며 토번뿐만아니라 당, 인도, 네팔의 건축양식을 융합하여 지었다.

THEME 296

서안

중국의 과거를 보기 위해서는 이곳 서북 지역을 보아야 한다. 타 지역에 비해 개발이 상대적으로 늦지만 최근의 서부대개발, 일대일로 정책으로 무섭게 변화하고 있는 지역이다.

섬서성은 서북 지역으로 분류하는 것이 좀 어색하다. 지도를 보면 국토의

서안 회민가

대안탑

중앙에 위치하고 중원과 가까우며 역사적으로도 여러 왕조의 수도가 있었던 곳이기 때문이다. 섬서성은 크게 섬북(陝北), 관중(關中), 섬남(陝南)으로 나눌 수 있다. 섬북은 황토고원으로 연안(延安)이 있고, 관중은 위하평원(渭河平原)에 서안(西安)이 있으며, 섬남은 진파산지(秦巴山地)로 한중(漢中)이 있다. 주나라가 호경(鎬京)을 도읍으로 정한 이래 서주, 진, 서한, 수, 당까지 2000년 동안 낙양(동주, 동한, 서진의 수도)과 번갈아 가며 중국의 수도로 군림해왔다. 그러나 송대는 개봉(開封)이, 원·명·청에 이르러서는 북경이 수도로 굳어지면서 서쪽에 있는 도시라는 뜻으로 서안이 되었다. 하지만 최근에는 서부대개발(西部大開發)과 일대일로(一帶一路)의 중심도시로 우뚝서고 있다.

진시황릉병마용(秦始皇陵兵馬俑) 안에는 진나라의 위용을 자랑하듯이 수천 명의 갑옷 병사, 수백 마리의 전투용 말과 전차들이 대열을 지어 출동을 기다

서안 종탑

리고 있다. 통일 대제국 진(秦)의 위용을 보는 것만 같다.

건릉(乾陵)은 당 고종 이치(李治)와 그의 아내이자 중국 유일의 여황제인 측천무후(則天武后) 무측천(武則天)이 합장되어 있는 곳이다. 총면적이 240만㎡에 이르는 방대한 규모이며 들어가는 신도(神道) 옆의 석상과 무측천의 비석으로 추정되는 무자비(無字碑)가 볼거리이다. 화산(華山)은 서안에서 동쪽으로 120 ㎞ 거리에 있다. 중국 오악(五岳) 중에서 서악(西岳)으로 꼽히고 있으며 천하제일험(天下第一險)이라 불릴 정도로 험하다. 동서남북 중의 다섯 개 봉우리가 있으며 남봉이 2,155m로 제일 높다. 서봉과 북봉으로 올라가는 케이블카가 있어 등산에 도움이 된다.

시내로 들어오면 서안성벽(西安城牆)이 보인다. 현재 남아 있는 성벽의 모태는 수의 대흥성(大興城), 당의 장안성(長安城)이지만 당나라 말기에 훼손되었다가 1378년 명태조 주원장에 이르러 완공되었다. 성벽 위는 12~14m의 넓은 폭이므로 자전거를 타고 한 바퀴를 돌아보는 것도 흥미롭다. 대자은사(大慈恩寺) 안에는 대안탑(大雁塔)이 있다. 절은 당 고종이 모친인 문덕황후(文德皇后)의 명복을 빌기 위하여 지었으며 탑은 현장(玄奘) 법사가 인도에서 가져온 불상과 불경을 보관하기 위해서 건립하였다. 현장법사는 『서유기(西遊記)』에 나오는 삼장법사(三藏法師)의 모델이기도 하다. 회민가(回民街)는 이슬람교를 믿는 회족(回族)들의 거리이다. 실크로드의 출발점인 서안의 성격을 잘 보여 주는 곳이다. 식당과 기념품 가게들이 많이 모여 있으므로 구경하는 것이 재미있다.

서안의 먹거리로는 만두 코스 요리인 교자연(餃子宴), 국수요리인 진진양피(秦鎭凉皮), 소고기와 양고기 국물에 빵을 뜯어서 넣은 우양육포막(牛羊肉泡饃)이 있다. 특색 있는 뱡뱡면을 먹어 보는 것을 추천한다. 뱡뱡은 없는 글자를 복잡하게 만든 것이다. 넓고 긴 국수를 고기, 계란, 채소와 함께 먹는다.

뱡뱡면

난주, 돈황, 서녕

난주(蘭州)는 감숙성(甘肅省)의 성도이다. 황하의 탁류가 시내를 휘감아 흐르고 백탑산공원의 백탑(白塔)이 내려다보는 조용한 곳이다. 병령사석굴(炳靈寺石窟)은 난주 남서쪽 100㎞에 있고 유가협저수지(劉家峽水庫)를 지나서 있기 때문에 접근이 힘들지만 볼거리가 많은 곳이다. 가욕관(嘉峪關)은 동쪽의 산해관에서 6,352㎞(명나라 시대 축조된 장성의 길이)를 달려온 만리장성의 서쪽 끝이다. 천하제일웅관(天下第一雄關)으로 불리는 가욕관은 1372년 명태조 홍무제 때 축조되었으며 실크로드의 이정표 역할을 해왔다.

난주

돈황

돈황(敦煌) 부근의 막고굴(莫高窟)은 오호십육국의 전진(前秦) 시기인 366년에 조성되기 시작했으며 수·당·송·원까지 계속 확장되었다. 길이 1,600m, 높이 15~20m의 절벽을 따라 동굴 735개가 조성되어 있고 조각상이 2,400개, 벽화는 45,000㎡에 달한다.

근처의 명사산(鳴沙山)은 문자 그대로 우는 소리를 내는 모래산이다. 낙타를 탈 수 있고 모래산 언덕에 올라가서 썰매를 타고 내려올 수도 있다. 산 기슭에는 초승달 모양으로 생긴 사막의 오아시스 월아천(月牙泉)이 있다.

서녕(西寧)은 청해성의 성도이지만 개발이 아주 늦은 도시이다. 부근에 티베트사원 탑이사(塔爾寺)가 있고 바다가 융기된 염해호인 청해호(青海湖)가 있다. 푸른 하늘 아래 티베트 불교의 백탑(白塔)과 짙푸른 호수는 오랫동안 강한 인상으로 남는다.

오로목제, 토노번, 객십

    신강(新疆)은 한나라와 당나라 때 둔전(屯田)을 설치하거나 현(縣)을 관할하는 등 제한적 영향력을 행사한 지역이다. 송·원·명 시기에는 장성 밖에 있는 서역의 땅이다가 1755년 청의 건륭제가 준가르 부족을 무너뜨리고 직접 통치하기 시작했다. 1884년 광서제는 성(省)을 설치하고 신강이라 명했다. 위구르족을 중심으로 1933년, 1944년에 동투르키스탄을 건국했으나 1949년 중화인민공화국으로 편입되었다.

    천지(天池)는 오로목제(烏魯木齊: 우루무치)에서 110㎞ 떨어진 천산에 있으며 박격달산(博格達山)의 중턱 해발 1,980m에 있는 산정호수이다. 호수의 면적은 4.9㎢이며 최대 수심은 105m에 이른다. 만년설이 덮인 천산, 삼나무로 둘러싸인 호수를 보고 있으면 '중국의 스위스'가 실감난다. 남산목장(南山牧場)은 넓은 초지와 침엽수가 많으며 말을 타거나 파오에서 숙박을 할 수도 있다.

    토노번(吐魯番: 투루판)은 일부가 해발 고도보다 낮은 분지이다. 별칭이 화주

오로목제(우루무치)의 천지

(火州)인데 여름 최고기온이 49.6도까지 올라가며 100일 이상이 35도 이상인 찜통이다. 『서유기』에 나오는 화염산(火焰山), 지하 관개시설인 감이정(坎爾井: 칸얼징), 포도로 하늘을 덮는 포도구(葡萄溝)와 고대 차사전국(車師前國)의 수도였던 교하고성(交河古城), 고창국(高昌國)의 수도였던 고창고성(高昌古城)이 볼만하다.

객십(喀什: 카스, 카슈가르)은 실크로드 교역로의 중심으로 인도, 파키스탄, 아프카니스탄, 타지키스탄 등으로 통하는 관문이다. 대다수가 위구르족이며 중국적 색채를 거의 느낄 수 없어 중앙아시아의 한 도시에 와있는 느낌이다. 일요 시장은 볼거리가 많으며, 향비묘(香妃墓)는 절세미인이었던 그녀가 건륭제에게 끌려갔다가 돌아와 묻힌 곳이다. 신강의 먹거리로는 양고기를 통째로 구운 고전양(烤全羊: 카오취앤양), 닭고기와 채소를 볶은 신강대반계(新疆大盤鷄: 신장따판지), 비빔국수인 신강반면(新疆拌面: 신장반미앤) 등을 추천한다.

향항(홍콩)

항오대(港奧臺)는 향항(香港: 홍콩), 오문(澳門: 마카오), 대만(臺灣: 타이완)을 통칭하는 말이다. 중국의 영욕이 교차하는 곳이다. 아편전쟁과 청일전쟁을 겪으며 제국주의 세력에 할양되었던 곳이 속속 대륙으로 복귀하였으며 대만과는 서로 왕래하면서 문화적 일체감을 가져가고 있다. 이 지역을 보지않고 중국을 보았다고 얘기할 수 없다.

홍콩은 구룡반도(九龍半島), 홍콩섬(香港島), 신계(新界)의 3개 지역으로 구성되어 있고 면적은 1,114㎢로 제주도의 60% 크기이다. 1840~1842년의 아편전쟁 이후 남경조약에 의해 홍콩섬이 영구 할양되었고 영국이 150년 이상 이 땅을 통치하였으므로 동서양이 융합된 독특한 문화가 있는 곳이다.

홍콩은 야경이 유명하다. 빅토리아 항구에서 열리는 환채영향항(幻彩咏香港, A Symphony of Lights) 공연은 음악과 함께하는 레이져쇼다. 빅토리아 피크(太平山頂, Victoria Peak)는 홍콩섬에서 가장 높은 곳으로 야경이 한 눈에 들어온다. 걸어서 오르거나 차를 이용해도 되지만 전차 피크트램이 재미있다.

홍콩은 쇼핑의 천국이라고 할 수 있다. 하버 시티(Harbour City)는 홍콩 최대 규모의 쇼핑몰이다. 1㎞ 남짓한 거리에 700여 개의 상점과 50여 개의 식

홍콩의 번화가(위)와 요리(아래)

홍콩의 야경

당이 입점해 있으므로 각종 패션 브랜드를 구경할 수 있으며 완구 쇼핑도 아주 편리하다. 하버 뷰 또한 아름다운 곳이다. 템플 스트리트(Temple Street) 야시장에서는 공예품, 옷, 기념품은 물론이고 다양한 야식도 맛볼 수 있다. 소호(SOHO: South Hollywood) 거리에서 벽화, 카페, 옷 가게 등을 구경하는 것도 즐거운 경험일 것이다.

홍콩은 서양 요리는 물론, 광동성, 동남아 등의 음식문화가 복합된 먹거리들이 풍부하다. 새우, 게, 열대과일 등을 이용한 요리와 점심(點心: 딤섬)을 마음껏 맛볼 수 있다. 첨사취(尖沙嘴: 침사추이), 만자(灣仔: 완차이), 왕각(旺角: 몽콕) 지역을 거닐면서 마음 내키는 대로 쇼핑도 하고 맛있는 음식도 먹으면서 여유를 즐겨보자.

오문(마카오)

마카오는 광동성 주해(珠海)에 인접하고 홍콩에서 60㎞, 광주에서는 145㎞ 떨어져 있다. 면적은 33.3㎢이며 인구는 2022년 말 기준 68만 명이다. 16세기에 포르투갈에 점령되어 식민지였다가 1999년 12월 20일 중국으로 반환되었다.

마카오 전경

성 바울 성당의 외벽

'아시아의 작은 유럽'이라는 별칭에 어울리는 유럽식 건물과 모자이크로 장식된 길거리가 있다. 세나도 광장은 마카오의 중심에 있으며 유럽풍 건물에 둘러싸인 곳이다. 특히 광장의 바닥은 물결 모양의 타일로 장식되어 있어서 아름답다. 주변에 있는 '릴세나도 빌딩'은 마카오 행정청 및 의회 건물로 쓰이고 있는 포르투갈 양식의 건물이다. 광장 주위에는 식당, 카페, 기념품점들이 많아 느긋하게 즐길 수 있다.

성 바울 성당은 1582~1602년에 성 바울 대학의 일부로 건립되었는데 당시 아시아에서 가장 큰 교회였으나 1835년의 화재로 대부분이 불타고 현재는 남쪽 외벽과 66개의 계단만 남아있는 상태다. 그래도 우아한 바로크 양식의 벽체는 세라도 광장과 함께 마카오의 상징이다. 김대건(金大建) 신부의 흔적을 보고 싶다면 성안토니오 성당에 성상이 있으며 인접한 카모에스 공원에서는 동상을 볼 수 있다.

대만(타이완)

대만은 타이완해협을 사이에 두고 복건성과 마주보고 있다. 면적은 3.6만㎢로 남한(10만㎢)의 36% 정도이다. 동서가 144㎞, 남북은 394㎞이며 동고서저의 산악지형이고 제일 높은 산은 옥산(玉山)으로 해발 3,997m이다. 지

진과 태풍이 자주 발생하며 1999년과 2016년에도 큰 지진이 있었다.

인구는 약 2,330만 명인데 원주민인 고산족(高山族)은 2% 정도이고 98%가 원래는 대륙 출신들이다. 1945년 이전에 복건성, 광동성에서 이주한 사람들과 중원의 환란을 피해서 온 객가인으로 구성된 본성인(本省人)이 84%, 1945년 이후에 국민당과 함께 들어온 외성인(外省人)을 14% 정도로 구분해 볼 수 있다.

네덜란드의 통치를 받은 적이 있으며 51년간 일본의 식민지배도 경험하였다. 원래의 토착민인 고산족, 대륙의 본성인과 외성인 외에도 최근에는 외국인 노동자들이 유입되는 등 대외 개방적인 문화가 상당히 강하다.

고궁박물원(故宮博物院)은 1949년에 장개석이 대만으로 철수하면서 "나라가 없어도 살 수는 있지만 문물 없이 살 수는 없다"고 하면서 가지고 온 60만점의 유물을 보유한 곳이다. 동파육(東坡肉)을 본떠 만든 육형석(肉形石)과 취옥백채(翠玉白菜)는 보물 중의 보물이다.

대만 지우펀

중화민국의 국부인 손문을 기념하는 국부기념관(國父紀念館)과 장개석을 기념하는 중정기념관(中正紀念館)은 두 인물에 대한 자료도 볼 수 있고, 의장대 교대식도 매 시각마다 볼 수 있는 흥미로운 곳이다. 대북(臺北) 101은 2004년에 완공된 높이 509m의 초고층 빌딩이며 대북의 랜드마크이다. 식당, 쇼핑몰, 컨퍼런스센터 등이 있고 88~89층에 전망대가 있다.

구분(九份: 지우펀)은 신북(新北)에 있는 마을이다. 아홉 가구가 살았는데 생필품이 들어오면 아홉 등분하였다고 하여 붙여진 이름이다. 금맥이 발견되면서 발전하였고 일제강점기에 일본식 건물이 많이 들어섰다. 1989년, 마을을 배경으로 촬영된 〈비정성시(悲情城市)〉라는 영화가 히트하면서 알려졌다. 홍등으로 장식된 전통 가옥, 바다 전망, 야경이 아름답다.

일월담(日月潭)은 남투현(南投縣) 어지향(魚池鄉)에 있는 대만에서 가장 큰 호수다. 면적은 7.93㎢이며 둘레는 35㎞에 이른다. 호수 중간에 납노도(拉魯島)라는 섬이 있는데 섬의 동쪽은 둥근 해, 섬의 서쪽은 초승달을 닮았다고 하여 일월담이라는 이름이 붙여졌다.

중국문화
301 테마

부록

회사생활에 필요한 중국어

■■■■ 외국계 호텔 이름

중국의 공항에서 택시를 타고 외국계 호텔 이름을 대면 알아듣는 택시 기사는 거의 없다고 할 수 있다. 중국은 중국 방식의 호텔 이름이 따로 있다. 때로는 비슷한 발음으로, 때로는 그 뜻에 따라 지어진 이름이다. 모르면 낭패를 당할 수도 있으므로 중요한 몇몇 호텔 체인은 알고 있어야 한다.

호텔	중국명	병음
Accor	雅高	yǎ gāo
Four Seasons	四季	sì jì
Hilton	希尔顿	xī ěr dùn
Hyatt	君悦	jūn yuè
InterContinental	洲际	zhōu jì
Kempinski	凯宾斯基	kǎi bīn sī jī
Mandarin	文华东方	wén huá dōng fang
Marriott	万豪	wàn háo
Radisson	丽笙	lì sheng
Ritzcarlton	丽思卡尔顿	lì sī kǎ ěr dùn
Shangrila	香格里拉	xiāng gé lǐ lā
Sheraton	喜来登	xǐ lái dēng
Westin	威斯汀	wēi sī tīng
Wyndham	温德姆	wēn dé mǔ

■■■ 은행 용어

　중국에 도착해서 얼마 동안은 현금과 신용카드로 생활할 수 있겠지만 비즈니스 혹은 주재 생활을 계속하려면 은행 거래가 필수적이다. 은행 용무에 필요한 간단한 용어들은 숙지하고 있는 것이 좋다.

용어	중국어	병음
계좌	账户	zhàng hù
계좌를 개설하다	开户	kāi hù
계좌이체	转账	zhuǎn zhàng
납부하다	缴费	jiǎo fèi
대출하다	贷款	dài kuǎn
상환하다	还款	huán kuǎn
송금하다	汇款	huì kuǎn
신용카드	信用卡	xìn yòng kǎ
은행	银行	yín háng
이자	利息	lì xī
인터넷뱅킹	网银	wǎng yín
입금하다	存款	cún kuǎn
잔고	余额	yú é
저축하다	存钱	cún qián
출금하다	取款	qǔ kuǎn
통장	存折	cún zhē
환율	汇率	huì lǜ
건설은행	建设银行	jiàn shè yín háng
공상은행	工商银行	gōng shāng yín háng
교통은행	交通银行	jiāo tōng yín háng
농업은행	农业银行	nóng yè yín háng
민생은행	民生银行	mín shēng yín háng
중국은행	中国银行	zhōng guó yín háng
초상은행	招商银行	zhāo shāng yín háng

중국은 가히 자동차 전시장이라 할 수 있다. 전 세계 모든 브랜드들이 수출품으로 또는 중국과의 합작생산 형태로 들어와 있다. 자동차 브랜드는 외국어 발음대로만 부르지 않는다. 중국식 이름이 따로 있는 것이다. 발음으로 지은 경우가 많지만 때로는 뜻을 가미하여 짓기도 한다. 차량 정비소에 가면, 중국식 자동차 이름만 가득한데, 내 차를 취급하는지 안 하는지는 알아야 한다.

브랜드	중국 이름	병음
Acura	讴歌	ōu gē
Alfa Romeo	阿尔法-罗密欧	ā ěr fǎ – luó mì ōu
Audi	奥迪	ào dí
Bentley	宾利	bīn lì
BMW	宝马	bǎo mǎ
Bugatti	布加迪	bù jiā dí
Buick	别克	bié kè
Cadillac	凯迪拉克	kǎi dí lā kè
Chevrolet	雪佛兰	xuě fó lán
Chrysler	克莱斯勒	kè lái sī lè
Citroen	雪铁龙	xuě tiě long
Dacia	大契亚	dà qì yà
Daihatsu	大发	dà fā
Dodge	道奇	dào qí
Ferrari	法拉利	fǎ lā lì
Fiat	菲亚特	fěi yà tè
Ford	福特	fú tè
GMC	GMC	GMC

Honda	本田	běn tián
Hyundai	现代	xiàn dài
Infiniti	英菲尼迪	yīng fěi ní dí
Jaguar	捷豹	jié bào
Jeep	吉普	jí pǔ
KIA	起亚	qǐ yà
Lamborghini	兰博基尼	lán bó jī ní
Land Rover	路虎	lù hǔ
Lexus	雷克萨斯	léi kè sà sī
Lincoln	林肯	lín kěn
Maserati	玛莎拉蒂	mǎ shā lā dì
Maybach	迈巴赫	mài bā hè
Mercedes-Benz	梅赛德斯-奔驰	méi sài dé sī – bēn chí
MINI	迷你	mí nǐ
Nissan	日产	rì chǎn
Opel	欧宝	ōu bǎo
Peugeot SA	标志	biāo zhì
PORSCHE	保时捷	bǎo shí jié
Renault	雷诺	léi nuò
Rolls-Royce	劳斯莱斯	láo sī lái sī
Scion	塞恩	sāi ēn
SEAT	西雅特	xī yǎ tè
SKODA	斯柯达	sī kē dá
Smart	精灵	jīng líng
Tata	塔塔	tǎ tǎ
Toyota	丰田	fēng tián
Unimog	乌尼莫克	wū ní mò kè
Volkswagen	大众	dà zhòng

이윤표	利润表	lì rùn biǎo
매출액	主营业务收入	zhǔ yíng yè wù shōu rù
매출원가	主营业务成本	zhǔ yíng yè wù chéng běn
매출이익	主营业务毛利	zhǔ yíng yè wù máo lì
판매비용	销售费用	xiāo shòu fèi yòng
관리비용	管理费用	guǎn lǐ fèi yòng
재무비용	财务费用	cái wù fèi yòng
영업이익	营业利润	yíng yè lì rùn
영업외 수익	营业外收入	yíng yè wài shōu rù
영업외 비용	营业外支出	yíng yè wài zhī chū
세전이익	利润总额	lì rùn zǒng é
법인세	所得税	suǒ dé shuì
세후이익	净利润	jìng lì rùn
자산	资产	zī chǎn
유동자산	流动资产	liú dòng zī chǎn
고정자산	固定资产	gù dìng zī chǎn
무형자산	无形资产	wú xíng zī chǎn
부채	负债	fù zhài
유동부채	流动负债	liú dòng fù zhài
장기부채	长期负债	cháng qī fù zhài
자본	所有者权益	suǒ yǒu zhě quán yì
자본금	资本总额	zī běn zǒng é
자본잉여금	资本公积	zī běn gōng jī
당기순이익	本年利润	běn nián lì rùn
미처분이익잉여금	未分配利润	wèi fēn pèi lì rùn

■■■ IT 및 디지털 용어

이제는 기업뿐만 아니라 사회의 어느 분야에서 일하더라도 IT와 디지털을 모르고는 업무를 수행할 수 없는 지경에 이르렀다. 특히 중국은 제조업과 IT 분야의 경쟁력으로 선진국을 따라 잡으려는 열망이 강한 나라이다.

용어	중국어	병음
Artificial Intelligence	人工智能	rén gōng zhì néng
Blockchain	区块链	qū kuài liàn
Back Up	备份	bèi fèn
Cloud	云	yún
Code	代码	dài mǎ
Data	数据	shù jù
Data Base	数据库	shù jù kù
Data Center	数据中心	shù jù zhōng xīn
Down Load	下载	xià zài
Frame	框架	kuàng jià
Hacker	黑客	hēi kè
Hardware	硬件	yìng jiàn
Information Technology	信息技术	xìn xī jì shù
Logic	逻辑	luó jí
Man Hour	人月	rén yuè
Module	模块	mó kuài
Platform	平台	píng tái
Program	程序	chéng xù
Server	服务器	fú wù qì
Software	软件	ruǎn jiàn
Solution	解决方案	jiě jué fāng àn
System	系统	xì tǒng
Template	模板	mó bǎn

컴퓨터, 인터넷, 모바일 용어

중국은 인터넷 강국, 모바일 강국이다. 산업화는 늦었지만 정보화의 발걸음은 누구보다도 빠르다.

용어	중국어	병음
네티즌	网民	wǎng mín
댓글	帖子	tiě zǐ
링크하다	链接	liàn jiē
마우스	鼠标	shǔ biāo
메인페이지	首页	shǒu yè
모니터링	监测	jiān cè
모바일결제	手机支付	shǒu jī zhī fù
무선인터넷	无线网络	wú xiàn wǎng luò
문자메시지	短信	duǎn xìn
바이러스	病毒	bìng dú
블로그	博客	bó kè
블루투스	蓝牙	lán yá
아이디	账号	zhàng hào
애플리케이션	应用软件	yīng yòng ruǎn jiàn
온라인	上线	shàng xiàn
웹사이트	网站	wǎng zhàn
USB	U盘	U pán
이메일주소	邮箱地址	yóu xiāng dì zhǐ
인터넷	网络	wǎng luò
인터넷 검색	搜索	sōu suǒ
인터넷 쇼핑	网购	wǎng gòu
인터넷 주소	网址	wǎng zhǐ
첨부파일	附件	fù jiàn
QR코드	二维码	èr wéi mǎ
키보드	键盘	jiàn pán

■■■ 다국적기업 이름

아래 표는 브랜드 전략 및 관리에 대한 전문컨설팅으로 유명한 Interbrand 社가 발표한 2022년의 Best Global Brands의 브랜드가치 순위표이다. 이 정도의 기업 이름을 중국어로 알고 있으면 중국인과의 대화가 쉬울 것이다.

순위	회사명	중국명	병음	억불	국적
1	Apple	苹果	píng guǒ	4822	미국
2	Microsoft	微软	wēi ruǎn	2783	미국
3	Amazon	亚马逊	yà mǎ xùn	2748	미국
4	Google	谷歌	gǔ gē	2518	미국
5	Samsung	三星电子	sān xīng diàn zǐ	877	한국
6	Toyota	丰田汽车	fēng tián qì chē	598	일본
7	Coca-Cola	可口可乐	kě kǒu kě lè	575	미국
8	Mercedes-Benz	梅赛德斯奔驰	méisàidésī bēnchí	561	독일
9	Disney	迪士尼	dí shì ní	503	미국
10	Nike	耐克	nài kè	503	미국
11	McDonald	麦当劳	mài dāng láo	486	미국
12	Tesla	特斯拉	tè sī lā	480	미국
13	BMW	宝马	bǎo mǎ	463	독일
14	Louis Vuitton	路易威登	lù yì wēi dēng	445	프랑스
15	Cisco	思科	sī kē	413	미국
16	Instagram	Instagram	Instagram	365	미국
17	Facebook	脸书	liǎn shū	345	미국
18	IBM	国际商业机器	guójì shāngyè jīqì	342	미국
19	Intel	英特尔	yīng tè ěr	329	미국
20	SAP	思爱普	sī ài pǔ	315	독일

맛과 요리 방식

중국요리는 재료도 다양하지만 요리 방식도 많아서 기본적인 표현은 알아두어야 제대로 주문할 수 있다.

표현	중국어	병음	비고
느끼하다	腻	nì	汤太腻了
담백하다	清淡	qīng dàn	一杯清淡的乌龙茶
떫다	涩	sè	这柿子涩不涩?
비리다	腥	xīng	他不吃腥的
신선하다	鲜	xiān	鱼汤很鲜
싱겁다	淡	dàn	这个菜太淡
쓰다	苦	kǔ	这药苦极了
가열하다	烧	shāo	红烧大排，红烧三丝鱼翅
강한 불로 빠르게 볶다	爆	bào	爆双鲜，椒盐爆虾
기름에 볶고 조미료를 치다	烹	pēng	醋烹豆芽菜，乾烹鸡
기름에 튀기다	炸	zhá	炸酱面，炸大虾，软炸鸡
무치다	拌	bàn	小葱拌豆腐，拌鸡丝
볶다	炒	chǎo	扬州炒饭，虾仁炒面
삶다	煮	zhǔ	水煮牛肉，水煮鱼
삶아서 양념을 하다	烩	huì	烩鸭丝，烩海参，烩三鲜
연기로 훈제하다	熏	xūn	熏鸡白肚儿，熏斑鸠
익히다	涮	shuàn	涮羊肉，涮锅子
졸이다. 약한 불로 삶다	炖	dùn	清炖龟 炖羊肉
직접 굽다	烤	kǎo	烤牛肉，烤羊肉，烤白薯
지지다	煎	jiān	南煎丸子，煎饼，煎鸡蛋
찌다	蒸	zhēng	蒸熊掌，清蒸翅子
튀김 후 국물로 다시 볶다	溜	liū	溜三丝

양식 및 커피

중국에는 중국 음식만 있는 것이 아니라 다양한 서양 음식도 들어와 있다. 서양 음식에 대해서도 기본적인 지식이 필요함은 두말할 필요가 없다. 커피숍에 가면 여러 종류의 커피와 음료수가 있으니 그 중에 골라서 주문해 보자.

용어	중국어	병음
감자튀김	炸薯条	zhá shǔ tiáo
돈까스	炸猪排	zhá zhū pái
마요네즈	蛋黄酱	dàn huáng jiàng
버터	黄油	huáng yóu
베이컨	腊肉	là ròu
비프스테이크	炸牛排	zhá niú pái
샌드위치	三明治	sān míng zhì
샐러드	沙拉	shā lā
스파게티	意大利面	yì dà lì miàn
아이스크림	冰淇淋	bīng qí lín
요구르트	酸牛奶	suān niú nǎi
초콜릿	巧克力	qiǎo kè lì
치즈	奶酪, 乳酪	nǎi lào, rǔ lào
케익	蛋糕	dàn gāo
크림	奶油	nǎi yóu
토스트	烤面包	kǎo miàn bāo
푸딩	布丁	bù dīng
피자	比萨	bǐ sà
핫도그	热狗	rè gǒu
햄	火腿	huǒ tuǐ
햄버거	汉堡	hàn bǎo

Affogato	阿芙佳朵	ā fú jiā duǒ
Americano	美式咖啡	měi shì kā fēi
Cafe Latte	咖啡拿铁	kā fēi ná tiě
Café mocha	咖啡摩卡	kā fēi mó kǎ
Cappuccino	卡布奇诺	kǎ bù qí nuò
Cocoa	可可	kě kě
Caramel macchiato	焦糖玛奇朵	jiāo táng mǎ qí duǒ
Drip coffee	滴滤咖啡	dī lǜ kā fēi
Dutch coffee	冰滴咖啡	bīngdī kāfēi
Espresso	浓缩咖啡	nóng suō kā fēi
Hazelnut	榛果咖啡	zhēn guǒ kā fēi
Ice coffee	冰镇咖啡	bīng zhèn kāfēi
Vienna coffee	维也纳咖啡	wéi yě nà kā fēi
생수	矿泉水	kuàng quán shuǐ
끓인 물	开水	kāi shuǐ
레몬주스	柠檬汁	níng méng zhī
사이다	汽水	qì shuǐ
식힌 물	凉水	liáng shuǐ
오렌지주스	桔子汁	jú zǐ zhī
콜라	可乐	kě lè
토마토주스	番茄汁	fān qié zhī
파인애플주스	菠萝汁	bō luó zhī

의류, 신발, 액세서리

사람이 살아가는 데 가장 필요한 것이 식(食), 의(衣), 주(住)일 것이다. 특히 자신의 몸을 가꾸는 것은 의복이다. 이렇게 모아서 정리해 보니 사람의 몸에 걸치는 물건이 정말 많다는 생각이 든다.

용어	중국어	병음
남성복	男装	nán zhuāng
넥타이	领带	lǐng dài
런닝셔츠	汗背心	hàn bèi xīn
모자	帽子	mào zǐ
목도리/스카프	围巾	wéi jīn
미니스커트	迷你裙	mí nǐ qún
바지	裤子	kù zǐ
반코트	短大衣	duǎn dà yī
브래지어	乳罩	rǔ zhào
상의	上衣	shàng yī
수영복	游泳衣	yóu yǒng yī
수영팬티	游泳裤	yóu yǒng kù
스웨터	毛衣	máo yī
스타킹	丝袜	sī wà
아동복	童装	tóng zhuāng
양말	袜子	wà zǐ
양복	西装	xī zhuāng
여성복	女装	nǚ zhuāng
오버코트	大衣	dà yī
와이셔츠/블라우스	衬衫	chèn shān
우의	雨衣	yǔ yī

원피스	连衣裙	lián yī qún
장갑	手套	shǒu tào
점퍼	夹克	jiá kè
조끼	背心	bèi xīn
중국식 원피스	旗袍	qí páo
청바지	牛仔裤	niú zǎi kù
치마/스커트	裙子	qún zǐ
티셔츠	T恤	Txù
패딩	羽绒服	yǔ róng fú
팬티	内裤	nèi kù
구두	皮鞋	pí xié
부츠	长筒皮鞋	cháng tǒng pí xié
샌들	凉鞋	liáng xié
슬리퍼	拖鞋	tuō xié
운동화	运动鞋	yùn dòng xié
장화	雨鞋	yǔ xié
하이힐	高跟鞋	gāo gēn xié
귀걸이	耳环	ěr huán
단추	扣子	kòu zǐ
목걸이	项链	xiàng liàn
반지	戒指	jiè zhǐ
벨트	皮带	pí dài
손수건	手巾	shǒu jīn
핸드백	手提包	shǒu tí bāo
선글라스	墨镜	mò jìng
지퍼	拉锁	lā suǒ

사람이 살아가는 공간에 배치되는 물건들을 정리해 보았다.

용어	중국어	병음
거실/응접실	居室/客厅	jū shì/kè tīng
계단	楼梯	lóu tī
다층집/단층집	楼房/平房	lóu fáng/píng fáng
마루바닥	地板	dì bǎn
별장	别墅	bié shù
복도	走廊	zǒu láng
서재	书房	shū fáng
식당	餐厅	cān tīng
아파트/집	公寓/房子	gōng yù/fáng zǐ
에스컬레이터	电动扶梯	diàn dòng fú tī
엘리베이터	电梯	diàn tī
온돌	炕	kàng
욕실/화장실	浴室/洗手间	yù shì/xǐ shǒu jiān
지붕	房顶	fáng dǐng
지하실	地下室	dì xià shì
침실	卧室	wò shì
소파	沙发	shā fā
옷걸이	衣架	yī jià
의자	椅子	yǐ zǐ
장롱	柜子	guì zǐ
책꽂이	书架	shū jià
침대	床	chuáng
테이블	桌子	zhuō zǐ
화장대	镜台	jìng tái
담요	毯子	tǎn zǐ

방석/쿠션	坐垫/靠垫	zuò diàn/kào diàn
배게	枕头	zhěn tóu
시트	床单	chuáng dān
요/이불	褥子/被子	rù zǐ/ bèi zǐ
카페트	地毯	dì tǎn
커튼	窗帘	chuāng lián
가습기	加湿器	jiā shī qì
공기정화기	空气净化器	kōng qì jìng huà qì
냉장고	冰箱	bīng xiāng
리모콘	遥控器	yáo kòng qì
선풍기	电扇	diàn shàn
세탁기	洗衣机	xǐ yī jī
식기세척기	洗碗机	xǐ wǎn jī
에어컨	空调	kōng tiáo
의류건조기	干衣机	gān yī jī
인덕션	电磁炉	diàn cí lú
전기난로	电炉	diàn lú
전기다리미	电熨斗	diàn yùn tóu
전기면도기	电动剃须刀	diàn dòng tì xū dāo
전기밥솥	电饭锅	diàn fàn guō
전기오븐	电烤箱	diàn kǎo xiāng
전기장판	电褥子	diàn rù zǐ
전기포트	电热壶	diàn rè hú
전자레인지	微波炉	wēi bō lú
정수기	饮水机	yǐn shuǐ jī
진공청소기	吸尘机	xī chén jī
커피머신	咖啡机	kā fēi jī
텔레비전	电视	diàn shì
헤어드라이기	吹风机	chuī fēng jī

■■■ 골프 용어

용어	중국어	병음
골프장	高尔夫球场	gāo ěr fū qiú cháng
골프채	高尔夫球杆	gāo ěr fū qiú gān
Driver	1号木杆	1 hào mù gān
Woods	木杆	mù gān
Utility	铁木杆	tiě mù gān
Iron	铁杆	tiě gān
Wedge	切杆	qiē gān
Putter	推杆	tuī gān
Teeing Ground	开球区	kāi qiú qū
Fair Way	球道	qiú dào
Rough/Bunker	长草区/沙坑	cháng cǎo qū/shā kēng
Hazard	罚杆区	fá gān qū
Out of Bounds	出界	chū jiè
Green	果岭	guǒ lǐng
Pin	旗杆	qí gān
Par3/4/5 Hole	三/四/五杆洞	sān/sì/wǔ gān dòng
Par	标准杆	biāo zhǔn gān
Birdie/Eagle/Albatross	小鸟/老鹰/双鹰	xiǎo niǎo/lǎo yīng/shuāng yīng
Hole in One	一杆进洞	yī gān jìn dòng
Bogey	柏忌	bǎi jì
Double/Triple Bogey	双/三柏忌	shuāng/sān bǎi jì
Double Par	双标准杆	shuāng biāo zhǔn gān
오르막/내리막	上坡/下坡	shàng pō/xià pō
Caddie	球童	qiú tóng

참고문헌

『사진으로 보고 배우는 중국문화』, 김상균·신동윤, 동양북스, 2022

『쉽게 이해하는 중국문화』, 김태만·김창경·박노종·안승웅, 다락원, 2018

『중국 100배 즐기기』, 전명윤·김영남, ㈜알에이치코리아, 2014

『중국 문화 알기』, 한중인문학교류연구소, 시사중국어사, 2020

『중국 홍콩 타이완 영화』, 박희성, 커뮤니케이션북스, 2013

『중국 회화사론』, 장준석, 학연문화사, 2002

『중국개황』, 왕순홍(王順洪) 편저, 북경대학출판사, 2022

『중국공연예술』, 오수경·홍영림·장희재, 한국방송통신대학교출판문화원, 2022

『중국국가급풍경명승구총람』, 이현국, 황매희, 2011

『중국명시감상』, 안병국·김성곤·이영주, 한국방송통신대학교출판문화원, 2018

『중국무술』, 김용수, 부크크, 2016

『중국문학의 이해』, 김성곤·김영구·유경철·홍상훈, 한국방송통신대학교출판문화원, 2023

『중국문화 건축예술』, 루빙지에·차이앤씬 지음, 김형호 옮김, 도서출판 대가, 2012

『중국문화 경극』, 쉬청베이 지음, 최지선 옮김, 도서출판 대가, 2012

『중국문화 도자기』, 팡리리 지음, 구선심 옮김, 도서출판 대가, 2012

『중국문화 명절』, 웨이리밍 지음, 진현 옮김, 도서출판 대가, 2012

『중국문화 문물』, 리리 지음, 김창우 옮김, 도서출판 대가, 2012

『중국문화 문학』, 야오단 지음, 고숙희 옮김, 도서출판 대가, 2012

『중국문화 민간미술』, 진즈린 지음, 이영미 옮김, 도서출판 대가, 2012

『중국문화 복식』, 화메이 지음, 김성심 옮김, 도서출판 대가, 2012

『중국문화 서예』, 천팅여우 지음, 최지선 옮김, 도서출판 대가, 2012

참고문헌

『중국문화 원림』, 러우칭씨 지음, 한민영·이재근·신상섭·안계복·홍형순·이원호 옮김, 도서출판 대가, 2012

『중국문화 음식』, 리우쥔루 지음, 구선심 옮김, 도서출판 대가, 2012

『중국문화 차』, 리우퉁 지음, 홍혜율 옮김, 도서출판 대가, 2012

『중국문화 회화예술』, 린츠 지음, 배연희 옮김, 도서출판 대가, 2012

『중국문화산책』, 장호준·김영구, 한국방송통신대학교출판문화원, 2022

『중국어 필수단어』, 이영구, 삼지사(三志社), 2003

『중국요리』, 여경옥·정순영·정정희·김경애·김을순·도종희·복혜자·이민자, 솔과학, 2018

『중국음식』, 우샤오리, 김영사, 2004

『중국인문기행』, 장호준·김성곤·방금화·변지원·손정애·안병국·오문의·장희재, 한국방송통신대학교출판문화원, 2020

『중국인의 이유』, 류재윤, 당신의 서재, 2019

『중국회화 산책』, 왕야오팅 지음, 오영삼 옮김, 도서출판 아름나무, 2007

『지금이라도 중국을 공부하라』, 류재윤, 서울셀렉션, 2017

『찻잎 속의 차』, 이진미, 이른 아침, 2019

『한 권으로 읽는 중국문화』, 공봉진·이강인·조윤경, 산지니, 2016

『한중의학사개설』, 홍원식·윤창열·김용진, 주민출판사, 2017

『현대중국 연극영화감상』, 장희재·오수경, 한국방송통신대학교출판문화원, 2021